Frühlingspartiten

IMPRESSUM

1. Auflage, 2025

Verlag Akademie-der-Abenteuer
Boris Pfeiffer, Pfalzburger Straße 10, 10719 Berlin
www.verlag-akademie-der-abenteuer.de
© 2025 by Verlag Akademie-der-Abenteuer
Alle Rechte vorbehalten.
Nachdruck, auch auszugsweise, nicht gestattet.
Cover: Verlag Akademie-der-Abenteuer,
gestaltet von Michèle Meister
Satz: Michèle Meister.
Herstellung: BoD GmbH, Norderstedt
Kontaktadresse nach EU-Produktsicherheitsverordnung:
info@m.bod.de

ISBN (print) 978-3-98530-148-5
ISBN (ebook) 978-3-98530-149-2
Printed in Germany

Bibliografische Information der Deutschen Nationalbibliothek:
Die Deutsche Nationalbibliothek verzeichnet diese Publikation in der
Deutschen Nationalbibliographie; detaillierte bibliografische Daten sind Im
Internet über http://dnb.d-nb.de abrufbar.

Alexander Bichler

FRÜHLINGSPARTITEN

Stationen einer Wiedererweckung

Erste bis dritte Folge

Nr: 1 - 85

ERSTE FOLGE

(2016 - 2017)

1

Im Grunde geht es mir gar nicht so schlecht. Nein, im Grunde nicht. Jedenfalls hätte ich, sollte ich denn sagen, worunter ich am meisten leide, kaum mehr anzuführen als so etwas wie die Geselligkeit vom gestrigen Abend, wo ich allerdings schon recht bald anfing, auf den Moment zu warten, in dem einigermaßen schicklich man sich wieder hätte verdrücken können. Das ist doch das Schöne an den großen Einladungen, wie leicht sich da die Fliege machen lässt, indessen gestern Abend gerade mal ein knappes Dutzend Leute in der Runde saß, dem Mangel eines gemeinsamen Themas quälend ausgesetzt. Welche Erlösung, als es mit Mallorca endlich gefunden war, indem jetzt einzig ich es war, der nichts mitzureden hatte. Doch weiß nunmehr auch ich, dass man unter mehreren Fluglinien wählen kann, wobei es bei der einen was zu essen gibt und bei der anderen nicht.

Einer wusste noch was von Irland, weil er da ein Ferienhaus hat. Ein anderer von Stromboli, weil er da seinerseits ein Haus hat. Solch ein Ferienhaus bringt keineswegs nur Freude, sondern auch einiges an Ärger mit sich, was durchweg bestätigt werden konnte, zumal zwei der Anwesenden schon in dem Haus auf Stromboli zu Gast waren, ein anderer in dem in Irland. Andere hingegen waren auf anderen Inseln in anderen Häusern schon mal zu Gast, wobei einer mal mit Schaufel und Spaten bei der Errichtung einer Terrasse hatte mithelfen müssen. Na, das war doch immerhin der Ansatz zu so etwas wie einer Geschichte, wie auch schon prompt ein anderer in recht anschaulicher Weise von einem Plumpsklo zu berichten wusste, in dessen Tiefe eine riesenhafte Kröte hauste. Die Frage, ob alle Kröten Warzen haben und wenn ja warum, musste offen bleiben. Eine Frage aber immerhin, wie man doch so ganz ohne jeden Gewinn am Ende nie geht, und so hatte ich mir auch diesmal nebst der Adresse einer

Vermittlungsagentur für Ferienhäuser einen mehrstimmig unterstützten Tip in Sachen Einkauf und Discountmarkt notieren können, welch letzteren ich auch gleich heute morgen überprüft habe, ihn tatsächlich nur bestätigen kann und ihn hinfort auch meinerseits weitergeben werde. Denn wie auch nicht?

Ach ja, das wollte ich doch eigentlich erzählen, dass nämlich gleich zu Anfang einer, den ich vielleicht vor drei, vier Jahren zuletzt gesehen hatte, mich mit der Frage begrüßte, ob ich noch immer in der Krise sei oder bereits in der Findungsphase. Gut sah er aus, und so vor ihm stehend musste es mich doch recht peinlich berühren, dass es schon so lange her sein sollte, seit ich anfing, die obligate Frage nach dem Befinden mit dem schlichten Wort „Krise" zu beantworten.

Ein Verhalten, das ich übrigens schon bald wieder einstellen sollte, um zur normalen und ordentlichen Weise der Beantwortung zurückzukehren. Die Leute gucken sonst zu dumm und wissen gar nicht mehr, wie weiter.

Findungsphase - kein schlechtes Wort. Eines, das ich längst schon fühlte, ohne es zu haben. Jedenfalls sah ich meinen Zustand nie als etwas einzig Sinnloses an, das durch irgendwelche wild entschlossenen und womöglich extremen Aktionen zu vertreiben beziehungsweise auszutreiben sei. Mal davon abgesehen, dass ich für den Mount Everest zu alt bin und die Antarktis eh nie in Frage gekommen wäre - liegt nicht in Apathie und Lethargie, in diesem öden Stumpfsinn, der nun schon seit Jahren mein Schicksal ist, liegt nicht selbst darin noch so etwas wie eine Erfahrung? Zumal, wenn man früher dachte, dass dergleichen zwar andere erwischen könne, aber doch niemals dich selber? Und nun, da es doch geschah - hat das nicht schon fast was von Event? Nur schade, dass man nicht zweihundert Jahre alt wird, man könnte mit besserem Gefühl sich dem überlassen und in Ruhe abwarten, was sich da ausbrütet.

So eine Art Verpuppungszustand, an dessen Ende ein neues Tier auskriecht. Es muss ja nicht gerade ein

Schmetterling sein, wie ich es einmal auf einem Türschild las: *Raupe und Schmetterling - Frauen in der Lebensmitte e. V. - Treffpunkt und Beratung.*

Stell dir das mal bildhaft vor, sagte ich zu meiner Begleiterin, einer guten alten Freundin, die ich gerade kurz zuvor zufällig an der Kreuzung getroffen hatte - stell dir das mal wirklich vor: lauter angegraute Damen, die sich als Schmetterling gebärden. Nun ja, antwortete sie, wenn denn tatsächlich ihre Jugend raupenmäßig war. Für einen Moment wurde sie nachdenklich, aber wirklich einen Moment nur, um gleich wieder in alter Heiterkeit mir auf die Schulter zu klopfen: „Na, das werden wir beide uns wohl abschminken können." Ein angedeutetes Winken mit der andern Hand und weg war sie, runter die Treppen zur U-Bahn. Dabei hätte doch gerade uns beiden in früheren Zeiten ohne Weiteres passieren können, jetzt noch ein gutes Stündchen auf der Straße zu stehen, um über weiß Gott was nicht alles uns zu unterhalten. Doch hatte sie wohl meinen Zustand längst gerochen und keine große Lust verspürt, sich darauf weiter einzulassen.

Ja, gerochen, denn zu riechen muss der buchstäblich gewesen sein, solange ich nämlich noch unbedarfter Weise ziemlich hochprozentigen Rum einsetzte, um dem bisweilen schier unerträglichen Gefühl der Leere zu begegnen. Schon der kleinste Schuss von diesem Zeug im Frühstückstee scheint eine unverhältnismäßige Fahne zur Folge zu haben, so jedenfalls gemäß des behutsamen Hinweises eines Kumpels aus meiner damaligen Stammkneipe, der es gar nicht fassen konnte, dass ich das noch gar nicht wusste, dass nämlich einzig Wodka keine Fahne hinterlässt. Und dann hat er mir erklärt, dass Wodka gar nicht eigentlich ein Schnaps sei, vielmehr Sprit pur, reinster, mit nichts als Wasser verdünnter Alkohol und dass deshalb man sich auch gar nicht groß um die Marke scheren müsse, sondern ohne weiteres bei jedem superbilligen oder megagünstigen Discounter sich damit eindecken könne, denn abscheulich schmecken tue das Zeug sowieso, weshalb sich auch ein Zusatz empfehle, wie etwa Tomatensaft, kraft dessen sich das in eine sogenannte Bloody-Mary verwandle, das klassische Pick-me-up für den nächsten Morgen.

Doch ich erzähle hier Geschichten aus der Krisenzeit, während ich mich doch längst in der Findungsphase befinde, wie schon aus der Tatsache ersichtlich, dass soeben, während draußen am Platz die Glocken von Sankt Ludwig die achtzehn Uhr einläuten, ich keineswegs mit überm Kopf gezogener Decke im Bett liege, vielmehr aufrecht hier am Schreibtisch sitze.

Im Übrigen war in meinem Fall der Wendepunkt vom Ende der Krise und dem Eintritt in die Findungsphase denkbar handfest markiert. Denn in dem Maße, wie meine geistigen Interessen schwanden, gewann doch meine Leber ständig an Volumen, bis sie endlich eine Dimension angenommen hatte, die der Lunge den ihr nötigen Hubraum dergestalt einschränkte, dass sich das Symptom verschärfter Kurzatmigkeit einstellte, was es dann war, das endlich mich zum Doktor brachte. Von seinem Wartezimmer aus waren zum Sprechzimmer drei Stufen zu nehmen, die mich allein schon derart außer Atem brachten, um mein Problem hinreichend zu demonstrieren.

Und was die Schnapsfahne betrifft - nichts, kann ich euch sagen, tatsächlich nichts hat er gerochen, ja, selbst an meinem Verhalten nichts bemerkt, so dass erst die Laborergebnisse es waren, die an den Tag brachten, dass ich längst ein Fall für die Anstalt war. Da ich aber die mir als vorbildlich vorgeschlagene Institution einigermaßen kannte - meine damalige Schwiegermutter war kurz vor ihrem Tod gleich neben den Alkoholikern im Haus für Angstzustände untergebracht - wollte ich es partout alleine schaffen und schaffte es am Ende auch, wobei ich das in hohem Maße dem Umstand zu verdanken habe, dass mein Doktor mir das den Entzug lindernde Mittel nicht anders mit auf den Weg gab als unterm Ausdruck größten Zweifels, ob meine Willensstärke für diesen Kraftakt ausreiche.

Das war nun gestern vor drei Monaten und seit sage und schreibe diesem Tag bin ich so trocken wie ein Eremit in der

Wüste und ich habe mir vorgenommen, dass sechs weitere Monate noch folgen sollen. Insgesamt neun Monate, nicht mehr und nicht weniger, denn ich gedenke keineswegs, den Rest meiner Tage in Abstinenz zu verbringen. Und was die neun Monate betrifft, so mag da ein Psychologe jetzt drin sehen, was er will, aber der Gedanke sagt mir überaus zu, dass ich ein neues Leben, mein neues Leben auszutragen habe. Und welche Rolle der Alkohol darin spielen wird, so kann ich mir nur die Wiedergewinnung jener Balance vorstellen, wo auf den Kaffee zum Morgen und dem Tee zum Nachmittag der Wein zum Abend folgen wird. Wein ist in Ordnung, und da werde ich jetzt gar nicht groß auf die inspirierenden Gelage des Sokrates verweisen, auch nicht darauf, wie sich zu Kanaan einst Hochzeit feiern ließ. Nein, derlei Berufung auf Autoritäten will ich gar nicht bemühen. Wein ist Kultur, Wein ist Abendland und damit basta.

2

Indem ich neu ansetze, muss ich zugeben, dass meine Ausführungen vom letzten Mal doch ein wenig allzu zuversichtlich ausgefallen waren. Kaum nämlich, dass hinterm letzten Satz der Punkt gesetzt war, als sich der Dämon schon wieder einstellte: Apathie, Lethargie, Stumpfsinn. Doch bin ich von meinem Doktor vorgewarnt: das bloße Absetzen des Alkohols bringt zunächst nichts weiter, als dass du von der „Krise mit der Droge" in die „Krise ohne Droge" übergehst und einstweilen erst recht in der Tinte sitzt.

Doch was heißt schon Tinte? Im Grunde geht es mir gar nicht so schlecht. Ich sagte es bereits: im Grunde nicht. Es ist halt nur so, dass mir alles wurscht ist, die ganze Welt so wurscht, wie sie der Kuh auf der Weide wurscht ist, nur dass der Unterschied zwischen mir und der Kuh darin besteht, dass ich nicht zufrieden bin damit. Noch nicht. Noch ist es nicht so weit mit mir, wie bei jener alten Frau, die mir mal im Zug gute sechs Stunden lang gegenüber saß und die ganze Zeit über nichts tat, als ihren leeren Blick aus dem Fenster zu halten. Es wollte mir schier nicht in den Kopf, wie man denn auf die Idee kommen kann, so gar nichts zu lesen, wenn dir schon die Zeit gegeben ist.

Ja, so war das damals noch. Und heute ist es so weit mit mir gekommen, dass wenn mir die berühmte Fee einen Wunsch frei gäbe - in der Regel sind es ja drei, aber jetzt würde mir der eine völlig reichen - ich würde um das richtige Buch bitten, um genau dieses eine, das nach mir greifen, mich packen und rausziehen würde aus diesem Sumpf und das ganz sicher längst auf dieser Welt existiert, irgendwo in einem verstaubten Bibliothekswinkel, wo es nur darauf wartet, endlich von mir entdeckt und wach geküsst zu werden.

Bezeichnend genug, dass mir gegenüber der Fee so gar nichts in Richtung Frauen einfiele. Ja, nicht einmal im Hinblick auf jene rötlich-blonde Erscheinung, die mir nun schon seit Wochen regelmäßig im Schwimmbad begegnet. Ja, begegnet, denn sie ist es, die mir begegnet, indes umgekehrt - was um Gottes Willen hätte ich schon an Begegnung zu bieten? Wirklich lieben, habe ich früher immer gesagt, kannst du nur, wenn es dir gut geht; aus der Schwäche kommst du übers Brauchen nicht hinaus. Jetzt könnte ich nicht mal mit dem Brauchen etwas anfangen. Und mir irgendwas erzählen zu lassen und dabei auch noch zuhören zu müssen, das ginge jetzt schon gar nicht. Nein, dann schon lieber ein Motorrad. Oder zu Fuß nach Sizilien. Mit dem Fahrrad nach Indien. Mit dem Dreimaster über den Atlantik.

Das muss man ihm schon lassen, dem Extrem-Abenteurer Reinhold Messner, dass wenn er sich als Sinn-Erfinder bezeichnet, er natürlich insofern recht hat, dass wenn man erst mal mitten drin ist, in der Antarktis, es sich als ziemlich sinnvoll aufdrängen mag, da auch wieder rauszukommen.

3

Glaube, Hoffnung, Liebe, diese drei, sagt der Apostel Paulus in seinem Brief an die Korinther, und das ist doch sehr schön, dass es genau drei sind, wie doch meist, wenn es um irgend etwas von Belang geht. Und es sind wirklich drei, wohl unterscheidbar drei, so dass demgegenüber meine Trias von Apathie, Lethargie und Stumpfsinn doch eher nach einer bloß rhetorischen Verdoppelung aussieht. Wie aber, wenn man die Formel des Paulus ins Minus setzte? Erschiene so nicht das Nichts tatsächlich in trinitarischer Gestalt? Verlorener Glauben, verlorene Hoffnung, verlorene Liebe?

Paulus des Weiteren, diesmal aber an die Thessaloniker: werktätiger Glaube, opferbereite Liebe, standhafte Hoffnung. So ist das natürlich um noch vieles aussagekräftiger, wobei sich allerdings die Frage aufdrängt, ob man die Attribute nicht ebenso gut vertauschen könnte.

Warum sollte die Liebe zwar opferbereit sein, aber nicht auch standhaft und werktätig? Warum der Glaube zwar werktätig, aber nicht auch opferwillig und standhaft? Warum die Hoffnung zwar standhaft, aber nicht auch werktätig und opferwillig?

Am besten wohl, man spräche von einer gedoppelten Trias: der von „Glaube, Hoffnung, Liebe" stünde dann die von „Werktätigkeit, Standhaftigkeit und Opferbereitschaft" gegenüber, womit sich der Satz ergäbe, dass mit dem Verlust von Glaube, Hoffnung, Liebe der von Werktätigkeit, Standhaftigkeit und Opferbereitschaft einherginge.

Verlust, Verlust, so lässt sich nun bekanntlich entgegnen, was heißt denn da Verlust? Ist es nicht einzig der Verlust von Dummheit? Denn wie anders sollte ein Glaube oder eine Hoffnung einbrechen, als indem du dahinter kommst, dass du auf dem Holzweg warst, dass du von bloßen Illusionen dich hast leiten lassen? Und was dann konservativ als Verlust bejammert wird - ist es in Wahrheit nicht der Hauptgewinn?

Desillusionierung als die Befreiung von falschem Glauben, falscher Hoffnung, falscher Liebe, damit auch Befreiung von falscher Standhaftigkeit mit all ihren Folgen in Sachen absurder Opfertaten.

Ja, so kann man das wohl sagen und so habe auch ich das immer gesagt und würde es auch heute noch so sagen, nur mit dem Zusatz, dass es mit solcher Befreiung halt auch so eine Sache ist. Wenn es nämlich bei ihr bleibt und nichts weiter vor sich gehen will, so dass du am Ende auf deinem befreiten Ich hocken bleibst - und wer wirklich gar nichts mehr lieben, an gar nichts mehr glauben und auf gar nichts mehr seine Hoffnung setzen würde, der würde auch am nächsten Morgen nicht mehr aufstehen wollen.

4

Habe heute zweimal die Initiative ergriffen: einmal in Sachen Opferbereitschaft und einmal in Sachen Werktätigkeit. Die Opferbereitschaft am Vormittag, indem ich an einem Straßenstand vor dem KaDeWe der Organisation *Amnesty International* beigetreten bin.

Ein Schritt, schon lange vorgenommen und, zugegeben, nicht gerade die Welt, beschränkt sich doch die übernommene Verpflichtung auf die monatliche Entrichtung eines von dir selber festgelegten Obolus, der nun allerdings in meinem Fall - ich bitte, die leicht geschwellte Brust nachzusehen - etwas großzügiger ausfallen wird, handelt es sich doch immerhin um den Gegenwert eines kompletten Vollrauschs in meiner ehemaligen Stammkneipe.

Der junge Mann am Tisch unter den gelben Schirmen war ganz begeistert, als ich ihn ansprach, wo es doch in der Regel an ihm ist, die Leute zu nerven. Ob ich denn auch die periodische Vereinszeitschrift zugestellt haben möchte. Um Gottes Willen, sage ich, das fehlte mir gerade noch, ein ganzes Heft voll mit eingekerkerten Folteropfern, nein danke, von Mitgefühl, Empörung und derlei Aufgeregtheiten hätte ich für dieses Leben die Nase voll und gerade deshalb sei es, dass ich zahlen wolle, damit ich guten Gewissens mir sie leisten könne, diese volle Nase. Lacht der junge Mann und meint, besser die Spende ohne Betroffenheit als die Betroffenheit ohne Spende. Schön, sage ich, so wäre ich also doch ein guter Mensch, worauf er, immer freundlich lächelnd, aber nichts mehr sagt.

Was nun, zweitens, die Werktätigkeit betrifft, so habe ich in einem wilden Anfall von Aufbruchswillen damit begonnen, meine Bibliothek neu zu sortieren und jetzt liegt alles in Stapeln auf dem Teppich rund um den Staubsauger herum, dessen Einsatz sich allerdings als an der Zeit erwies. Dürfte doch schon einige Jahre her sein, seit ich mir das vornahm, und zwar aus Anlass eines in der Zeitung wiedergegebenen Porträts der Staubmilbe, will sagen der tausendfach vergrößerten Ablichtung ihres Hollywood verdächtigen Horror-Antlitzes, versehen mit der Mitteilung, dass die Exkremente dieses Monsters leicht zu Allergien in den Atemwegen führen. Erinnere ich mich recht, brachten sie das in höchst pädagogischer Weise gleich nach dem Teil mit den Buchbesprechungen, denn das ist auch so einer der Widersprüche in dieser Welt, dass Leute, die ganz verrückt aufs Putzen sind, in der Regel sich weniger im Ansammeln einer Bibliothek hervortun dürften, während umgekehrt gerade die passionierten Leser und Sammler aus nahe liegenden Gründen weniger Zeit für Mopp und Staubsauger erübrigen.

Kennt ihr die Geschichte von dem Professor und der Putzfrau? Also ich meine die, wo der Professor in Urlaub fährt, um bei seiner Rückkehr festzustellen, dass die Putzfrau alle seine Bücher neu sortiert hat, die ganze über die riesige Wohnung sich erstreckende Bibliothek - jetzt alles schön nach Farbe und Größe geordnet.

Ich muss zugeben, dass ich eine ausgesprochene Vorliebe für solche Schnurren habe, unbeschadet dessen, dass je unwiderstehlicher sie zum Weitererzählen verlocken, desto weniger auf ihren Wahrheitsgehalt etwas zu geben wäre. Man kennt das ja, diese Geschichten vom Hörensagen, wo dem Bekannten eines Bekannten Unglaubliches passiert ist, wie zum Beispiel - wohl der Hit auf der Liste - der sogenannte Vaginalkrampf, wo einer beim Koitus sich nicht mehr hat lösen können, so dass die Feuerwehr hat kommen müssen, um die beiden mittels einer Trage ins Krankenhaus und so weiter und sofort. Dabei wissen wir wenigstens bei dieser Geschichte einmal ganz genau, dass derlei zumindest im Menschenreich völlig unmöglich ist, was aber der Sache insofern keinen Abbruch tut, als es nur der Beweis dafür ist, welch hohe mythische Bedeutung ihrer erzählerischen

Vergegenwärtigung zukommt. Beim Nachtwandler auf dem Dach oder dem Scheintoten im Sarg dürfte das nicht anders sein, wobei ich auf einen weiteren, besonders krassen und tragischen Fall zu gegebener Zeit noch ausführlicher eingehen werde. Ich kündige das hier nur mal an, um dann besser wieder daran anknüpfen zu können.

Was nun aber meinen Fall betrifft, also meine Bibliothek, so weiß ich jetzt gar nicht mehr so recht, wie weiter. Gestern stand es mir noch klar vor Augen, während heute Morgen, als ich zwischen meinen Bücherhaufen hockte, sich mir die Vorstellung von einem geflügelten Insekt aufdrängte, das über diesen Stapeln schwirrend sich mal hier, mal da niederließe, seinen Rüssel mitten in ein Werk steckte, sich das Nahrhafte heraus zöge, um sogleich auch schon wieder davon zu fliegen, die Beute seinem Nest zuführend.

Merkwürdige Metapher für ein Bedürfnis dem gegenüber, was man früher so mir nichts dir nichts als Geist bezeichnete: das Nahrhafte. Durstlöschung gäbe es auch noch, käme mir jetzt aber nicht in den Sinn.

5

Frage einer gelangweilt vor den Büchertischen stehenden Kundin an die Adresse der Buchhändlerin: „Was ist denn gegenwärtig so an Zeitgeist läufig?" Die Buchhändlerin: „Dass der Fußballer So-und-so geheiratet hat."

Eine Gesprächsszene irgendwann in den 1990er Jahren - Ort: eine Berliner Kneipe, Personen: ein Mann und eine Frau, beide um die vierzig. Offenbar sind sie gerade aus einem ziemlich tiefsinnigen Film gekommen.
Sie: „Eigentlich kann man doch an gar nichts mehr glauben."
Er: „Ich glaube an das Reich der Werke."
Sie: „Wie Werke?"
Er: „Ich meine, dass beim Gedanken an den Weltuntergang mir das Schlimmste dabei ist, dass dann die Musik des Johann Sebastian Bach auch mit dabei sein wird."

Ich setze diese Szene als Motto voran, indem ich zu berichten habe, dass ich wieder angefangen habe, Musik zu hören und dabei den Faden dort wieder aufnehmen konnte, will sagen mich gemütsmäßig in der Lage sah, ihn dort wieder aufzunehmen, wo ich ihn vor meinem Untergang hatte liegen lassen, nämlich beim jungen Beethoven. Verachtet mir den jungen Beethoven nicht, sage ich immer wieder, weil der junge Beethoven nämlich noch so etwas wie Esprit hatte, der ihm später bisweilen doch nur allzu sehr zum Geist werden sollte. Mir jedenfalls sind schon die drei *Klaviertrios Opus 1* lieber als so manches, was sich in den mittleren Opus-Zahlen an napoleonischer Großartigkeit tun sollte.

Und wenn ich schon dabei bin, sei auch dies noch gesagt: Beethovens sogenannte Spätwerk liegt uns ja nun als so etwas wie ein Vermächtnis vor, doch waren die späten Quartette in Wahrheit eher Vorübungen zum nächsten Durchbruch. Wir vergessen immer wieder, dass Beethoven, als er 1827 an seinem notorisch mit Blei vergifteten Billig-Wein starb, erst sechsundfünfzig Jahre zählte und ein abermals neuer, ein vierter Beethoven mit der *Neunten Sinfonie* soeben ausgeschlüpft - ich bitte zu entschuldigen, die Schmetterlinge! - soeben entsprungen war. Und wenn ich gerade noch den Esprit des jungen Beethoven gegen den Geist des späteren hielt, so werde ich nun auch korrigierend hinzufügen müssen, dass in eins mit dem Cantabile der Neunten - der süchtig machende langsame Satz ist so bezeichnet: *adagio e molto cantabile* - nirgendwo mehr Esprit und Witz zu Tage kam als in diesem späten beziehungsweise postspäten Werk.

Allgemein war ja gegen Ende der 1820er Jahre die Zeit reif, dass es mitten im Biedermeier wieder anfing zu gären, also der Vormärz sich meldete und zusammen mit der aufziehenden Spottlust wieder etwas von *Fidelio* und *von alle Menschen werden Brüder* in der Luft zu wittern war. Nicht auszuhalten der Gedanke, Beethoven hätte noch 1848 erlebt, achtundsiebzigjährig dann. Die Musik dazu fehlt uns so unwiederbringlich wie das dazu fällige Drama Georg Büchners.

Freilich zeigen die späten Streichquartette auch, wie doch, wenn man denn schon Biedermeier hat, sich die Räume öffnen können für das Zeitlose, jenseits alles aktuellen Engagements. Beethoven soll sich ja seinerzeit nochmals intensiv mit Bach beschäftigt haben. Was es wohl genauer gewesen sein wird? Ich tippe mal auf das *Wohltemperierte Klavier* einerseits und die *H-moll-Messe* andererseits. Für mich persönlich hatte ich ja zuletzt die *Sechs Partiten für Klavier* entdeckt.

6

Anonyme Alkoholiker - offenes Meeting. Eine alte Freundin hatte sich erboten, mich mitzunehmen. Ich erwähnte sie bereits, es ist eben jene, die zum Thema Schmetterling die Meinung vertreten hatte, dass ich mir dergleichen abschminken könne, und die dann in den U-Bahnhof entschwunden war. Jetzt hat sie über irgendwelche Kanäle von meiner Wiederauferstehung erfahren und mich angemailt. Ob ich nicht mitkommen wolle, heute Abend, denn dies Meeting sei für alle zugänglich. Nach anfänglichem Zögern habe ich dann doch eingewilligt, denn wenn schon Findungsphase, habe ich mir gesagt, sollte man auch jede Gelegenheit beim Schopfe packen.

Rund vierzig Leute rund um eine weiße, aus allen verfügbaren Resopal-Tischen zusammengerückte Riesentafel sprechen sich gegenseitig Mut und Kraft zu, erzählen, was sie jetzt so alles machen. Entgegnungen sind nicht zugelassen, keine Diskussionen. Jeder erzählt von sich und damit basta. Manche stehen dazu auf, manche bleiben sitzen, was auch dem jeweiligen Gestus der Rede recht eindrucksvoll entspricht. Bei einigen handelt es sich nach wie vor schwerlich um das, was man ordentlicher Weise als einen ordentlichen Lebenswandel bezeichnen würde. Immer wieder ist sie reichlich sexuell aufgeladen, die Trockenheit. Schließlich sei man doch, so einer im Brustton der Überzeugung, kein Normalinski. Eine Mittvierzigerin hat neuerdings noch einen dritten Liebhaber mit ins Boot genommen, aber das sei alles kein Problem und im übrigen: Hauptsache, man sei von der Flasche weg.

Dies gewissermaßen das Amen hinter jedem Beitrag. Beeindruckend, der Stolz, von dem sie alle getragen sind. So erzählt sich ziemlich leicht - aber was heißt leicht? - geradezu mit Eifer erzählt man, wie schlimm man es zuvor getrieben hat. Je schlimmer früher, desto größer der Stolz jetzt. Das kenne ich ja nun auch. In meinem Fall waren es am Ende drei Flaschen Wodka, kraft derer ich mich rund um die Uhr ins Bett legte.

Zur Beendung des Meetings stehen alle auf, um ein kleines Gebet zu sprechen:

Gott gebe mir die Gelassenheit, Dinge hinzunehmen, die ich nicht ändern kann. Den Mut, Dinge zu ändern, die ich ändern kann. Und die Weisheit, das eine vom anderen zu unterscheiden.

Es handelt sich um das sogenannte Gelassenheitsgebet. Unter diesem Titel jedenfalls im Netz zu finden, obgleich es sich doch im Kontext der AA um das blanke Gegenteil, nämlich um ein Mutgebet handelt und weil es in dieser seiner Spannung zwischen tatkräftigem Mut und entspannter Gelassenheit gar so schön ist, habe ich mir das amerikanische Original gleich auch noch runter geladen:

God grant me the serenity, to accept the things I cannot change and the courage to change the things I can and the wisdom to know the difference.

Die Urheberschaft ist umstritten, ein amerikanischer Theologe namens Reinhold Niebuhr wird genannt, der aber darauf verzichtet hat, das Urheberrecht geltend zu machen. Nun ist dieses Sprüchlein von derart universaler Bezugsfähigkeit, dass es kaum eine Großmutter geben dürfte, die es nicht in irgendeiner Variation in ihrem Hausschatz hätte. „Reg dich doch nicht auf", pflegte die unserige zu sagen, „du kannst es doch eh nicht ändern."

Man sieht: der liebe Gott ist gar nicht nötig, denn im Grunde handelt es sich auch gar nicht um ein Gebet, drückt nämlich nicht jenes traditionelle *hilf mir!* aus, sondern ein viel moderneres und wahrhaft amerikanisches *gib mir die Kraft, mir selbst zu helfen.* Es ist ein Sich-selbst-Zusprechen von veränderungsmächtigem Mut, hinnehmender Gelassenheit und unterscheidungsfähiger Weisheit.

Im Übrigen, und wenn ich schon meine Großmutter angeführt habe, ließe sich auch noch der sogenannte Papyrus Edwin Smith erwähnen, benannt nach jenem amerikanischen Ägyptologen, der dies Dokument 1862 in Luxor angekauft und nach New York gebracht hatte: das Lehrbuch eines ägyptischen Chirurgen aus dem Jahre 1500 v. Chr., in dem er alle möglichen Krankheiten der Reihe nach beschreibt, um jeder einen der drei Kommentare beizufügen: *Eine Krankheit, die ich behandeln werde. Eine Krankheit, mit der ich kämpfen werde. Eine Krankheit, die nicht behandelt wird.*

Zu all dem nicht ganz unpassend, erzählt mir die Freundin noch gleich nach dem Meeting auf dem Weg zurück zur U-Bahn von ihrer Zeit als Krankengymnastin. Sie erzählt es kaum anders, als sie es vor fünfzehn Jahren auch schon tat und scheint nach wie vor um nichts minder an diesem glücklichen Lebensabschnitt zu hängen, der ihrer großen Liebe voraus gegangen war, jener Liebe nämlich, durch die sie in den Alkohol getrieben wurde. Wie erfüllt ihre Arbeit in dieser Reha-Klinik für Querschnittgelähmte gewesen sei, und dass nirgendwo eine fröhlichere Stimmung zu erleben gewesen sei wie unter den Patienten dort, die nämlich, nachdem sie den Schock des Unfalls einmal verdaut hatten, ein Unfall, den zu überleben ihnen immerhin vergönnt war, nunmehr von nichts als Aufbruchstimmung beseelt waren und vom Willen erfüllt, ihr neues Leben in Angriff zu nehmen, ihr Leben im Rollstuhl.

Ja, es sei schon so, wie Hermann Hesse es gesagt habe, dass jedem Anfang ein Zauber innewohnt, der uns beschützt und uns hilft zu leben.

Was ansonsten ihren verflossenen Geliebten betrifft, hat sie nun endgültig den Bruch vollzogen, will ihn unter gar keinen Umständen mehr sehen. Sie nennt ihn jetzt auch nicht mehr ihren Horrorchaoten, was bisweilen eine schon fast liebevolle Konnotation hat annehmen können, sondern beschimpft ihn rund heraus als Schmeißfliege. Dass er sie immer nur angelogen habe, solange sie seine Geliebte war, das sei ja noch angegangen. Dass er sie aber auch jetzt, nachdem sie doch seine Freundin geworden war, immer noch nichts als angelogen habe, das sei ja wohl das Letzte.

7

War ich doch gerade dabei, zwischen meinen Bücherbergen so ein wenig ins Schmökern zu geraten, als ich auch schon wieder herausgerissen werde, durch ein nur allzu wohl bekanntes Ärgernis, und auch jetzt noch, während ich hier tippend sitze, geht das unaufhörlich weiter, vom zweiten Stock aus bis hinauf zu mir in den fünften: ein jaulendes Geheul, wie man erbärmlicher es sich kaum vorstellen kann. Es handelt sich um das Klagelied eines kleinen grauen, fürchterlich hässlichen, schnauzerartig gestruppten Geschöpfes, das sich offenbar von seinem Herrn mal wieder ganz und gar verlassen sieht. Es mag einen schon arg jammern, doch wird es nicht lange dauern - schon auf Grund der wiederholten Beschwerden im Haus nicht - dann wird der Schlüssel im Türschloss knacken, worauf der Herr sich wieder zeigen wird, und dann ist aber Ekstase angesagt, ein Veitstanz bis an die Grenze des Infarkts, auf dass man sich schon bald wieder unterm Tisch wird einkringeln können, um erlöst sein Nickerchen zu halten.

Irgendwer hat einmal gesagt, aber sicher war es nicht nur dieser eine, dass in dieser ganzen Schöpfung der Hund das einzige Wesen sei, das seinen Gott gefunden habe. Ja, sieht es nicht tatsächlich ganz so aus? Um nicht missverstanden zu werden: nicht, dass ich behaupten wollte, das religiöse Bedürfnis sei hündisch. Umgekehrt: die Hunde sind menschlich, von uns nach unserem Ebenbild geschaffen. Ja, da hat es uns beliebt, uns in die Rolle des lieben Gottes zu begeben, im Falle wir denn tatsächlich lieb sein sollten zu diesen Geschöpfen.

Doch wie auch nicht? Soll doch selbst jener Adolf Hitler seine Schäferhündin irgendwie geliebt haben.

Wobei mir das ewig ein Rätsel bleiben wird, dass ausgerechnet sein Schäfer ein Weibchen war. Mit so was kann man doch gar nicht richtig exerzieren, wie etwa noch unser Lehrer in der Grundschule, der sich mit seinem Rüden jeden Sonntagnachmittag auf der Wiese dem hingab, was er mit dem Hund arbeiten nannte, zu welchem Zwecke er sich eigens in försterliches Grün gekleidet hatte.

Ein übler Typ, dabei weniger einer von diesen buchstäblichen Nazis als jene Sorte von Christenmensch, dem vor allem am Antikommunismus gelegen war, was ihn mit Inbrunst seinen Beitrag als Hauptmann an der russischen Front hatte leisten lassen. *Der Bolschewik*, wie das schon klang. Irgendwie schlimmer noch als Hölle und Teufel, und die ganze Klasse johlte vor Vergnügen, wenn er uns Neunjährigen erzählte wie sie einst dem Bolschewiken ordentlich einen drauf gebrannt hatten.

Hatte doch der Bolschewik tatsächlich geglaubt, er könne sich am Heiligabend einen auf Friede, Freude, Eierkuchen machen und laufen die doch tatsächlich ohne jede Deckung mit einem Riesenkochtopf die Frontlinie rauf und runter. Er, der Bolschewik und Heiligabend! Ausgerechnet der! Aber da hat unser Herr Lehrer Befehl gegeben und haben sie aus allen Rohren denen einen gezündet, dass die nur so gehüpft sind.

Nun hat dieser unser Herr Lehrer freilich auch uns gegenüber noch so einiges zum Thema Christentum zu exemplifizieren gewusst, doch keine Angst, ich werde mich da jetzt nicht näher darauf einlassen, denn diese Erfahrung habe ich auch längst gemacht, dass nämlich die aufgewärmte Wut ebenfalls zu jenen Dingen gehört, die meinem gegenwärtigem Zustand so gut wie gar nichts bringen.

Allenfalls wäre noch jene Anekdote nachzutragen von einem Kumpel aus meiner ehemaligen Kneipe. Aber das ist nun freilich auch schon eine gute Weile her, als er ganz aufgeregt am Tresen erschien, nachdem nämlich ein Fernsehbericht vom katholischen Kirchentag ihn in schiere Begeisterung versetzt hatte: Eine aufs Lebendigste gärende Basis habe sich da zu Wort gemeldet, und ein ganzer Katalog von Forderungen sei es, der gegen die alten Männer in Rom erhoben werde, wie die positive Würdigung der Sexualität, ihre Anerkennung als Gabe Gottes, die Aufhebung des Zölibats, das Priesteramt für Frauen, und damit nicht genug, werde auch nach mehr Demokratie, flacheren Hierarchien und dergleichen mehr gerufen. Ach, seufzte er, Katholik müsste man sein, man hätte noch was, worüber man sich aufregen könnte.

Du meine Güte, rief ich aus, ein Veteran auf der Suche nach der letzten Front; ein Ritter von der traurigen Gestalt im Kampf gegen Windmühlen ohne Wind, worauf von seiner Seite nichts als ein resignierend abwinkendes Lächeln kam und wir auch schon wieder ganz woanders waren, womöglich bei irgendeinem Ferienhaus auf irgendeiner Insel.

8

Nicht, dass ich was gegen Ferienhäuser hätte. Um Gottes Willen, nein! Die Zeiten sind längst vorbei, da wir über dergleichen sesshaftes Besitztum die Nase rümpften, um uns unsererseits höchst abenteuerlich, um nicht zu sagen geniemäßig, auf die Reise zu machen: mit dem Rucksack in Bahn und Bus und über Stock und Stein, dabei möglichst in den schrägsten Kaschemmen und Spelunken landend, die aufzutreiben waren, irgendwo zwischen Dublin und Neapel. Unvergesslich, die Nacht des billigen Spumante, die ich zusammen mit einem lieben Freund in Ferrara erlebte.

Da waren wir in ein Ding geraten, wie es uns ähnlich aus Berlin als sogenannte Wohnzimmerkneipe zwar nicht unvertraut war, nur dass es sich hier um den Salon einer stark an Toulouse-Lautrec gemahnenden Halbwelt handelte. Einer ehemaligen Halbwelt, besser gesagt, denn die Damen und Herren waren durchweg fortgeschrittenen Alters und feierten nichts weiter als ihren Ruhestand, dabei zwischen Kunststoffperücke und Federboa so farbig krass geschmückt, wie im übrigen laut die Korken knallen lassend. Es war wirklich so, als wären wir mitten im neunzehnten Jahrhundert gelandet, in jener guten alten Zeit, da die Sphäre von Varieté und roter Laterne es tatsächlich noch zu so etwas wie einer substantiellen Gegenkultur hatte bringen können.

Und wie die Aufgeschlossenheit gegenüber dem Fremden wohl zum Wesen dieser Sphäre gehört, so wurden auch wir beide sogleich umstandslos aufgenommen, ja zum besonderen Ereignis des Abends erkoren. Am Ende jedenfalls saßen alle rund um uns herum, derweilen der Wirt nochmals einen Korken knallen lies. Irgendwann zuvor war einer mit Anglerzeug hereingekommen, dem schon gleich anzusehen war, dass er jetzt Bedeutendes vorhatte. Und tatsächlich: fast einen Meter lang war der Wels, den er aus der grünen Leinentasche holte. Das arme Tier schnappte noch in letzter Zuckung mit den dicken Lippen, die ihm nun aber zum Kuss auf den Nacken einer rücklings zugekehrten und in überaus goldenem Glitter gehaltenen Dame gedrückt wurden. Die im Saale evozierte Heiterkeit war von einem Grade, den zu überbieten sich kaum vorstellen lässt.

Tempi passati - vorbei ist vorbei und der Rucksack steht längst im Keller und zieht es mich doch heutzutage auch eher zu einer jener bequemen Liegen im Wellness-Hotel, wie übrigens auch der Freund von damals längst aus stink normalen Urlauben zurückkehrt, wie erst neulich vom großen blauen See zwischen den hohen grünen Bergen, wo er nichts weiter getan hatte, als hoch oben am Hang auf der Terrasse zu sitzen, von wo aus der Blick runter ging auf den weiten, lang gestreckten See mit der schönen Insel. Weißt du, sagt er, wenn man ansonsten den ganzen Tag lang - von Beruf ist er nämlich Zahnarzt - immer nur in das kleine Loch eines kariösen Zahns schaut ...

Das ist doch mal, wie ich finde, eine sehr schöne Urlaubsgeschichte und nur schade, dass sie damit auch schon zu Ende ist. Wobei man eigentlich sagen müsste, dass Gott sei Dank sie damit auch schon zu Ende ist, denn so wäre also nichts weiter Schreckliches passiert.

So ist das eben: Übers Glück lässt sich nicht groß was erzählen, und wie die sommerliche Urlaubszeit den Journalisten die Saure-Gurken-Zeit ist, so sind sogar im Buch der Weltgeschichte - immerhin Hegel hat das gesagt - die Zeiten des Glücks leere Seiten.

So leer, dass auch schon Hegels Großmutter das Märchen stets im richtigen Moment hat enden lassen, und wenn sie nicht gestorben sind, leben sie noch heute.

Nichts also gegen Ferienhaus, ja nicht einmal gegen die seit Jahren immer wieder aufgesuchte Familienpension, selbst wenn man dabei Gefahr liefe, irgendwann auch jene goldene Nadel vom Touristenbüro zu bekommen, die das Ehepaar vom Nebentisch längst hat, wie allgemein sattsam bekannt. Sowas muss man schon ertragen können um zu erfahren, dass das eigentümlich Schöne an solch einem Domizil darin liegt, dass auch die Sphäre jenseits von Alltag und Pflicht ihren eigenen Ort, ihre Verkörperung gefunden hat, so dass du bei jeder Rückkehr von der ersten Minute an von ihr ergriffen wirst und du dich auf einen Schlag wie verwandelt fühlen darfst.

Unnötig hinzuzufügen, dass ich selbst über einen solchen Ort nicht verfüge - nicht mehr, und zwar schon ziemlich lange nicht mehr. Doch bin ich neuerdings immerhin auf der Suche, in der Findungsphase halt, auch was das betrifft.

9

Eines allerdings habe ich bereits gefunden, indem nämlich ich wieder ins Schwimmbad gehe. *Wieder*, wohl gemerkt, womit auch schon gesagt wäre, wo ich das gefunden habe, nämlich in meiner eigenen Vergangenheit, meiner Jugend, meiner Kindheit. Man sollte ja grundsätzlich, wenn nach vorne nichts mehr so recht weiter gehen will, auch mal nach rückwärts schauen, ob da nicht etwas liegen geblieben ist, was sich wieder aufnehmen ließe. Und so bin ich nun zu eben jenem Stadtbad zurückgekehrt, dem ich vor gut dreißig Jahren den Rücken gekehrt hatte.

Versteht sich, dass es mit den Bewegungsabläufen

zunächst noch einigermaßen viereckig vor sich ging, doch dauerte es nicht lange, bis meine ursprüngliche Beziehung zum Wasser wieder zum Vorschein kam, auf dass die Schwimmlehrerin mich jetzt für ein Naturtalent und ein Sportgenie hält, während in Wahrheit ich mich in puncto Sport doch nie anders als gerade mal mittelmäßig zeigte. Einzig, dass ich halt von klein an aus dem Wasser kaum rauszubringen war und in den Sommerferien selbst der brühwarmen Adria nie anders als mit blauen Lippen entstieg. Wenn ich mich recht erinnere, kannte ich als Kind eigentlich nur zwei meinem Wesen gemäße Seinsformen: entweder hoch oben im Baum oder tief unten im Wasser und insofern wäre ich ein mustergültiger Beleg für die ansonsten nach wie vor äußerst hypothetische Theorie, dass unser Ur-Ur-Ahne ein Wasseraffe gewesen sei.

Darauf muss ich gleich noch näher eingehen, doch wäre zuvor von einer Erfahrung zu berichten, die, wie ja immer in Sachen Erfahrung, mit so etwas wie einer Verblüffung zu tun hat und mit einer so lange sich wiederholenden Verwunderung, bis du es endlich kapiert hast, auf dass es von nun an nichts mehr zu verwundern gibt.

Ja, das war mir tatsächlich bei der Rückkehr in jenes Schwimmbad am Heidelberger Platz völlig fremd, wie entspannt und freundlich es da zugeht und dass im Falle du dich bei jemandem entschuldigst, du ein lächelndes „macht nichts" zurück bekommst und keinesfalls jenes Nachtreten von der Art des „nu passen Sie doch aber auch mal auf". Es dauerte wirklich ein paar Wochen, bis ich es endlich begriffen hatte, wie unmöglich ein solches Betragen mittlerweile geworden ist, wo doch nicht einmal die Bademeister sich in Szene setzen - kein Trillern auf der Pfeife, kein Brüllen durch die Halle, träge sitzen sie herum und denken nicht im Traum daran, auf die Jagd nach unbotmäßigen Jugendlichen zu gehen. Der einzige Kotzbrocken hier weit und breit, ich muss es gestehen, bin ich selbst, der einzige nämlich, der sich auf seiner Schwimmbahn rigoros die Vorfahrt erzwingt und sozusagen mit Vollgas auf die Hupe geht.

Ausgerechnet ich, die Verkörperung von Friedfertigkeit und Nachsicht schlechthin, trete hier auf, als wären wir mitten in den 1970er Jahren. Ist das nicht verrückt? Es ist, als hätte dieser Teil von mir, dieses winzige mit dem Stichwort Schwimmbad überschriebene Teilchen meines Ichs - als hätte das all die Zeit über in der Tiefkühltruhe gelegen. Dabei bin ich mir durchaus bewusst, dass es absolut in der Regel ist, wenn man keinen blassen Schimmer mehr davon hat, was für ein Idiot man früher mal gewesen ist. Neu ist mir, wie leicht eben dieser sich revitalisieren lässt.

Ich komme zur Theorie vom Wasseraffen. Warum diese Hypothese in Fachkreisen als gar so luftig gilt, will mir nach wie vor nicht einleuchten, wo man doch allgemein davon ausgeht, dass unsere Ur-Ur-Großeltern nur deshalb die Bäume verließen, weil es auf Grund eines klimatischen Wandels plötzlich keine mehr gab. In solch einem Fall stehst du vor genau zwei Möglichkeiten: entweder du stirbt aus oder du passt dich einem anderen Ambiente an und warum nicht den Uferlandschaften der afrikanischen Flüsse? Wo man nämlich im Wasser stehend nicht nur den aufrechten Gang entwickeln kann, sondern auch jenes spezifische Fettgewebe, das Homo sapiens als einziger unter den Primaten mit den Walen und Robben gemein hat. Aber es gibt noch mehr Argumente, wie zum Beispiel jenes, dass die Nacktheit einzig zur amphibischen Lebensweise passt, wie ferner sich bei Homo sapiens gezeigt hat, dass sich die Babys am bequemsten im Wasser gebären lassen, die dann auch sogleich um die Mutter herum zu schwimmen in der Lage sind, dabei jene erstaunliche Tauglichkeit zum Tauchen an den Tag legend, wobei die aerodynamisch einigermaßen unsinnig nach unten gerichteten Nasenlöcher in äußerst praktischer Weise zu nach hinten gerichteten werden, gegen die Wasserströmung nämlich.

Ob jetzt nun mehr oder weniger triftig, ich liebe diese Theorie vom Wasseraffen und hoffe nur, dass es damals auch schon so etwas wie Nilpferde gab. Die hätten eine prima Symbiose eingehen können, die Wasseraffen und die Nil- beziehungsweise Flusspferde, denn sie sind ja keineswegs nur vom Nil. Dabei ist die Rede vom Pferd nicht minder irreführend, da *Hippopotamus amphibius* innerhalb der Ordnung der Paarhufer eher mit den Schweinen verwandt ist, was aber, wie ich zumindest finde, ihn nur noch sympathischer macht.

Es handelt sich um ein Gras fressendes, ausgesprochen friedfertiges Geschöpf, doch wehe, es fühlt sich angegriffen. Dann kann es richtig böse werden, was um so wichtiger ist, als die kleinen Nilpferdbabys tatsächlich ganz so aussehen, als würden sie recht lecker schmecken.

Aber da ist selbst für richtige Raubtiere nichts zu machen. Ich hatte mir mal ein Foto aus einer Zeitschrift getrennt und an die Pinnwand gehängt, wo Mamma-Nilpferd ein Krokodil quer im Maul hat, dessen beide Enden auf Grund des gebrochenen Rückgrats links und rechts steil in die Luft ragen. Irgendwann habe ich das aber wieder abgenommen, nachdem es unter meinen Gästen auf Kritik gestoßen war.

Das heißt genauer besehen, hat es sich nur um einen Gast gehandelt, eine Gästin genauer, die aus der Kneipe mit nach oben zu bringen mir soeben gelungen war und die sich dann derart darüber entsetzt hat: das arme Krokodil und das sei doch auch ein Geschöpf Gottes und wie ich mich da nur so höhnisch drüber machen könne, wo es doch auch nur was zum Fressen wolle, so wie ich doch auch mein Schnitzel dort unten gerade mir hinein gestopft hätte und was ich mir denn einbilden würde und überhaupt und so weiter und so fort. Das blöde Foto hätte mir um ein Haar den so glücklich begonnenen Abend versaut.

Nun handelte es sich bei besagter Dame um eine buddhistisch angehauchte und beruflich in reichlich vorgesetzter Position fungierende Krankenschwester. Ganz anders also aufgestellt als der afrikanische Wasseraffe, dem weiß Gott nicht zu verübeln gewesen wäre, wenn er sich zum Thema Krokodil ganz andere Ansichten gebildet hätte. Man muss sich doch mal fragen, wie es kommt, dass uns auch heute noch das Krokodil so schreckensnahe ist, selbst dann und vielleicht gerade dann, wenn wir in geographischen Zonen leben, die mit dieser Kreatur gar nichts zu tun haben? Man denke nur an die Figur des Drachen. Was stellt die denn anderes dar als ein geflügeltes Krokodil?

Ist es nicht merkwürdig, dass in dem Maß wie Wasser für uns mit Wellness zu tun hat, der Schrecken mit dem Krokodil?

10

Güntzel-, Ecke Uhlandstraße: Läuft mir doch einer aus meiner ehemaligen Kneipe über den Weg: Nein, Alban, bist du's wirklich, ruft er aus, und das sei ja nicht zu fassen, wie gut ich aussähe. Ja, meint er, das sollte er auch mal machen, ein paar Monate gar nichts trinken. So einfach gar nichts. Nein, nicht zu fassen, wie ich aussähe, und dabei habe doch gerade neulich einer über mich erzählt, was für ein Widerling ich geworden sei und eine ganze Geburtstagsfeier hätte ich versaut und jedes Gespräch abgewürgt mit nichts als Sarkasmus und Klugscheißerei, so dass am Ende nichts als Mallorca und Ferienhaus übrig geblieben sei, wo ich dann endlich das Maul gehalten und mich darauf beschränkt hätte, Erdnüsse in mich hineinzustopfen.

Ich gebe das wieder, nicht ohne ein gewisses wehmütiges Lächeln über den direkten Ton, der einst bei uns geherrscht hatte und von dem doch hier ein gutes Stück wiederaufzuleben vermocht hat. Ansonsten möchte ich zu dem dergestalt gefertigten Porträt meiner Person nichts weiter hinzufügen, als dass es eben höchste Zeit war, mich für die Einsamkeit zu entscheiden.

Es muss ja nicht für den Rest des Lebens sein, nein dies hoffentlich doch nicht, aber die gegenwärtige Phase wird unerbittlich unterm Zeichen des Sich-Zurückziehens stehen müssen, wobei es ja so ist, dass, wie meine alte Freundin sagen würde, wenn eine Tür sich schließt, eine andere sich dafür öffnet, ja und durch eben diese Tür ist mir ja nun just eben diese alte Freundin bereits zurückgekehrt.

Also jene Krankengymnastin mit den abgeschminkten

Schmetterlingen und dem Zauber, der jedem Anfang innewohnt. Indem sie nun abermals hier aufgetaucht ist, scheint
es an der Zeit, sie euch etwas näher vorzustellen, weshalb
sie von nun an auch einen Namen bekommen soll. Oft ist
das ja gar nicht so einfach und wie viele Namen nicht in
all den Romanen, bei denen sich buchstäblich der saure
Schweiß riechen lässt, den es den Autor gekostet hat, sich
etwas Derartiges auszudenken. Ganz anders aber im Fall
meiner Freundin, wo es nämlich nicht den geringsten
Zweifel geben kann, dass ihr wahrer und wahrhaftiger
Name einzig zwischen Eva einerseits und Maria andererseits
liegen kann, weshalb denn kurz und gut als Eva-Maria sie
hiermit benannt sein soll.

11

Als sie das erste Mal bei uns in der Kneipe erschien, hatten
die 1980er Jahre gerade mal angefangen. Sie war schon ein
wenig angetrunken, setzte sich nach rechts an den Rand
des Tresens, denn das Zentrum war links, wo der Tresen
um die Ecke ging und wo soeben das übliche große Palaver
im Gange war. Sicherlich hatte es auch diesmal irgendwas mit den Problemen der menschlichen Emanzipation
und Selbstverwirklichung zu tun, und zwar sowohl im
Allgemeinen wie im Besonderen, wie aber auch im ganz
Speziellen, nämlich im Bezug auf einen gerade gestern sich
hier am Tresen ereignet habenden Fall.

Von all dem also weit weg, nach rechts an den Rand setzt
sie sich, bestellt einen Rotwein und guckt vor sich hin ins
Nichts. Spätestens beim zweiten Glas, hat sich ein netter
junger Mann aus dem Kreis der Diskutanten gelöst und
steht nun neben ihr: „Na, Mädel, was ist denn dir heute
Schreckliches passiert?"

„Ach nichts weiter. Ist nur so, dass mein Typ mit meiner
besten Freundin bumst." Sie lacht schrill auf und schon
schießen die Tränen.

Ja, so sagte man das in den frühen achtziger Jahren noch,
eher aber dürfte es in die siebziger gehören: *bumsen*, dies

brandneue Verb, und zwar mit Dativ. Er bumste mit ihr, sie bumste mit ihm, sie bumsten zusammen.

Das hatte etwas woodstockmäßig Liebenswertes, jedenfalls so gar nichts Vulgäres, zu welchem Zwecke zuvor einzig dieses bescheuerte miteinander schlafen zur Verfügung gestanden hatte. Ich erwähne das nur, weil ich ein paar Jahre später es mindestens ebenso bemerkenswert fand, als von Eva-Maria der Satz zu hören war, dass sie hin und wieder auch schon mal aufs Kreuz gelegt und so richtig durchgefickt werden wolle. Aber das dürfte doch erst gegen Ende der achtziger Jahre gewesen sein. Vorher wäre das wohl kaum möglich gewesen, also ich meine jetzt nicht den Wunsch, sondern dessen tresenmäßig selbstbewusste Äußerung. Es hat ja überhaupt diese sogenannte sexuelle Revolution erst in den 1980er Jahren die eigentliche Ernte eingefahren und nur drüben im Osten war man früher dran gewesen, was natürlich einzig an den Frauen gelegen hatte, beziehungsweise deren ökonomisch spezifisch anderer Situation. Denn, von der liberalen Regelung des Schwangerschaftsabbruchs mal abgesehen, stellten Kinder in der DDR tatsächlich kaum einen Kostenfaktor dar, und zwar nicht einmal in Hinsicht auf die Wohnung, die der alleinerziehenden Mutter mit ihren drei Kindern von Staats wegen zustand. Es sind unter dieser Bedingung tatsächlich hin und wieder Frauenfiguren aufgeblüht, die etwas von den paradiesischen Zuständen vor dem Sündenfall hatten.

Dabei will ich nicht unerwähnt lassen, dass eine bösere Zunge bei uns am Tresen einmal behauptete, die freiere Sexualität im Osten habe vor allem daran gelegen, dass dies ein Bereich war, wo man nun endlich mal keine Lieferengpässe hatte. Schwer zu sagen, wie weit er es ernst meinte, jener witzige Vogel, der stets in Begleitung eines Hundes erschien, der seinerseits dank seiner kurzbeinigen Wurstförmigkeit bei Schlappohren bis zum Boden ein Spitzenprodukt britischen Humors darstellte.

Bei dem jungen Mann, um den Faden wieder aufzunehmen, der Eva-Maria an ihrem ersten Abend bei uns am Tresen angesprochen hatte, handelte es sich, wie ihr wahrscheinlich schon geahnt haben werdet, um niemand anderen als meine Person, wobei sich am Ende dieses Abends das große Palaver komplett von der linken Tresenseite nach rechts, rund um unsere neue Kumpanin verlagert hatte, denn selbstverständlich gehörte sie von nun ab mit dazu, wobei sie sich insbesondere in den Tagen rund um den Vollmond sehen ließ, an dessen Einwirkung sie fest glaubte und sich entsprechend auch den Monat einrichtete, womit es denn ja auch bewiesen war.

Was Eva-Marias Fähigkeit betrifft, Sätze zu bilden, die sich einprägen, die sich, mit Thomas Mann zu sprechen, innerlich aufschreiben, möchte ich für heute nur noch zwei weitere anführen. Zunächst jenen, mit dem sie über Liebe und Leid so grundsätzlich ihr Votum abgab: *Lieber drei Monate verliebt und neun Monate leiden, als ein Jahr gar nichts.* Tja, so hat sie es gesagt und so hat sie es auch gelebt. Der zweite Satz dann freilich im schönsten Kontrast dazu, nämlich, nachdem ich ihr mein näheres Verhältnis zur Philosophie eröffnet hatte und sie darob geradezu in Entzückung geriet: Ach Philosophie! Das finde sie ja toll. Denken, reines Denken, wenn sie das nur könnte, zu gerne würde sie das auch machen: Denken, reines Denken. Dabei stellte sich auf meine Nachfrage heraus, dass sie zumindest via negationis auch eine recht präzise Vorstellung von einem derart beschaffenen Denken hatte: „Na eines, das mit dieser ganzen Scheiße, hier, nichts zu tun hat."

Eine Formulierung, die es verdient, geradezu als klassisch bezeichnet zu werden, nämlich nur allzu oft die Philosophie mitten ins Schwarze treffend, damit freilich genau jene Haltung bezeichnend, die wir an Klaus Heinrichs Institut auf gar keinen Fall einnehmen wollten: Philosophie als ein, mit Heinrichs Formel, die Realität übersteigendes Heilsunternehmen.

Es exakt mit eben dieser Intention wenigstens einmal in einem derart vitalen Seufzer gehört zu haben, ist für mich bis heute eine Offenbarung. Ist doch zu schön, dass sie sich wieder gemeldet hat, die alte Freundin. Bin selbst ganz überrascht, wie froh ich darüber bin.

12

Ich darf sagen, dass ich nun doch ganz zuversichtlich bin, was den hier auf diesen Seiten eingeschlagenen Weg betrifft, und fast sieht es so aus, als würde ich dieses eine so heiß ersehnte Buch, das nach mir greifen würde, um mich rauszuziehen aus dem Sumpf - als sei ich bereits dabei, dieses Buch mir selbst zu schreiben. Mir selbst und euch natürlich, liebe Leserinnen und Leser, die ihr hier noch immer am Ball seid, obgleich es noch gar keinen Toten gegeben hat und es überhaupt in Sachen Spannung und Nervenkitzel nicht gerade hoch her geht. Kann es sein, dass auch ihr ein bisschen schräg drauf seid? Eine kleine Macke? Sprung in der Schüssel? Schraube locker? Irgendwas, das nicht ganz richtig tickt? Wenigstens hin und wieder? Oder solltet am Ende auch ihr mitten drin sein, in der Findungsphase?

Wie auch immer, in der Krise seid ihr jedenfalls nicht, oder zumindest nicht mehr, weil ansonsten ihr nämlich gar nicht lesen würdet. Man kann das an meinem Fall sehen, wo ich mich doch bereits im fortgeschrittenen Stadium der Findungsphase befinde und gleichwohl noch keineswegs in der Lage bin, mich lesend auf mehr als drei Zeilen zu konzentrieren. Dabei, wie gesagt, geht es mir gar nicht so schlecht, im Grunde nicht, und bin ich doch, wie man hier sehen kann, immerhin schon in der Lage das ein oder andere zum Besten zu geben, ganz nach dem Motto von Wilhelm Busch: *Das Reden tut dem Menschen gut, wenn man es nämlich selber tut.*

In diesem Sinne immer frisch drauf los gequasselt, wobei es für die reiferen Lebensjahre eh typisch scheint, dass der verbale Ausstoß besser flutschen will, während umgekehrt das Zuhören immer schwerer fällt und immer seltener jene Konzentration gelingen will, die nun einmal von jedem wirklichen Zuhören, jedem wirklichen Leseverständnis abverlangt wird.

Ach ja, das Leseverständnis. Bin ich mir doch erst kürzlich dahinter gekommen, dass ich einen Satz von Goethe, den ich schon seit Jahren gern zitiere, nie adäquat gelesen habe. Es handelt sich um eine eher beiläufige Bemerkung, die der schon ziemlich betagte Dichter einmal gegenüber Eckermann hat fallen lassen und demzufolge es das Kennzeichen genialer Naturen sei, eine wiederholte Pubertät zu erleben, während andere Leute nur einmal jung seien.

Und nun die Preisfrage: was, um Gottes Willen, lässt sich daran missverstehen?

Antwort: die wiederholte Pubertät, und zwar, wohlgemerkt: die wiederholte. Diese nämlich wäre sehr von jenem anderen Kasus zu unterscheiden, wo einer aus seiner ersten überhaupt nie herausgefunden hätte und logisch trivialer Weise auch deren Wiederholung nicht erleben kann. Nichts von zweitem Frühling, wenn du nichts von Sommer, Herbst und Winter weißt. Nein, nichts von Wiedergeburt kann so einer erleben, als es mit ihm gleich abgehen dürfte von der endlos verlängerten Jugend in die verfrühte Vergreisung. Aus meiner ehemaligen Kneipe könnte ich da so manchen Fall anführen, wobei ich mir natürlich die Frage stellen muss, ob ich nicht auch mich gleich mit hinzu zu zählen hätte.

Nein, will ich doch jetzt einmal in aller Deutlichkeit sagen und dabei sozusagen mit der Faust auf den Tisch hauen: hätte ich nicht. Oder habe ich etwa nicht die Nase voll bis obenhin von Jugend, Schmetterling und Frühling? Und empfände ich es etwa nicht als den ältesten Hut, dergleichen nochmals aufzufrischen? Und scheint mir etwa nicht ein wirklich Neues einzig darin zu liegen, mich jetzt endlich einmal in so etwas wie einen älteren seriösen Herren zu verwandeln? Es wäre so neu, dass es geradezu etwas von Frühling und Jugendfrische hätte.

13

Ein Blick in den Band von Eckermanns Gesprächen zeigt, dass Goethe den Begriff der Pubertät im Sinne von

blühender Jugend gebrauchte, nicht aber im heute üblichen von jener zombiemäßigen Identitätskrise zwischen
einer Kindheit, die nicht mehr, und einer Jugend, die noch
nicht ist. Das Gespräch fand am 11. März 1828 statt und
der Kontext war denkbar trivial: Der knapp achtzigjährige
Dichter war soeben dabei, im Gedanken an seine eigene
stets mühevoller werdende Produktion sich in die These zu
versteigen, sprühende Kreativität sei allgemein eine Sache
der Jugend, sieht sich aber nun, nachdem Eckermann auf
Fälle bedeutender Alterskreativität hingewiesen hat, zu
jener Schlaufe genötigt, dass in diesen Fällen eben genialer
Weise die Jugend, respektive Pubertät sich wiederhole.

Nun, ja.

Mehr will ich jetzt auch gar nicht dazu sagen, weil das
ansonsten ausarten müsste in einen Exkurs zu Goethes
Biographie, seinem einsam gewordenen Alter, seiner
kollektiv bewegten Jugend und natürlich deren tatsächlich
exemplarischer Wiederholung in der Mitte seines Lebens.
Also, ich meine natürlich die Zäsur der fast zweijähri-
gen italienischen Reise, die er sich genehmigte und die
sich zu genehmigen er in der Lage war, nachdem er zuvor
zehn Jahre lang in Weimar den Verwaltungsbeamten, ja
Finanzminister gegeben hatte, eine Ochsentour, die er sich
einst aber selber, also nach seinem ersten zehrenden und
verzehrenden Jugendsturm, geradezu als Kur verordnet
hatte.

Vielleicht komme ich ja noch einmal darauf zurück
und auch auf die nun wirklich interessante Frage, ob es
tatsächlich Italien war, wo der knapp Vierzigjährige den
Geschlechtsakt zu vollziehen erstmals die Gelegenheit hatte.

Ein Wort aber noch zum Begriff des Genies. Es steht ja
nun wirklich außer Frage, dass du heutzutage nichts von
dergleichen außergewöhnlicher Begabung mehr benötigst,
um so etwas wie eine wiederholte Identitätskrise zu erleben. Mittlerweile kann sowas jeder, wo doch selbst so
mancher brave Biedermann gar nicht groß gefragt wird.
Du musst doch nur deinen Arbeitsplatz verlieren, oder
dir läuft die Frau davon. Oder sie läuft dir davon, weil du

den Arbeitsplatz verloren hast, im Falle nicht umgekehrt du den Arbeitsplatz verlierst, weil sie dir davon gelaufen ist.

Vielleicht müsste man für unsere Zeit sogar umgekehrt formulieren, dass nämlich das Kunststück darin bestünde, eine gewisse Identität zu bewahren zwischen dem ersten und dritten Beruf, dem zweiten und vierten Lebenspartner, dem ersten und letzten Wohnsitz und überhaupt zwischen all deinen biographischen Umbrüchen in Sachen Glaube, Liebe, Hoffnung.

14

Von der Raupe zum Falter - ein fünfzehnminütiger Clip des Schulfernsehens am Beispiel des Schwalbenschwanzes.

Von mir aus hätten sie ruhig auch den Kohlweißling nehmen können, aber der Schwalbenschwanz ist nun mal in unseren Breiten der größte und schönste, vielleicht auch seltenste Schmetterling. Ich selbst jedenfalls musste gut fünfzig Jahre alt werden, bis ich erstmals einen in freier Natur sah, also einen, der sich nicht aufgespießt hinter Glas befunden hätte.

Ich erinnere mich genau, dass es während eines Urlaubs an der ligurischen Küste war und ich nach der ersten Begeisterung bald feststellen musste, dass es in jener Saison dort Schwalbenschwanz die Fülle hatte, ein Tatbestand, der den Reiz dieses Falters doch wieder relativierte, wie es nun mal so läuft in Sachen Schönheit und Wohlgefallen.

Doch zum Film: Es geht los mit dem Ei, dessen Ablage einzeln von Pflanze zu Pflanze vorgenommen wird, zu welchem Zweck allein es schon sehr sinnvoll ist, dass Mutter Schmetterling fliegen beziehungsweise flattern kann. Ferner müssen die Blätter der Pflanze genießbar sein, und zwar im Sinne der späteren Raupe. Da sich Schmetterlinge aber nicht von Blättern ernähren, sondern allenfalls Blütennektar saugen, hätte man es mit einem ernsten Problem zu tun, wäre nicht selbstredend für dessen Lösung bereits gesorgt. Die Füße von Mutter Schwalbenschwanz sind nämlich mit geschmacksempfindlichen Sinneszellen ausgestattet, die ein raupengemäßes Vorkosten erlauben, so dass die Eier nur auf vorzüglich mundende Grundlagen gebettet werden.

Zweiter Akt, die Raupe. Kaum ausgeschlüpft, dienen ihr die Eierschalen als erste Nahrung. Eiweiß und Chitin als Starthilfe. Danach geht's an die Blätter und den eigentlichen Lebenssinn. Bar jedes Geschlechtstriebs lässt sich um so inniger dem Fresstrieb frönen. Da der Chitinpanzer nicht mit wächst, muss er mehrmals von der immer rundlicher werdenden Raupe gesprengt und hinter sich gelassen werden, bis beim vierten Mal sich zeigt, dass ein Wunder sich ereignet hat. Innerhalb der Rüstung der alten Raupe hat sich nämlich etwas völlig anderes ergeben, und zwar ein gespenstiges Etwas ohne Kopf und ohne Füße: die so genannte Puppe. Nicht wirklich ein Tier, kann es weder fressen, noch sich vermehren, ein Zwischenwesen, das ohne Weiteres als die schlechtweg verkörperte Identitätskrise bezeichnen werden könnte. Nicht mehr Raupe, noch nicht Falter, bleibt ihm nichts anderes als eben das, was auch Menschenkinder in der Pubertät vorzugsweise tun, nämlich herumhängen.

Herumhängen, nichts weiter als dies, ist der Inhalt des dritten Akts, zu dessen Zweck im Falle des Schwalbenschwanzes ein einfacher gesponnener Faden genügt, ein Gurt, mittels dessen sich die Puppe an einen Stengel hängt. So übersteht sie auch den Winter bis hin zu den ersten zwanzig Grad des Frühjahrs. Inmitten des Sommers hingegen wird es gerade mal zwei, drei Wochen dauern, bis sich herausstellt, dass sich das Inwendige der Puppe abermals verwandelt hat, um nun, das alte Gehäuse aufbrechend, ans Licht zu treten: ein Schwalbenschwanz.

Hier endet der Film leider und betrügt uns um die Paarung - nein, die Paarung nicht, die wurde gleich anfangs kurz gezeigt, also vor der Ablage der Eier, und das sah in etwa so aus wie bei einem Auto an der Tankstelle. Bei manchen Arten soll das Stunden lang so gehen und dann sinnvoller Weise auch im Flug. Schließlich wäre man allzu leichte Beute sonst. Um was hingegen der Film uns betrügt, ist die Balz, das Werbeverhalten also, all dies Geflatter rund um die Suche nach dem rechten Partner. Davon hätte man doch gern Näheres erfahren. Aus was denn sonst bestünde das Leben von so einem Falter?

Das Mysterium der Metamorphose - natürlich wäre das ebensogut am Beispiel jedes anderen Insekts zu veranschaulichen gewesen. Sogar beim Weg vom Madenwurm zur Schmeißfliege hätte es gar nicht groß anders ausgesehen, nur dass wir dann in poetischer Hinsicht in einer anderen Sphäre gelandet wären. Fernab aller Poesie möchte ich jetzt aber die handfeste Lehre von dieser Geschichte festhalten, nämlich dass das Mysterium der Metamorphose in Wahrheit sehr viel weniger mysteriös ist, als es von außen gesehen scheint. Die Entwicklung vom Ei über Raupe und Puppe zum Falter geht nämlich durchaus kontinuierlich vor sich. Will sagen, das jeweils Innere entwickelt sich zumindest insofern kontinuierlich, als es zwar Beschleunigungsvorgänge aber keineswegs Sprünge gibt, während allein das Äußere - sei es die Eierschale, der Raupenpanzer oder das Puppenhaus - dabei nicht mitmacht, vielmehr in Starre verharrt und deshalb stets wieder in einem Akt der Gewaltsamkeit aufgebrochen werden muss. Dabei ist zwischen Raupe und Falter die eigentliche Entwicklung unseren Augen entzogen und nur deshalb sieht das aus wie beim Zauberkünstler, wenn das Kaninchen in den Zylinder rein und die Taube wieder raus kommt.

In dieser Hinsicht ist es im Grunde gar nicht anders, wie im Falle eines Mitmenschen, den du eine gute Weile nicht gesehen hast, um dann mit Erstaunen festzustellen, dass du ihn kaum mehr wiedererkennst, weil er inzwischen den Sprung vom Knaben zum jungen Mann oder vom reifen Mann zum Opa vollzogen hat. Ganz zu schweigen vom jungen Mädchen, das dir plötzlich auf der Straße als so eine richtige Mutti begegnet.

Was dies letztere betrifft, um nun doch nicht so ganz zu schweigen, stehe ich noch immer unterm Schock einer kürzlichen Begegnung, indem ich nämlich von einer mir völlig fremden Frau angesprochen wurde, hallo Alban, und sie sei die So-und-so und wir beide hätten doch damals in dem Marx-Freud-Seminar ein Referat zusammen gemacht. Ja, wirklich, du bist es, rief ich aus und konnte sie noch immer genauso wenig wieder erkennen wie allerdings mich bestens an sie erinnern, denn wie sollte man ein solches Urbild von Anmut, Zauber, Liebreiz - wie sollte man es je vergessen, als man ganz im Gegenteil auch noch auf seine alten Tage (und gerade auf diese) immer wieder schubweise von jenem Ärger ergriffen wird, jenem ohnmächtigsten aller ohnmächtigen, nämlich anlässlich des Gedankens an eine gewisse Gelegenheit, die sich damals doch tatsächlich während der Abschluss-Fete zu eben jenem Marx-Freud-Seminar aufgetan hatte und die ich, blöd und besoffen wie ich war, verpatzt und ein für alle mal vertan hatte. Und nun eine so grobe, dickliche Hausfrau und zweifellos gute Mutti vor sich zu sehen - ich schwöre euch: selbst zwischen Falter und Raupe ist mehr Ähnlichkeit.

Ich sage dies, indem ich mir sehr wohl bewusst bin, wie es aussieht, wenn ich selber in den Spiegel schaue, um vom jüngsten Foto gar nicht erst zu reden. Und wenn neuerdings die jungen Mädchen so locker mit mir flirten, so bin ich mir bewusst, und zwar sehr zum Unterschied zu manch anderem alten Esel aus meiner ehemaligen Kneipe, dass dies auf nichts anderem beruht, als dass ich nicht mehr zähle, nicht mehr ernst zu nehmen bin. Keine Gefahr mehr - nichts wittern die besser. Dafür bin ich jetzt anscheinend so was wie goldig, drollig, putzig und weiß der Teufel was noch alles.

Ja, man macht durchaus auch noch im vorgerückten Alter seine Erfahrungen und eben dies ist selbst schon vielleicht die wesentliche. Ich meine das jetzt völlig ernst. Es ist doch so: seit man denken kann, gibt es die alten Leute. Die sind schon immer da, waren schon immer da gewesen, haben schon immer gleich ausgesehen und schon immer das gleiche gesagt. Horaz vor zweitausend Jahren über den Alten: *schimpft auf die Jugend von heute, indes er Lobreden auf jene vergangenen Zeiten hält, da er selbst noch jung war.*

Die alten Leute haben einen Bart, so lang wie die Welt alt ist. Das Merkwürdige ist aber nun, dass bei genauerer Betrachtung man zu dem Ergebnis kommt, dass sich die alten Leute aus lauter Personen zusammensetzen, von denen jede einzelne fraglos zum ersten Mal alt ist.

Das muss man sich doch erst mal klar machen, dass für jeden von denen das Alter eine ganz neue Erfahrung darstellt und dass zum Thema Alter sogar die alten Leute ständig und in einem fort noch völlig grün hinter den Ohren sind. Ja, so ist das, und da könnt ihr mich jetzt ruhig für bescheuert oder sonst wie unterbelichtet halten, aber mir ist das tatsächlich erst aufgegangen, als es so langsam anfing, auch mit mir so weit zu kommen.

15

Zurück zum Schmetterling, jetzt, da er mir schon mal ins Netz gegangen ist. Dabei ist es freilich gar nicht mehr so sicher, ob nicht mittlerweile er es ist, der angefangen hat, nach mir zu greifen. Heute morgen jedenfalls war eindeutig er es, der ganz ungefragt sich Zugang verschafft hat, indem er mir frühmorgens im Bett, in dieser berühmten phantasievollen Zwischenphase, auf die das beruhigte Abschluss-Nickerchen zu folgen hat, ein längst vergessenes Gedicht hat wieder aufsteigen lassen, und zwar, nun ja, ein Schmetterlingsgedicht.

Nicht wirklich ein Gedicht, weil ich so richtig wirkliche und total poetische Gedichte in der Regel nicht verstehe und ich überhaupt den Verdacht habe, dass mein Verhältnis zur Sprache sich aus grundsätzlichen Gründen gegen Lyrik sträubt. In diesem Fall aber handelt es sich eher um eine in schlichten Worten ausgedrückte Lebensweisheit, eine Lebenserfahrung genauer, allerdings auf sechs Zeilen gebracht und insofern dann halt doch ein Gedicht. Im Original auf italienisch beziehungsweise im romagnolischen Dialekt verfasst, hörte ich es einst vom Dichter höchst persönlich vorgetragen, im restlos überfüllten Audimax der Universität von Urbino: Tonino Guerra, der im übrigen die Drehbücher für die wichtigsten Filme von Antonioni und Fellini geschrieben hat. Er präsentierte sich uns als ein überaus sympathischer und ewig jugendlich gebliebener Mittsechziger, wobei, wenn ich jetzt jugendlich sage, ich damit auch wirklich jugendlich meine. Vielleicht aber auch eher bubenhaft, von mir aus auch lausbubenhaft, was bei Italienern seiner Generation keineswegs untypisch war, wobei das allerdings dezidiert für Männer galt, während die Frauen ja noch nichts weiter zu tun hatten, als zu Hause zu bleiben. Doch zum Gedicht. Ich übersetze:

> *Froh, wirklich froh*
> *bin ich im Leben oft gewesen,*
> *niemals aber so wie damals, als ich,*
> *aus deutscher Gefangenschaft befreit,*
> *einem Schmetterling zuschaute,*
> *ohne jeden Drang, ihn aufzuessen.*

Endlich keinen Hunger mehr - wer schon von uns hätte es erlebt? Denn, bitte schön, bis es so weit ist, dass du Insekten einfängst oder Würmer aus dem Boden gräbst, musst du bei weitem jenen Zustand unterschritten haben, in den du dich während einer wie auch immer radikalen Fastenkur wirst begeben können. Das Gedicht nun zielt auf den Moment, da die Erlösung vom Hunger sich vereint mit der Wiedererlangung jener Freiheit, jener geistigen Freiheit, sich für bloße Schönheit zu öffnen, sich also gegenüber einem Schmetterling, mit Kants berühmter Formel, dem interesselosen Wohlgefallen hinzugeben.

Es wird darüber noch näher nachzudenken sein, sowohl über den Unterschied zwischen Erlösung und Erfüllung, der Erlösung vom Leid und der Erfüllung im Schönen, wie auch den zu Kants Zeit noch enger gefassten Begriff des Interesses, wie ich ferner auch sehr hoffe, noch einmal in die Lage zu kommen, meine Gedanken über den Komplex der Naziverbrechen, will sagen unseres erinnernden oder gedenkenden Umgangs mit ihnen, zusammenzufassen beziehungsweise irgend möglich zusammenzukriegen. Doch kann es auch gut sein, dass es dafür zu spät ist und ich das hätte machen müssen, als wir noch alle Geld an der

Kinokasse ließen, um uns Filmen hinzugeben wie *Schindlers Liste* oder *La vita è bella*, wobei ich persönlich es in letzterem Falle auf mindestens drei, höchst wahrscheinlich aber auf noch mehr Wiederholungen gebracht hatte.

Was nun aber Tonino Guerras Vortrag seines Schmetterlingsgedichts betrifft, so lief das damals insofern schief, als er selber es dadurch verdarb, indem die Ergriffenheit, die er dabei an den Tag legte, doch um ein paar Stufen allzu ergriffen, um nicht zu sagen theatralisch ausfiel. Einmal so gehört, kann ich es von der Schrift nicht mehr lösen, kann das Gedicht nicht mehr neutral lesen und so mag es durchaus etwas mit Bosheit zu tun gehabt haben, wenn heute morgen, gleich nachdem das Gedicht mir aufgestiegen war, sich ein ganz anders geartetes Erinnerungsbild aus der Kindheit mit dazu gesellen wollte. Die freie Assoziation nun eben. Sie ist in Wahrheit gar nicht so frei, wie man in der Psychologie sehr wohl weiß.

Es handelt sich um eine Szene aus der Sandkiste, woselbst wir etwas ganz Großartiges und geradezu Heiliges errichtet hatten, eine Art Tempelanlage mit Treppen, Altären und auch einer Gruft im Keller, worin auch tatsächlich jemand bestattet lag, ein Schmetterling nämlich, ein Kohlweißling genauer, von uns in höchst feierlicher Prozession unter getragenen Gesängen zur letzten Ruhe geleitet, zu welchem Zwecke wir ihn zuvor allerdings erst hatten einfangen und erschlagen müssen. Ich glaube mich zu erinnern, dass als Sarkophag eine Streichholzschachtel diente, die wir mit der rosafarbenen Watte von Mutters Schminktisch ausgekleidet hatten. Dass es just einen Kohlweißling erwischt hatte, dürfte wohl nicht nur daran gelegen haben, dass der am leichtesten aufzutreiben war. Einen Schwalbenschwanz hätten wir wohl kaum erschlagen, eine Schmeißfliege auf keinen Fall bestattet.

16

Schmetterling und Schmeißfliege - eine Polarität, so schön, dass man sie sich in einem Wappen vereint vorstellen möchte, und ist es doch immer wieder merkwürdig, dass wenn man mal auf ein Motiv gestoßen ist, und sei es noch so abseitig, man auch schon gleich immer wieder drüber stolpert. So haben sie soeben im *Museum für Naturkunde* eine Sonderausstellung über Fliegen eröffnet, also tatsächlich das Insekt: Schmeißfliege, Stubenfliege und so weiter. Ich frage mich, ob ich mir das nicht mal anschauen sollte, zumal ich im Naturkundemuseum überhaupt noch nie gewesen bin.

Auch diese Gelegenheit beim Schopfe packen, denn das werde ich doch wohl nicht eigens zu Protokoll geben müssen, dass auch das mit zu meinem Zustand gehört, schon ewig in keiner Ausstellung mehr gewesen zu sein, ganz egal welcher. Nicht einmal in die ägyptische im Martin-Gropius-Bau hatte ich es geschafft.

Aber wann schon überhaupt wäre ich das letzte mal im Martin-Gropius-Bau gewesen? Unter zehn Jahren wird das nicht abgehen. Es gab Zeiten, da wäre mir das allein schon Grund genug gewesen, mich für krank zu halten und als einen Fall für die Anstalt zu erklären, wobei die Ignoranz gegenüber dem Naturkundemuseum noch kaum in die Waage gefallen wäre, war doch Natur so gut wie gar kein Thema für einen Achtundsechziger. Dabei gibt es dort im Museum das weltweit größte Skelett eines Dinosauriers zu bestaunen. Das wäre dann also, sollte ich mich denn tatsächlich aufraffen, mit den Fliegen zu kombinieren. Zwei Fliegen auf einen Streich.

Gesagt, getan und gar nicht lang gefackelt und so kann ich berichten, dass ich ich soeben aus dem Museum komme, das ich aber schon sehr bald wieder verlassen habe, und zwar fluchtartig und unter mehrmaligem großen Aufatmen draußen vor der Tür. Nein, das war nun gar nichts für meine Befindlichkeit: tot dort alles und alles Moder, das ganze Tierreich in entweder skelettierter oder ausgestopfter

Gestalt, wenn nicht gar in hohen Gläsern im Spiritus schwimmend. Besser dann schon die Versteinerungen, denn tot ist der Stein ja nun mal eh, hingegen diesen Falls ihm eine Spur des Lebens eingeschrieben ist. Nichts aber so erschütternd tot, wie der weißhaarige Museumswärter auf seinem Hocker in der Ecke: tot bei lebendigem Leibe.

Für die Fliegen hatte ich nun gar keinen Nerv, kann aber berichten, dass man zum Thema Schmeißfliege ein Mordsding von einem Kuhfladen nachgebildet hatte. Für geborene Berliner kann so etwas durchaus instruktiv sein. An den Schaukästen mit den aufgespießten Schmetterlingen - es gibt da ja wahre Unglaublichkeiten, irgendwo auf der Welt - ging ich abgedrehten Blicks vorbei. Was nun aber den Dinosaurier betrifft - was soll ich sagen? Das ist nicht zu fassen, da fällt dir nichts mehr ein, da verschlägt es dir die Sprache und fehlen dir die Worte. Dies also die Herren unserer Erde? Für sage und schreibe 170 Millionen Jahre, nämlich, wie ich lese, von 235 Millionen bis 65 Millionen Jahren vor Christus, wobei man bei solchen Zahlen sich den Christus natürlich schenken kann, ihn, mit seinen lächerlichen zweitausend Jahren. Christus - das war doch grade eben erst.

Kennt ihr den? Begegnen sich irgendwo im Kosmos zwei Planeten, der eine prächtig strahlend, der andere hustend und verschnupft und halb am Ersticken. Ja, was ist denn mit dir passiert, fragt der eine. Ach, stöhnt der andere, ich habe jetzt *Homo sapiens*. Ach so, lacht der eine, das hatte ich auch mal, das vergeht schnell.

Das Schönste an so einem Museum ist doch immer wieder der angeschlossene Buchladen. Habe mir ein Buch über die Geschichte des Museums mitgenommen, genauer eine Geschichte all der Naturforscher, die das Zeugs zusammengetragen haben. Ferner einen Riesenwälzer mit tausend bunten Bildern und Graphiken: Das Universum, mit Urknall und so weiter und so fort. An der Kasse stehe ich Schlange inmitten einer polnischen Schulklasse, Neun- oder Zehnjährige, allesamt die kleinen bunten Gummisaurier in Händen, die dort nämlich auch angeboten werden. Aber bitte, gehen Sie doch vor, sagt die so junge wie hübsche Lehrerin zu mir auf deutsch. Danke nein, sage ich, so viel wichtiger bin ich gar nicht. Stutzt sie, um mir dann aber ein Lächeln zu schenken, das für einen Augenblick ganz wie verliebt aussieht.

Es freut mich schon sehr, wenn es mir mal wieder gelungen sein sollte, so ganz toll sympathisch rüber zu kommen. Wenn ich nicht irre, war dies Bedürfnis früher keineswegs so ausgeprägt, um von noch viel früher zu schweigen, also den Zeiten, da es noch richtige Bademeister gab und es überhaupt auf Schritt und Tritt darauf ankam, sich erst mal den nötigen Respekt zu verschaffen. Ich werde wahrscheinlich noch das eine oder andere Mal darauf zurückkommen. Was aber das Naturkundemuseum betrifft, so habe ich mir vorgenommen, es irgendwann nochmal damit zu probieren, denn so geht das ja auch nicht.

17

Mittlerweile bin ich tatsächlich beim Urknall gelandet, bei der Entstehung der Sterne und der grundsätzlichen Eigenschaft dieser Sonnen, sterblich zu sein. Man traut sich sogar zu, ein Datum für den Urknall anzugeben: vor 13,8 Milliarden Jahren soll es passiert sein, dass mit einem Schlag die Dreieinigkeit von Raum, Zeit und Materie in die Existenz getreten sei. Seither rase das alles auseinander, indessen ganze Sonnensysteme tatsächlich auch schon wieder gestorben seien, wobei die Planetenbildung rund um unsere Sonne zum Glück allerdings erst vor 4,568 Milliarden Jahren eingesetzt habe. Eingeräumt wird hierbei freilich, dass es bei der letzten 8 hinter dem Komma sich auch um eine 7 oder auch um eine 9 handeln könne. Das sei der Ungenauigkeitsspielraum von zwei Millionen Jahren, den man in diesem Falle hinnehmen müsse.

Insgesamt will man unserer Sonne elf Milliarden Jahre geben, bis sie sich nämlich in einen Roten Riesen verwandeln wird, um dann auch schon bald ihr definitives Ende als Weißer Zwerg gefunden zu haben.

Auf dem allmählichen Weg dorthin wird sie allerdings schon in zwei Millionen Jahren - Entschuldigung, in zwei Milliarden, mithin im Alter von 6,568 Milliarden Jahren, Temperaturen erreicht haben, die auf unserer Erde die Ozeane zum Kochen bringen, was aber noch gar nichts ist, in Anbetracht der Tatsache, dass zum Ende hin die Erdkruste wieder in die Schmelze übergehen wird. So ist das nun mal und da lässt sich nun mal gar nichts machen und ist es doch in der Tat so hoffnungslos, dass nichts bleibt als die Gelassenheit aus dem Sprüchlein der Anonymen Alkoholiker.

Im Übrigen kann mir das aber alles gestohlen bleiben, also ich meine gerade heute und soeben jetzt, indem nämlich ein schon beim Aufwachen leise spürbarer Zahnschmerz sich inzwischen heftigst aufgespielt und nach vorne gedrängt hat, wahrscheinlich auch angeregt durch den Riesenpott Kaffee, den ich nach wie vor gleich nach dem Aufstehen zu mir zu nehmen pflege. Nun wäre zwar beides ohne den Urknall gar nicht in der Welt, weder der Kaffee noch der Zahnschmerz, doch was bitte schön, das möchte ich jetzt doch mal mit Nachdruck fragen - was für ein seelenloser Furz ist dieser Urknall gegenüber meinem Zahnschmerz, meinem so unglaublich aktuellen?

18

Er musste raus, der Zahn, da war nichts zu machen, wenn selbst mein lieber Freund das sagt, dessen ärztliche Spezialität doch die Zahnerhaltung ist. Ihr kennt ihn schon ein wenig, diesen Freund, mit dem ich in Ferrara den Abend mit dem küssenden Wels erlebte und der aber mittlerweile auch lieber Urlaube macht, wo er den Blick auf einem großen See mit schöner Insel ruhen lassen kann. Diese Urlaube, von denen es zum Glück so gar nichts zu erzählen gibt, unbeschadet der Tatsache, dass man sich bei so manchen Geselligkeiten stets wieder dazu gezwungen sehen wird, eben dies zu tun, weil nämlich weit und breit kein anderes Thema auszumachen ist, das der Geselligkeit eher zuträglich wäre.

Bevor ich mich im ärztlichen Behandlungsstuhl niederließ, konnte es selbstredend auch diesmal nicht abgehen, ohne dass ich Wilhelm Buschs Zeilen zitiert hätte, wo es heißt, dass dann *einzig in der engen Höhle / des Backenzahnes weilt die Seele.* Hinterher, ich ganz im Glück des Erlösten, noch auf einen Kaffee im Büro der Doktoren, denn es handelt sich um eine Gruppenpraxis. Es ist ja heute kaum mehr vorstellbar, dass dergleichen einmal, wie die Wohngemeinschaften ja auch, etwas von geradezu kulturrevolutionärer Unerhörtheit hatte, wobei es meinem Freund auch noch gelang, dem die Krone aufzusetzen, indem er seiner drohenden Midlife-Crisis dergestalt begegnete, dass er seinen ärztlichen Einsatz auf Halbzeit reduzierte, um, knapp vierzigjährig, ein Studium an Klaus Heinrichs Institut für Religionsphilosophie aufzunehmen.

Und heute? Heute lag ein Band mit Gedichten von Gottfried Benn auf seinem Schreibtisch, daneben eine Biographie über den Dichter, Untertitel: Leben - niederer Wahn. Ich greife nach den Gedichten, schlage in der Mitte auf und lese den Vers: *und tauscht den Blick und tauscht die Ringe / im Weingeruch, im Rausch der Dinge.* Doch von vorne:

> *Einsamer nie -*
> *(1936)*
>
> *Einsamer nie als im August:*
> *Erfüllungsstunde - im Gelände*
> *die roten und die goldenen Brände*
> *doch wo ist deiner Gärten Lust?*
>
> *Die Seen hell, die Himmel weich,*
> *die Äcker rein und glänzen leise,*
> *doch wo sind Sieg und Siegbeweise*
> *aus dem von dir vertretenen Reich?*
>
> *Wo alles sich durch Glück beweist*
> *und tauscht den Blick und tauscht die Ringe*
> *im Weingeruch, im Rausch der Dinge -*
> *dienst du dem Gegenglück, dem Geist.*

Nun habe ich in meiner Wiedergabe dieses Gedicht insofern verfälscht, und vielleicht gar nicht einmal unerheblich, als ich die Jahreszahl seiner Entstehung mit in den Titel gesetzt habe und ich frage mich allerdings, ob nicht polizeilich angeordnet werden sollte, es nie anders tun zu dürfen. Benn hatte zu jener Zeit bereits mit dem NS gebrochen, wie umgekehrt der NS mit ihm, und was den erotischen Rausch der Dinge betrifft, so hat der hier sinnierende Fünfzigjährige durchaus schon einiges davon hinter sich gebracht. Es handelt sich also weder um einen Anfall adoleszentären Weltschmerzes noch um die Selbstcharakterisierung eines naturgegeben mönchischen Temperaments, als hier sich einer der Illusion entschlagen hat, es doch noch zu so etwas wie einem Volksgenossen bringen zu können, und jetzt ist er auf dem Weg in die innere Emigration. Dabei: etwas Adoleszentäres hat das schon, in seiner augenblickshaften Grundsätzlichkeit.

Plötzlich ist es über ihn gekommen, dies Bedürfnis nach Selbstverständigung, aus dem auch schon gleich ein Akt reichlich rigoroser Selbstbestimmung entspringt.

Ja, Adoleszenz schon, aber eine wiederholte.

Geist als Gegenglück - es geht mir jetzt erst mal nur darum, auf diese Formel gestoßen zu sein und sie notiert zu haben, dabei vor allem auch die Sache mit dem dienen. Uns Achtundsechzigern war ja nichts verächtlicher beziehungsweise lächerlicher als das, was wir mit den Schlagworten von der *geistigen Selbstbefriedigung* und vom *Elfenbeinturm* ein für alle mal abgetan zu haben glaubten. Auch darüber später mehr. Für heute will ich es bei dieser Andeutung bewenden lassen, um im Angedenken jenes Zahnes zu enden, der ebenfalls dem Urknall entsprungen, mit der Fähigkeit zur Schmerzempfindung begabt, nun aber beim Doktor im Müll liegt.

19

Nachdem ich Eva-Maria ein paar Auszüge aus diesen Blättern gemailt hatte, kam jetzt nicht nur das Okay für ihren Auftritt, sondern auch die Bitte, dass - wenn schon, denn schon - sie bei ihrem richtigen Namen genannt werde. Ich gebe zu bedenken, dass es dergestalt für mich schwieriger werde, dem Vorwurf der Indiskretion zu entgehen, da es doch auch mit dem bisherigen Textstand noch keineswegs getan sei und ich mir auch offen halten wolle, andere Erfahrungen, die mir im Umgang mit Frauen begegnet seien, dieser Eva-Maria aufzumontieren, sozusagen á la Thomas Mann.

„Das wirst du nicht tun, ich verbiete dir das mit á la Thomas Mann." Ich antworte ihr, dass sie mir das doch nur verbieten könne, wenn es denn tatsächlich um sie ginge, dass es aber hier um eine ganz andere Person gehe, nämlich um Eva-Maria, die schon durch ihren Namen verrate, in sehr weitem Sinne für das Phänomen der Weiblichkeit einzustehen.

Sie: „Das Phänomen, das Phänomen - du bist auch so ein Phänomen."

Am Ende lud sie mich zu ihrem Geburtstag ein. Es kämen außer ihrer besten Freundin nur noch drei, vier nette Leute - und ja, es handle sich bei dieser besten Freundin nach wie vor um jene, die damals mit Eva-Marias Partner, also dem Horrorchaoten, in der Kiste gelandet sei. Sie habe ihm halt einfach nicht widerstehen können. Und wie auch hätte sie? Das arme Mädel! Wo der es doch aber auch derart darauf angelegt hatte, wie der ja überhaupt überall hat drauf müssen, wie die Fliege auf die Scheiße.

Außer dieser Freundin also nur noch drei Bekannte von den Anonymen Alkoholikern, ein Typ und zwei Mädels, wobei die eine übrigens ein Auge auf mich geworfen habe, neulich, als ich bei der Sitzung mit dabei war. Ich sage ihr, dass ich mit diesem Kapitel abgeschlossen hätte und nun auf dem Weg sei, ein älterer seriöser Herr zu werden. Lacht sie laut auf: das könne ich mir ja wohl abschminken.

Nicht nur den Schmetterling also, sondern den älteren seriösen Herrn auch noch. In meinem Fall scheint es etwas komplizierter zu werden und keineswegs, dass ich mich darob nicht geschmeichelt fühlen würde. Schließlich bin ich doch kein Normalinski.

Ach ja, fast hätte ich es vergessen, ihre kritische Hinterfragung nämlich meines Satzes, dass das religiöse Bedürfnis nicht als hündisch, sondern umgekehrt Hunde als menschlich anzusehen seien. Ob das nicht heuchlerisch von mir sei, wo ich mich in Wahrheit gegenüber jener von ihrem Herrn verlassenen Kreatur doch so fies genüsslich genau in dem suhlen würde, wo der Hund sich am hündischsten zeige. Konnte ihr nicht wirklich widersprechen, womit die Frage also wieder offen wäre.

Habe ich eigentlich schon erzählt, dass ich mich in psychiatrischer Behandlung befinde?

Nein, habe ich nicht und in Wahrheit weiß ich das auch ganz genau. Von meinem Hausarzt habe ich erzählt, der mir das Mittel gegen den Entzug verschrieb, aber nichts von meinem Psychiater, der mir das Mittel gegen das verschreibt, was er eine Depression nennt. Und nicht nur von ihm habe ich noch nichts erzählt, sondern auch davon nichts, dass Eva-Maria damals, gleich in der ersten Nacht, als sie bei uns am Tresen gelandet war, am Ende mit zu mir nachhause ging.

„Wohnst du weit von hier?" So ihre Frage zur Eröffnung dieser Angelegenheit. Und dann auf dem Weg zu mir: „Du musst ihn bestrafen", worauf ich: „Wie schlimm?" Sie: "Sehr schlimm."

Und es wurde schlimm, kann ich euch sagen, hatte es doch auch schon gleich im Flur noch auf dem Teppich angefangen, einem flauschigen Tibeter, nur dass es dann halt am nächsten Morgen so war, dass, als ich im Bett erwachte wie ein Held, der soeben tausend Sonnen aus der Bahn geworfen hatte, ich neben mir ein heulendes Stück Elend vorfand: so was von einer Nacht, doch nun alles mit dem falschen Mann. Und so endete diese Maßnahme denn doch wieder unterm Hohngelächter des zu Bestrafenden, indessen Eva-Maria und ich immerhin am Beginn einer wunderbaren Freundschaft standen.

Tatsächlich ist sowas ja auch zwischen den Geschlechtern möglich, doch muss die Sache mit dem Sex geklärt sein. Dass in unserem Fall wir gleich damit angefangen hatten, war nicht der schlechteste Weg. Es sollte dann in den nächsten Wochen zwar noch zu dem einen oder anderem Fall der Nachklärung kommen, alles in allem so circa zweieinhalb mal, würde ich schätzen, wobei mit dem letzten halben Mal die Sache aber definitiv ausdiskutiert war, zumal Eva-Maria sich zuvor gezielt hatte betrinken müssen.

Ich kann mich nicht mehr recht erinnern, doch war das auf meiner Seite gewiss nicht ganz ohne Schmerz und Leid abgegangen, wäre doch Eva-Maria durchaus auch ernsthaft für mich in Frage gekommen. Auf der anderen Seite hatte ich seinerzeit aber soeben eine Stufe erotischer Reife erlangt, die es mir unmöglich machte, mich sozusagen monologisch und allein auf eigene Rechnung zu verlieben. Ich war selber davon einigermaßen überrascht, dabei ebenso glücklich wie stolz und wenn mir jetzt einer gesagt hätte, dass sowas auch wieder zerrinnen kann, hätte ich es ihm niemals abgenommen. Aber das wäre jetzt eine ganz andere Geschichte, dabei von eher bescheidenem Interesse und jedenfalls in diesem Rahmen, hier, überhaupt nicht der Erwähnung wert.

Ich komme zu meinem Psychiater beziehungsweise dem Medikament, das ich unter seiner Kontrolle einnehme: Citalopram. Da müsst ihr jetzt keinen Schrecken kriegen, das ist keine Droge, sondern unterstützt, ähnlich dem Johanniskraut, nur Funktionen, die deinem Organismus eh eigen sind, und ich kann nur jedem raten, im Zweifelsfalle nicht zu zögern und vor allem um Gottes Willen sich nicht zu schämen vor diesem Schritt zum Psychodoktor.

Zwar wirst du Glaube-Liebe-Hoffnung in keiner Pille finden, doch ein wenig aufgeschlossener kann sie dich machen, und zwar vor allem für die Liebe. Die Liebe zur Welt, die Liebe zu dir selbst, die Liebe zum Leben.

Die Depression - ich würde sie mal so beschreiben: eine Krankheit, die sich an sich selbst fett frisst. Du wirst erst recht depressiv, nur deshalb, weil du noch immer und schon wieder depressiv bist. Es ist irgendwie ähnlich wie bei meiner jugendlichen Impotenz: die Angst davor, dass es schon wieder nicht klappen wird, führt dazu, dass es schon wieder nicht klappt. Ein Teufelskreis aus dem rauszukommen - also wenn damals meine liebe Gefährtin nicht solch eine Geduld gehabt hätte, ich weiß nicht, wie ich das je hätte schaffen sollen.

Mein Psychiater ist nun zwar nicht gerade das, was man früher mal einen geistigen oder musischen Menschen zu nennen pflegte (allein schon die Wartemusik, von der du auf seinem Praxistelefon angesprungen wirst, und die mit ihrem saxophonischen Geplärre noch jeden Gesunden aus der Bahn werfen dürfte), doch ist er ein Naturwissenschaftler von jenem Schlag, vor dem ich die größte Achtung habe. Warum dieses Mittel wirke wie es wirke, so hat er mir erklärt, habe man nicht die geringste Ahnung, doch wisse man, dass bei circa siebzig Prozent der Patienten es so sei. Bei den anderen wirke es überhaupt gar nicht, beziehungsweise nicht anders wie Placebo. Drittens gebe es dann aber noch einen kleinen Rest von Patienten, für die das Mittel sogar katastrophale Auswirkung haben könne, bis hin zum tödlichen Ausgang. Ob ich nun zu diesem kleinen Rest gehören würde oder nicht, könne er aber durch eine Reihe von jetzt vorzunehmenden Untersuchungen dahingehend klären, dass am Ende mit sehr hohem Wahrscheinlichkeitsgrad die Aussage sich machen ließe.

Ist das nicht eine wunderbare Wissenschaft, die Medizin? Im Zentrum das menschliche Leiden. Mit dem geht alles los, wie sehr auch immer man im weiteren Verlauf sich gezwungen sehen mag, im Trüben zu fischen. Aber gerade auch die Sache mit dem Trüben erfordert um so ausgefeiltere Methoden. Manchmal, wenn mein Psychiater beziehungsweise Neurologe gut aufgelegt und nicht gerade im Stress ist wegen des Staus im Wartezimmer - das Wartezimmer ist ja überhaupt die Inkarnation der Langeweile, zumal wenn du psychisch nicht in der Lage bist zu lesen, und wenn du dann in Sachen Depression bisher noch nicht so ganz schlimm drauf gewesen sein solltest, kannst du womöglich im Wartezimmer dir das endgültig zuziehen - manchmal also kommen wir so ein bisschen ins Plaudern, will sagen in Richtung meiner Steckenpferde.

Die berühmten Schmetterlinge im Bauch - dass er sich

darüber bisher noch kaum Gedanken gemacht hat, muss insofern nicht verwundern, weil doch dies Phänomen schwerlich unter die menschlichen Leiden zu zählen, folglich auch nichts dagegen zu verschreiben ist. Meinem Verdacht, dass dies immer wieder beschriebene Gekribbel und Geflatter nur Frauen eigen sei, indessen Männer sich auf ganz andere Weise verlieben, will er aber nicht widersprechen. Eher schon meiner Vermutung, es habe etwas mit der weiblichen Apparatur zu tun: nein, meint er, es dürfte sich doch um reines Gehirnkino handeln.

Gehirnkino, das aber ist es doch, was für jenen Liebhaber so gar nicht passen würde - ich stelle ihn mir jetzt mal so vor, so eine Art Minnesänger, wie er vor ihr kniend sie anblickt und dabei schier versinken will in ihrem Bild und wie er schaut und schaut und schaut, und das Härchen hier, das Fleckchen da, und dort ist ja auch noch was, das sich besingen ließe, indessen sie unter seinem feiernden Blick in nichts versinkt als in sich selbst, bei flatterndem Bauch und weichen Knien. Wäre ja nun auch im Sinn der Sache nicht gerade kontraindiziert, wenn dergestalt es auch mit dem Davonlaufen jetzt nicht mehr so gut klappen würde.

20

Derweilen kann ich von meinen Recherchen auf dem Gebiet der banalen oder besser gesagt profanen Insektenkunde berichten, dass sich mir in puncto Liebesleben der Schmetterlinge gewisse Fortschritte ergeben haben, spärliche zwar, denn ähnlich wie bei den Schmetterlingen des Unterleibs scheint die Forschung auch am oberirdischen Flatterwesen kein sonderliches Interesse zu haben, sieht man einmal vom Seidenspinner ab, der nämlich nützlich, oder der Kleidermotte, die nämlich schädlich ist. Ich bitte zu entschuldigen, wenn ich in diesem Zusammenhang etwas lehrmeisterlich nochmals auf Kants Begriff des interesselosen Wohlgefallens verweise, der die ästhetische Dimension als etwas gerade davon Befreites charakterisierte.

Als dergleichen Ästhetik wiederum nur allzu ergeben erwies

sich freilich das ziemlich teure Buch über die Schmetterlinge Europas, das ich mir zum feixenden Vergnügen meines Buchhändlers hatte kommen lassen, und das sich unterm Motto *farbenprächtig, elegant und anmutig* weitgehend auf entsprechend liebevolle Illustrationen beschränkt. Nun gut, die eine oder andere substantiellere Information war dann doch zu entnehmen und so kann ich mittlerweile in der freien Natur auch schon das eine oder andere mit eigenen Augen sehen, denn bekanntlich sieht man ja nur, was man weiß.

Den Unterschied zum Beispiel, ob zwei Männchen sich im Luftkampf befinden, hier also ein Revier verteidigt wird, oder ob es bei dem Tanz um erste amouröse Kontaktaufnahme geht. Dabei musste ich neulich folgendes mitansehen: der schönste Flattertanz mit rechts und links und rauf und runter und dann plötzlich ist er weg, der Kerl. Hat sich davon gemacht und lässt die Dame einfach sitzen. Ja, sitzen, denn sie setzt sich auch gleich an den Rand des Bahndamms - setzt sich und wartet. Flattert einen Meter weiter, setzt sich, wartet abermals. Noch ein drittes und ein viertes Mal, doch dann wird's ihr zu blöd und sie flattert von dannen.

Woher ich weiß, dass es sich um das Weibchen handelte?

Weil es das paarungsbereite Weibchen ist, das sich mit weit geöffneten Flügeln hinsetzt, während anderen Falls diese nach oben zugeklappt werden, dabei ihre vollkommen unscheinbare Unterseite nach außen kehrend, womit das ganze Geschöpf so gut wie unsichtbar wird, indem es aussieht, als sei es ein Fetzchen Laub, übrig geblieben vom letzten Herbst.

Bleibt festzuhalten, dass es dem Männchen überhaupt möglich war, sich dem Angebot zu entziehen.

Spontan fand ich es ja ziemlich empörend, und es rief in mir dem Flegel hinterher, er möge ruhig aussterben mit seinem dekadenten Genom. Aber so einfach ist das alles nicht, und jetzt habe ich mir erstmal ein Lehrbuch der Soziobiologie bestellt.

Eine nicht ganz unwitzige Situation nun als Kompott gleich hinterher: Neulich bei uns im Treppenhaus, als ich gerade im Begriff war, die Aufzugkabine zu betreten, kommt eine äußerst betagte Mitbewohnerin mit ihrem Rollator angeschnauft.

Ich: Immer hereinspaziert.

Sie: Nee, nee, ik brooch da 'n bisschen länger. Fahren Se ma ruhig schon ma hoch.

Ich: Hab alle Zeit der Welt.

Sie: Ne, ne, da pass ik ja gar nich mehr mit rein, mit meim Porsche.

Ich: Na, so dick bin ich doch auch wieder nicht.

Während ich mich an der Seite dünn zu machen versuche, schiebt sie langsam, langsam ihren Rollator über die Schwelle.

Ik sag's ja, ik sag's ja, wo eeen Wille is, da is och eeen Jebüsch.

Komische Effekte auf ihr Kompositionsprinzip beziehungsweise ihre Funktionsweise hin zu untersuchen ist zugegebener Maßen eine einigermaßen humorlose Angelegenheit und auch in meiner ehemaligen Kneipe hat mir meine Vorliebe für derlei Exerzitien keineswegs nur Beifall eingebracht. Indem ich es aber doch nicht ganz lassen kann, werde ich mich jetzt wenigstens so kurz wie möglich fassen.

Wo ein *Wille* ist, ist auch ein Weg - so das Original, das durch den Austausch eines einzigen Worts zum Kippen gebracht wird. Indem es sich auch noch um das letzte Wort handelt, wird es witzmäßig zur Pointe, durch die rückblickend - man braucht schon eine Sekunde - sich sowohl die ganze Szenerie verwandelt, als sich auch die Tugendhaftigkeit des allbekannten Sprichworts ins Anzügliche verkehrt. Dabei jedoch beschränkt sich der Sinn der auf diese Weise abgeleiteten Redewendung keineswegs auf die Persiflage des Originals. Beide Versionen lassen sich durchaus auch ernsthaft neben- und gegeneinander lesen: Hier der heroische Wille, der unbeirrbar alle Widerstände aus dem Weg räumt, dort der erotische Einklang zweier Willen, dem der Weg ins Gebüsch sich wie von selbst ergeben dürfte. Eine Spannung aus der heraus sich bekanntlich Geschichten bis in alle Ewigkeit erzählen lassen.

Aus gegebenem Anlass, da mir nämlich in Sachen Oper eine recht üppig ausfallende Wiederbegegnung bevorsteht, indem ich krankheitsvertretender Weise die Tickets für einen ganzen Zyklus von Wagners *Ring* übernommen habe, wie gehabt natürlich nach dem Motto vom Schopfe der Gelegenheit - aus diesem Anlass also, sei zum Verhältnis von Heros und Eros an jenen Helden der Mythen und Märchen erinnert, der erst eine Reihe großartiger Taten vollbringen muss, bevor er die befreite Jungfrau in die Arme schließen darf. Dabei gehört es zu den schönsten Einfällen Richard Wagners, dass der vom bösen Zwerg im tiefen Wald großgezogene Siegfried, nachdem er erstens einen Drachen getötet, zweitens dem obersten Göttervater den Speer zerhauen und drittens ein enormes Feuer durchschritten hat, er nun Angst schlotternder Weise erstmals einer Frau sich gegenüber sieht.

Und da ich schon dabei bin, sei gleich noch jene ganz andere Szene nachgeschoben, wo Siegfried sich nämlich dem König Gunther vorstellt und dabei schicklicher Weise die folgenden Worte wählt: *Dich hört ich rühmen weit am Rhein, nun ficht mit mir oder sei mein Freund.* Ja, so sind wir, das ist die Alternative, und wer wollte nicht jenen Moment darin wiederkennen, wo auf der Straße zwei Hunde im ersten witternden Kontakt sich noch im Ungewissen sind, ob sie nun gleich mit dem Schwanz wedeln oder in bissigen Kampf verfallen sollen?

21

Nicht ohne Witz übrigens, wenn man den Satz von der Allmächtigkeit des unerschütterlichen Willens einfach umdrehen würde: Wo ein Weg, da auch ein Wille. Dergestalt wäre das eine Art Kurzfassung des Gebets um den zwischen Mut und Gelassenheit durch Weisheit belehrten Willen: Allein, wenn Weisheit einen Weg auch wirklich sähe, riefe sie den Willen aus dem Schlaf.

22

Auf dem handgemalten Plakat im Schaufenster einer von mir bisher noch nie wahrgenommenen Buchhandlung: *Ich möchte mit einem guten Buch ins Bett gehen oder mit jemandem, der es schon gelesen hat.* Also, da kann man doch nicht vor der Türe bleiben, und, keine Angst, ich werde den komischen Effekt jetzt weder auf sein Kompositionsprinzip noch seine Funktionsweise hin befragen, sondern komme gleich zu dem Buch, das ich aus dieser Buchhandlung mir mit nachhause genommen habe: *Gedichte fürs Gedächtnis. Zum Inwendig-Lernen und Auswendig-Sagen. Ausgewählt und kommentiert von Ulla Hahn.*

Ja, nicht nur einfach mitgenommen, sondern mir mit nachhause genommen habe ich es - nicht wahr, das klingt doch schon ganz anders, hat so etwas heimelig Warmes und fast ahnt man schon, dass es das Bett sein wird, wohin es mit der Beute geht. Fraglos hatte das Vertrauen gegenüber der Herausgeberin beziehungsweise Kommentatorin bei der Kaufentscheidung den Ausschlag gegeben. Ich brauche jemanden, der mich einigermaßen kompetent durch dieses Land führt, das mir doch stets etwas eher Verächtliches hatte. Warum auch immer.

Außer Elfenbeinturm und so weiter, höchst wahrscheinlich nicht männlich genug, also eher was für Eva-Maria und für Leute, die an die Homöopathie glauben.

Dabei hat Ulla Hahn tatsächlich Hermann Hesses Gedicht von den Stufen - so ja auch dessen Titel - und von dem Zauber, der jedem Anfang innewohne mit in ihre Sammlung aufgenommen, nicht freilich ohne den Kitschverdacht zu bestätigen, unter dem das Ding ja nun einmal steht: „Das Gedicht bleibt wichtig, auch wenn es unsere Schritte über die tragischen Stufen des Lebens allzu leicht zu nehmen scheint." Insofern hätte Eva-Maria das allerdings durchbrochen, indem es ihr ausgerechnet im Zusammenhang mit den Querschnittgelähmten ihrer Reha-Klinik eingefallen war. Also da bin ich jetzt doch glatt ein bisschen stolz auf sie.

Ich gehöre wohl zu den letzten Jahrgängen, die in der Schule noch Gedichte auswendig zu lernen hatten, wobei unseren Lehrern natürlich ebensowenig wie uns je in den Sinn gekommen wäre, dass das Wesentliche am Auswendigen im Freiwilligen liegt. *To learn something by heart* und somit eben nicht der Not gehorchend.

Tatsächlich verfüge auch ich in diesem Sinne über ein Gedicht, ein einziges, das ich stante pede aufzusagen in der Lage wäre. Es ist mir einst beim Bergwandern in Kärnten über den Weg gelaufen, genauer auf dem Uferweg eines Flüsschens namens Malta: eine Gedenktafel am Rande, von der ich es mir abschrieb, wobei es sich tatsächlich fast wie von selbst memorieren ließ:

> *Im neunzehnhunderfünfundreißiger Jahr*
> *Als der einundzwanzigste September war,*
> *Löschte die Malta mit wildem Braus*
> *Ob dieser Klamm das Leben aus,*
> *Das Leo Auering gehörte.*
> *Ein Mann, den Schwindel nie betörte,*
> *Stürzt dennoch er vom dürftigen Steg,*
> *Als er zur Arbeit ging den Weg.*
> *Voll Kraft, ein Riese an Gestalt,*
> *fiel er zum Raub der Urgewalt.*
> *Mit dieser Tafel denkt dankbar sein*
> *Der Osnabrücker Alpenverein,*
> *Dem der starke Leo ohne Klagen*
> *Zur Hütte die schwersten Lasten getragen*
> *Des Alters Last war ihm nicht beschieden*
> *Er ruhe aus in Gottes Frieden.*
>
> *Frido Kordon,*
> *Ehrenmitglied der Sektion Osnabrück*

Ich frage mich, was wohl Heinrich Heine dazu gesagt hätte. Er brachte den Jokus ja gern im letzten Vers, indes hier die Überraschung andersrum funktioniert: nach all der unfreiwilligen Komik, plötzlich dieser Vers von des Alters Last, die dir vom Schicksal doch allenfalls gütiger Weise beschieden wird. Ein Gedanke, der in jedem Fall in das Gepäck eines älteren seriösen Herrn gehört. Ansonsten möchte ich mich bei Leo Auering entschuldigen, im Falle es denn wirklich so sein sollte, dass hier der Spaß auf seine Kosten geht. Frido Kordon hingegen war Apotheker und ein verdienstvoller Heimatkundler aus Gmünd am Fuße des Maltatals. In meiner Kneipe übrigens wurde sein Gedicht eher ernsthaft aufgenommen, sehr viel ernsthafter jedenfalls, als ich erwartet hatte.

23

Bei meinem Bericht, neulich, über die sitzengelassene Schmetterlingsdame mag der eine oder andere von euch darüber gestolpert sein, dass von einem Bahndamm die Rede war. Ja, es ist wahr und tatsächlich kann ich berichten, es geschafft und über mich gebracht zu haben, mit der S-Bahn nach Spandau zu fahren, um mich von dort aus mit dem Regionalzug beziehungsweise, wie es jetzt heißt, Regionalexpress mitten ins nördliche Brandenburg zu begeben, rund um den Ruppiner See.

Außer dem Fahrrad hatte ich noch drei Adressen von Hotels dabei, jeweils mit Spa-Bereich und einem Pool, von dem man mir versichert hatte, dass er des Prädikates Swimming würdig sei.

Gleich nach dem Mauerfall sind wir ja alle ausgeschwärmt ins Umland, haben das dann aber bald wieder bleiben lassen, weil einfach zu viel Osten war im Osten.

Dem soll mittlerweile nicht mehr so sein, hat man mir versichert, und so kommt man als alter Westberliner in die merkwürdige Situation, sich ins nächste Umland seiner Stadt zu begeben und dabei etwas von Entdeckungsreise und Abenteuer zu verspüren.

Der erste Bahnhof, an dem ich diesen Express verließ, zeigte sich dergestalt zwischen zwei Ortschaften gelegen, dass von beiden überhaupt nichts zu sehen war, so dass denn dieser Bahnhof aus nichts weiter besteht als einem Bahnsteig mitten in der grünen Landschaft.

Daneben zwar ein kleines, zweistöckiges, backsteinrotes Bahnhofsgebäude, doch sind dessen Türen mit Brettern vernagelt. Irgendwann ist es auch mal eingerüstet, dann aber mitsamt Gerüst vergessen worden. Ein backsteinroter Klecks mitten in all diesem unglaublichen Grün. Etwas weniger unglaublich hingegen die Brandenburger Seen, die nämlich auch nicht anders als die Krumme Lanke oder der Schlachtensee aussehen, nur dass es davon hier einen pro Einwohner zu geben scheint. Unerhört allerdings, die zwitschernde Vogelpracht, wobei es dir außerdem passieren kann, dass plötzlich ein ausgewachsener Hirsch vor dir steht.

Er hatte wohl über die Landstraße wechseln wollen, war mit vollem Tempo aus dem Wald auf die Lichtung ausgebrochen, hätte mich um ein Haar mitsamt Fahrrad über den Haufen gerannt, war dann aber doch noch gerade rechtzeitig zum Stehen gekommen. In kaum fünf Metern Distanz: groß wie ein Pferd, Riesengeweih, schaut er mich so verdutzt an, wie ich ihn wohl nicht minder und für eine lange Sekunde wissen wir beide nicht, wie nun weiter. Dann aber ist zum Glück er es, der beschlossen hat, kehrt zu machen und davonzulaufen.

Dabei ist das eigentlich kein Laufen, vielmehr ein Springen, die Beine einmal nach rechts, einmal nach links, also parallel die Hinterbeine, so dass sich in der Mitte das weiße Hinterteil hin und her bewegt wie bei einem die Buckelpiste recht flott angehenden Skifahrer. Es ist doch immer wieder alles recht praktisch eingerichtet in der Natur.

Je eine Nacht in einem der drei Hotels, um schließlich für drei weitere Nächte in das zweite zurückzukehren, das nämlich gewonnen hatte. Will sagen in Bezug auf Pool und Spa-Bereich, denn darum ging es vor allem, und dann ist man halt auf diese großen vornehmen Kästen angewiesen, die doch eigentlich so gar nicht mein Fall sind. Ich liebe nämlich die mittleren Häuser für ihren großen gemütlichen Allzweck-Gastraum, der ab dem vierten Stern aber partout in die drei Sphären von Restaurant, Lobby und Bar aufgespalten zu sein hat, was natürlich zur Folge hat, dass so etwas wie Atmosphäre in keinem der drei mehr aufkommen will. Doch bei schönem Wetter darf es wenigstens draußen auf der Terrasse auch bei vier Sternen ganz so zugehen, als sei zumindest einer davon aus der Krone gefallen: Nach dem Abendessen kann man einfach in der Runde sitzen bleiben und bei einer weiteren Flasche zum lustigen Teil des Abends übergehen, wie man sich nachmittags auch nur so zum Lesen hinsetzen kann, derweilen schräg gegenüber vier Damen Rommee spielen, an einem anderen Tisch es champagnermäßig etwas zu begießen gibt, während an einem vierten einer sitzt, der bei aufgesetztem Kopfhörer seine Patience legt und dabei leise vor sich hin summt und brummt. Ja, und dann laufen glatt auch noch Kinder zwischen den Tischen herum.

Von einem solchen Raum zu sagen, er habe Atmosphäre, ist insofern eine recht glückliche Metapher, indem dabei nicht an die Atmosphäre eines beliebigen Planeten zu denken ist, sondern natürlich an unsere terrestrische, die nämlich so beschaffen ist, dass sie Leben zulässt. Da ich früher entschieden mit zu jenen gehörte, die in Sachen Kulturkritik beim Wort *Sphärentrennung* an nichts als Abwürgung und sonstigen Totschlag denken konnten - *Die gemordete Stadt,* der Titel eines in den 1970er Jahren enorm einflussreichen städtebaukritischen Buches -, möchte ich heute doch einmal ausnahmsweise und aus der Sicht eines älteren seriösen Herren zugeben, dass es mit dem lebendigen Treiben auf so einer Terrasse schon etwas weniger Vornehmes auf sich hat, verglichen mit dem stilvollen Restaurant, selbst wenn dessen Sterilität sogar noch die der Lobby übertreffen sollte. Jetzt könnt ihr euch selber überlegen, ob ihr das Leben im Namen des Vornehmen oder das Vornehme im Namen des Lebens schelten wollt.

Bei dem Patience-Spieler unterm Kopfhörer handelte es sich übrigens um meine Person. Bei schönem Wetter auf der Terrasse, bei schlechtem dann halt auf meinem Zimmer, da im übrigen weder die Lobby mit ihren großen Sesseln noch die Bar mit ihren kleinen Sesseln einen einzigen wirklichen Stuhl zu einem wirklichen Tisch anbietet. Dergleichen ist allein dem Restaurant vorbehalten, dessen Türen jedoch verschlossen sind, um sich erst mit dem Gongschlag zu öffnen, wobei die Eindeckung der Tische deutlich genug zeigt, worum es einzig hier zu gehen hat. Mit den Spielkarten in mein Zimmer also dann, wobei das allerdings so beschaffen ist, dass man sich über die vier Sterne wirklich freuen kann. Auch ist es durchaus gestattet, von da aus im Bademantel zum Pool und zur Sauna zu gehen, was in meinem Fall einmal frühmorgens, einmal vormittags, einmal nachmittags und einmal spätabends geschieht, womit ich auf circa drei Stunden täglich im Wasser komme.

Derweilen habe ich in puncto Beethoven eine Entdeckung gemacht, über die ich mich eigentlich zu schämen hätte. Wie nur konnte es passieren, dass mir etwas derart Außerordentliches erst jetzt über den Weg läuft? Ferenc Fricsays Aufnahme der *Neunten Sinfonie* mit den Berliner Philharmonikern von 1958. Wir waren einfach zu blöd, wenn wir immer nur nach dem neusten griffen, und nun ist sie schon so alt, diese Aufnahme, bei der mir scheinen will, dieses Werk zum ersten Mal zu hören. Dabei freilich: *Oh Freunde nicht diese Töne, sondern lasst uns andere hören und freudenvollere!*

Ja, wie kommt er denn da drauf, wo es doch mittendrin schon so viel zum Schmunzeln gab, zwischen all der Tragik?

Alle Menschen werden Brüder/ wo dein sanfter Flügel weilt - nämlich der Flügel der Freude. Es ist eine Variante auf den Satz, dass im Tod alle Menschen gleich seien. Ja, gewiss, so heißt es jetzt, doch auch in der Freude seien sie alle vereint, wobei im Schillerschen Original sogar noch von Bettlern und Fürsten die Rede war: *Bettler werden Fürstenbrüder/ wo dein sanfter Flügel weilt.* Ich dachte immer Beethoven sei es gewesen, der sich das zurecht gestutzt hat, doch lese ich jetzt, Schiller selbst sei es gewesen, indem er, schon bald mit seiner Dichtung unzufrieden, eine entsprechend redigierte Fassung vorlegte. Ja, aber wirklich auch eine verbesserte? Alle Menschen - das sagt sich so leicht dahin, ohne jeden

Gedanken, während man bei Bettlern und Fürsten doch mit der Nase drauf gestoßen wird, wie es knirscht und kracht unterhalb von derlei egalitärer Brüderlichkeit, wie feuertrunken auch immer sie beflügelt sei.

Und auch an einer anderen Stelle hapert es: *Und wer's nie gekonnt / der stehle weinend sich aus diesem Bund.* Aha, also doch nicht alle Menschen. Natürlich nicht. Denn wenn es um kollektive Freude geht, sind notorische Spaßbremsen vorher raus zu mobben, dies, so würde ich doch sagen, gehört unabdingbar mit zur Wesensbestimmung freudvoller Gemeinschaft. Ich sage das jetzt durchaus auch im Gedanken an meine Person, wo ich doch neuerdings im Rufe stehe, zu einem fiesen Widerling geworden zu sein. Ja, ich hätte wirklich diese Geburtstagsfeier mit ihren Ferienhäusern auf den Ferieninseln gleich zu Anfang verlassen und hätte sagen sollen, tut mir Leid, oh Freunde, doch hätte ich noch Probleme, mich alkoholfrei der Geselligkeit anheim zu geben und dass ich mich jetzt zuhause still in einen Winkel setzen werde, um mir von Brahms die Totenmesse anzuhören.

Eines noch zum Leben im Hotel beziehungsweise einem diesbezüglichen Ärgernis, bei dem ich allerdings offen lassen muss, ob nicht ein Gutteil der Schuld auf mich fällt, auf meine mangelhafte Reife nämlich, mich dieser Einrichtung einigermaßen kulturvoll zu bedienen.

Ich meine das Warme Buffet.

Da hat man nun also im Hauptgang, um von den Vorspeisen gar nicht erst zu reden, die Auswahl zwischen Tafelspitz in Meerrettichsoße, Reh-Ragout in Rotweinsoße, Kalbsrahmgeschnetzeltem und gebratenem Zander. Nicht dass ich zu denen gehören würden, die sich nun alles zusammen auf den Teller schaufeln würden. Nein, ich gehe vier mal, benutze vier Teller, wobei ich mit dem Fisch anfange, um von da aus zum schwereren fortzuschreiten, immer in kleinen Dosen, versteht sich.

Am Ende gehe ich ein fünftes Mal: eine Zugabe für den Gewinner des Tages. Dann aber ist es in der Regel so weit, dass mich zusammen mit dem vom Magen ausgehenden Unwohlsein eine Mischung aus Trauer und Ärger überkommt, warum ich mich nicht gleich auf dieses eine beschränkt habe, und vor lauter Frust haue ich mir jetzt zum Nachtisch wirklich alles auf den Teller.

Ich sehe noch nicht, wie sich das Problem lösen lässt. Denn beschränke ich mich beim nächsten Mal tatsächlich auf nur ein Gericht, von dem ich aber gar nicht wissen kann, ob ihm denn wirklich die Krone gebührt, so steht das ganze Dinner unterm Zeichen des blutenden Herzens in Anbetracht all des Verschmähten und Verpassten. Wie man's macht, macht man's falsch, möchte man mit Adorno sagen, und ja, gewiss, *es gibt kein richtiges Leben im falschen.*

24

Auf der Terrasse am Nebentisch ein Professor in Sachen Kulturwissenschaft. Offenbar hat er seine Mitarbeiter zu einer Art mehrtägigem Super-Oberseminar eingeladen. Vielleicht aber auch gibt es einen runden Geburtstag zu feiern, den sechzigsten in seinem Fall, und eigentlich hatte es gar nicht so werden sollen, aber nun ist es natürlich doch schon wieder ein Super-Oberseminar geworden. Ich bekomme vom Gespräch nur Brocken mit, doch was grundsätzlich auffällt, ist der Unterschied zwischen einer Expertenrunde und einem Stammtisch: Eine Expertenrunde weiß vor allem ganz genau, was sie alles nicht weiß, der Stammtisch hingegen weiß grundsätzlich alles. Oder wusste es zumindest.

Ja, wahrscheinlich die Vergangenheitsform, dürfte doch den Stammtischen von heute sogar auch noch die Rechthaberei ausgegangen zu sein.

Doch, ja, sagt irgendwann einer der Assistenten, vielleicht aber auch ist er bereits so eine Art Juniorprofessor - doch ja, sagt er, es gebe durchaus noch reizvolle Themen. Ja, natürlich gibt es die, die Themen, doch was mich dabei schier elektrisieren will ist das Wort *reizvoll*. Also ich meine als Attribut von Thema - ein *reizvolles Thema* gehörte bislang nicht in meinen Wortschatz. Ich frage mich, ob es nicht in den eines älteren seriösen Herren gehören sollte. Ja, und fühlte ich es nicht irgendwie schon längst, dieses Wort, ohne es zu haben? Es wäre ganz ähnlich wie im Fall von *Findungsphase*. Und so liefe denn am Ende die Findungsphase auf die Suche nach reizvollen Themen hinaus?

Dies letzte Fragezeichen bitte sehr schwer und sozusagen fettgedruckt zu nehmen, denn ich weiß es wirklich nicht. Das Thema mit seinen Reizen und du von ihnen angelockt? Entsprechend müsstest du dich möglichst leicht und offen halten, um auch ja den Sog zu spüren. So wie Goethe in Ulla Hahns Buch müsstest du es machen, als er einst im Walde so für sich hin ging und nichts zu suchen sein Sinn war und wohl gerade deshalb er das Blümchen im Schatten fand, ganz so wie du jetzt - der Fürsorge der Hotelleitung sei Dank - die Bibel in der Schublade deines Nachttischs.

Eigentlich hätte ich auch selber drauf kommen können, also ich meine in Sachen Blick zurück. Ist doch die Sache mit Adam und Eva höchst wahrscheinlich das erste Stück Weltliteratur, mit dem man einst in Berührung kam. Dabei eine Kindergeschichte par excellence, indem es darum geht, dass man nicht naschen darf, es aber doch tut und nun vom väterlichen Zorn ereilt wird. Warum also nicht ein bisschen Bibel jetzt, immer zum Ausklang im Bett, denn am hellen Tag damit in einen Baum zu steigen wäre denn doch ein wenig übertrieben.

25

Ja, die Bibel tatsächlich jeden Abend noch, und doch sollte ich über die ersten neun Seiten nicht hinauskommen: zu groß, die Fülle des Stoffs und die Menge der sich andrängenden Erinnerungen und wiederkehrenden Fragen. Was eigentlich war mit Gott, bevor er die Welt schuf? Nun ja, das steht allerdings deutlich genug da: gar nichts war mit ihm. Sonst hieße es im ersten Satz doch nicht, es sei am Anfang gewesen, dass er Himmel und Erde schuf. Dieser Anfang ist auch sein Anfang, weil nämlich davor nichts war als das reine Sein, völlig unterschiedslos alles dasselbe und nicht einmal Geist und Materie voneinander geschieden, so dass dieses Sein im Grunde so ziemlich dasselbe wie das Nichts war. Der Urknall aber bestand in diesem Falle darin, dass Geist und Materie auseinander flogen, aber nicht nach rechts und links, sondern nach oben und unten, auf dass nun die Materie unten war und oben der Geist: *Die Erde aber war wüst und wirr, Finsternis lag über der Urflut und Gottes Geist schwebte über dem Wasser.*

Ist das ein Bild! Ich sage das mit um so größerem Nachdruck, als so leicht mich nichts mehr auf die Knie bringt. Doch hier: unten das schwere Wasser, oben der schwebende Geist und vom Inhalt her kaum ein Unterschied zwischen den beiden, so leer und nichtig wie sie sind, für's erste noch.

Schon aber beginnt der Geist sich zu regen, weil das ja geradezu sein Wesen ist, dass es sich regt und umtreibt in ihm. Man darf sich das aber nicht als zu heftig vorstellen, vielmehr geht es zunächst ganz sachte los: *Und Gott sprach: Es werde Licht. Und es wurde Licht. Gott sah, dass das Licht gut war. Gott schied das Licht von der Finsternis, und Gott nannte das Licht Tag und die Finsternis nannte er Nacht. Es wurde Abend und es wurde Morgen: erster Tag.*

Keine Frage: Gott befindet sich im ersten Schritt seiner Selbstfindung. Genauer: er ist dabei, die Augen aufzumachen. Gerade zuvor hat er doch noch gar nicht gewusst, was Licht ist, aber nun, da er es damit probiert hat und er es jetzt sehen kann, denn vorher konnte er ja überhaupt gar nichts sehen, logischer Weise, aber nun, wo das Licht da ist, kann er es auch sehen und siehe da, es gefällt ihm.

Was aber ist es, was er sieht? Ich würde sagen, nichts als ein nebeliges Grau, weil ja das Licht und die Finsternis noch miteinander vermischt sind. Es ist wie gerade vorher noch mit Geist und Materie. Aber nun scheidet Gott das Licht von der Finsternis und nun ist Schluss mit dem grauen Einerlei und er hat vor sich: hier den ersten strahlenden Tag und dort die erste tiefschwarze Nacht.

Aber das ist jetzt nicht ganz korrekt formuliert, geht es

doch bei dieser Scheidung weder um rechts und links noch um oben und unten, sondern um vorher und nachher: auf den ersten Tag folgt die erste Nacht.

Der erste Tag zuerst, die erste Nacht danach, weshalb nach der ersten Nacht nun auch der zweite Tag ins Leben treten kann und damit auch der nächste Akt in Sachen schöpferischer Selbstfindung.

Denn das wird jetzt noch ein paar Tage so weiter gehen. Immer wieder fällt ihm was Neues ein und immer wieder wird hinterher zu sehen sein, dass es gut ist.

Freilich noch nicht gut genug, so dass das Neue sich ihm stets als eine Idee zur Verbesserung aufdrängt, als nächste Stufe. Tatsächlich liegt es ja im Wesen des kreativen Aktes, dass er genauer besehen in diese zwei Akte zerfällt: auf den des mehr oder weniger spontanen Hervorbringens folgt zurücktretender Weise der des urteilenden Sehens, auf dass es wieder weiter gehen kann. So auch sehr deutlich am Ende im Falle von Adam, der, so ganz allein und einsam, dringend der Korrektur bedarf: Eva.

Die Urmutter, von Gott aus einer Rippe Adams modelliert, was ja nun enorm beruhigend ist, dass wenn schon selbst die größten Helden und Teufelskerle immer wieder aus dem Weibe hervorgehen, wenigstens der allererste Ur-Ursprung ein richtiger Mann war. Wobei: ein richtiger Mann? Hätte ein solcher sich denn bequatschen lassen, von der Frucht zu essen? Doch ich greife vor.

Ob der Liebe Gott auch nackt war, wenn er dort im Paradies unter den Bäumen wandelte? Und überhaupt: wie würde das denn aussehen? Nun, ja - er ist ein Mann und Adam nach seinem Ebenbild geschaffen. Eva ist via Adam zweifellos auch ein Ebenbild Gottes, aber gerade zwischen den Beinen fehlt ihr doch etwas, jedenfalls auf den ersten Blick. Nein, natürlich war Gott nicht nackt, dort im Paradies, denn er kann ja zwischen Gut und Böse unterscheiden, eine Fähigkeit, die Adam und Eva erst mit dem Biss in die verbotene Frucht zuteil werden wird.

Denn bisher können sie zwar zwischen Erlaubt und Verboten unterscheiden, so wie die Katze meiner Großmutter das ja auch konnte, weshalb sie auch immer gleich vom Küchentisch sprang, sobald man zur Tür reinkam. Aber das ist offenbar gerade nicht das, was hier unter der *Erkenntnis von Gut und Böse* verstanden werden soll, nämlich das peinliche Gefühl der Scham, von dem bei Omas Katze tatsächlich keine Rede sein konnte und das uns hier als etwas vorgestellt wird, das fernab aller Fremdeinwirkung aus purer Autonomie tätig wurde: Kaum dass Adam und Eva in die Frucht gebissen hatten, *gingen beiden die Augen auf und sie erkannten, dass sie nackt waren. Sie hefteten Feigenblätter zusammen und machten sich einen Schurz,* und zwar, so wäre hinzuzufügen, ohne dass ihnen je einer auch nur ein Sterbenswörtchen gesagt hätte. Dabei wurde das Einschießen dieses Gefühls offenbar magisch über die Einnahme der Frucht herbei geführt. Oder sollte man besser sagen, dass es der Akt der Verbotsübertretung war, durch den es psychologisch evoziert wurde? Wie auch immer: hätten sie vom Nachbarbaum gegessen, dem erlaubten, hätten sie sich das ewige Leben erworben, jetzt hingegen haben sie die Erkenntnis von Gut und Böse.

Sicher hatte es der Schöpfer mit den beiden nur gut gemeint, als er die Sache mit dem Ebenbild nicht übertrieben und ihnen diese Erkenntnis ersparen wollte.

Ersparen, wohlgemerkt, nicht aber ihnen grundsätzlich vorenthalten. Deshalb pflanzt er den Baum und hängt das Verbotsschild dran: bitte, wenn ihr es wirklich nicht anders wollt. *Und führe uns nicht in Versuchung,* wird es später im Vaterunser heißen, denn hier gleich am Anfang hat er das doch glatt gemacht, wie er überhaupt immer wieder Verhaltensweisen an den Tag legen wird, bei denen man sich bei einem Menschen fragen würde, ob er denn auch wirklich ein guter, geschweige denn ein lieber Mensch sei. Eine Frage übrigens, auf die man gegenüber Zeus und Konsorten gar nicht erst auf die Idee käme, doch liefen die ja auch splitternackt durch die Gegend.

Nein, dieser Gott, heiße er nun Jahwe oder Elohim, meint es schon grundsätzlich gut mit uns, wird es dabei aber immer wieder, und das ist doch die eigentliche Geschichte in diesem Buch, nicht ganz leicht haben, und zwar sowohl mit uns nicht, wie auch mit sich selber und seinem Schatten nicht, über den zu springen er durchaus immer mal wieder in der Lage sein wird, was ja im übrigen generell das Charakteristikum eines guten Vaters ist und auf Grund dessen man denn auch am Ende zusammenfassend von einer Heilsgeschichte sprechen wird.

Nun aber erstmal zur Unheilsgeschichte, wobei wir uns klarmachen müssen, dass die Erzählung von der Schöpfung an einem Punkt endet, wo sie sich in ein hübsches Problem hinein erzählt hat: Die Schöpfung ist vollendet und alles ist gut. Ja, aber was ist denn nun mit dem, was nicht so gut ist in dieser Welt? Da muss doch jetzt mal was kommen, das uns erklären würde, warum unsereiner, statt im Paradies zu lustwandeln, sich sein Leben lang zu plagen hat, um dann am Ende auch noch sterben zu müssen. Dies genau ist die Frage, die zu beantworten die Aufgabe der Geschichte vom Sündenfall ist.

Die Schlange, Eva, Adam - drei Schuldige, sechs Strafen werden über sie verhängt. Sie stehen für die Demontage, die Jahwe, der Richter, nun am Werk von Jahwe, dem Schöpfer, vorzunehmen sich gezwungen - ja, leider Gottes sich gezwungen sieht. Zuerst ist die Schlange dran, die übrigens keineswegs, wie man später (sehr viel später) glauben wird, etwas mit dem Teufel zu tun hat. Hier ist sie noch nichts weiter als auch nur eines der Geschöpfe Gottes und verfügt als solches selbstverständlich auch noch über die Würde ganz normaler Beine, um erst jetzt dazu verdammt zu werden, *auf dem Bauche zu kriechen und Staub zu fressen,* denn verflucht sei *sie unter allem Vieh und allen Tieren des Feldes.* Unsereinem Menschen aber, so die Strafe Nummer zwei, wird es immer wieder passieren, dass du nichts ahnend ihr auf den Kopf trittst, so dass sie jetzt tot ist, doch hat sie dir zuvor noch schnell in die Ferse gebissen, so dass du nun auch gleich sterben wirst. Wie nur konnte, so magst du dich dann fragen, der Schöpfer solch einen Unfug zulassen? Nun, ja, in seiner Eigenschaft als Richter eben: *Feindschaft setze ich zwischen dich und die Frau, zwischen deinem Nachwuchs und ihrem Nachwuchs. Er trifft dich am Kopf, und du triffst ihn an der Ferse.*

Es ist eine Wüstengeschichte und bis heute sollen die Beduinen nichts auf der Welt mehr fürchten als die Vipern und Ottern ihrer kargen Heimat. Aber so ist es doch überhaupt mit der Natur: schön ist sie als paradiesisch gepflanzter Garten, indessen draußen Distel, Dorn und Viehzeug sind. Tatsächlich werden ja auch Distel und Dorn erst via Strafe in die Schöpfung kommen, zuletzt, wenn Adam dran sein wird. Nun ist aber erst mal Eva an der Reihe, das heißt, ich ziehe vielleicht doch den Adam vor, weil es mit Eva etwas komplizierter werden wird und da will ich freien Blick nach vorne haben.

Adam also, in der Bibel zuletzt an der Reihe, was deshalb nochmals betont sei, da der ansonsten recht lakonische Schöpfer beziehungsweise Richter sich mittlerweile so in Rage geredet hat, dass man schon fast von einem Wortschwall sprechen kann: *Weil du auf deine Frau gehört und von dem Baum gegessen hast, von dem zu essen ich dir verboten hatte: So ist verflucht der Ackerboden deinetwegen. Unter Mühsal wirst du von ihm essen alle Tage deines Lebens. Dornen und Disteln lässt er dir wachsen und die Pflanzen des Feldes musst du essen. Im Schweiße deines Angesichts sollst du dein Brot essen, bis du zurückkehrst zum Ackerboden; von ihm bist du ja genommen. Denn Staub bist du, zum Staub musst du zurück.*

Jede Wette, dass mir damals als Kind die Sache mit der Arbeit schlimmer noch erschien als die mit dem Tod, ganz davon zu schweigen, dass es ab jetzt statt dem Obst von paradiesischen Bäumen die Pflanzen des Feldes zu essen gibt. Gemüse also, insbesondere Wirsing, Erbsen und Rosenkohl, wobei mir persönlich sogar noch die Gnade zuteil war, dass zumindest Spinat mir schmeckte.

Was aber soll mir der Tod, wenn ich einen Teller Erbsen vor mir habe?

Nun, zuhause waren die Eltern nachsichtig, doch im bayrischen Klosterinternat, bei den *Barmherzigen Brüdern*, wusste man natürlich sehr genau vom Katalog der göttlichen Strafen und als einmal einer von uns seine Zwangsration wieder auf den Teller gekotzt hatte, gab es aber wirklich Dresche. Aber das sind ja nun wieder mal so die Geschichten aus einer anderen Welt. Außerdem, wenn ich es genau bedenke, hat es sich in diesem Fall gar nicht um Gemüse gehandelt, sondern um einen goldgelben wiewohl definitiv ungenießbaren Hartkäse. Wir hassten ihn alle. Ein näherer Freund von mir hatte ihn einmal in seine Hosentasche entsorgt, jedoch vergessen, ihn rechtzeitig endzulagern, so dass bei einer überraschend angesetzten Spindkontrolle es herauskam. In diesem Fall konnte, bei aller Freundschaft, allerdings auch ich nicht den geringsten Zweifel daran haben, dass es sich bei gegebener Vorsätzlichkeit um nichts Geringeres als eine Todsünde handeln musste. Wie die einen sündigten, indem sie die Frucht aßen, kann man also auch sündigen, indem man den Käse nicht ißt.

Was nun aber den vom göttlichen Richter verhängten Tod betrifft, beziehungsweise die Verweigerung des ewigen Lebens, wird sich das am Ende doch noch sehr viel eindrucksvoller, will sagen schmerzlicher, darstellen, als es hier in dieser ersten Ankündigung an Adams Adresse der Fall war. Es ist nämlich nicht so, dass damit der Tod erst eingeführt würde, als er vielmehr eine Selbstverständlichkeit darzustellen scheint für alles, was lebt. Deshalb muss man für ein ewiges Leben eigens vom Baum des Lebens essen, den Jahwe in der Mitte des Gartens neben den Baum der Erkenntnis gepflanzt hat. Am Ende muss vielleicht sogar Jahwe von diesem Baum essen. Die Götter der Griechen jedenfalls bezogen ihre ewige Jugend von goldenen Äpfeln und so würde das auch in der Bibel jene umständliche Operation erklären, die Jahwe vornimmt, indem er, statt den Baum fällen zu lassen, die Kerubim aufstellt, damit sie mit lodernden Flammenschwertern den Weg zum Baum bewachen. Immer und immerzu werden sie von nun an dort stehen und danach Ausschau halten, ob nicht doch einer von uns sich anschleicht.

Das Flammenschwert - die Geschichte stammt folglich aus einer Zeit, da es schon Schwerter gab. Auch den Ackerbau und die Töpferei natürlich, hatte Gott den Adam doch aus Lehm getöpfert beziehungsweise modelliert.

Aber wir müssen historisch nicht spekulieren, haben

vielmehr recht solide Daten: Sesshaftigkeit und Ackerbau, das also, was wir mit Gordon Childe die neolithische Revolution nennen, entstand dort unten im fruchtbaren Halbmond-Land ab 10.000 v. Chr. Die Niederschrift des biblischen Textes von der Erschaffung der Welt wird um das Jahr 550 v. Chr. datiert, der darauf folgende vom Sündenfall ist circa 400 Jahre älter, weshalb vielleicht er auch noch in so bunter Weise mit magischen Bäumen operiert.

Wie originell genau das kulturhistorisch nun ist oder nicht ist, dass hier der Ackerbau als eine Strafe eingeführt wird, würde ich wohl gerne wissen und vielleicht kriege ich dazu ja auch noch das eine oder andere heraus. Jedenfalls gibt es in anderen Kulturen selbstverständlich eigene Gottheiten für den Ackerbau, zu dessen Schutz und höherer Weihe, wobei es freilich einen Unterschied macht, ob sich solch eine Erzählung an ein Publikum wendet, das mit eigener Hand den Boden bearbeitet oder an eines, das ihn von Sklaven bestellen lässt, derweilen man selber im Garten sich ergeht. Was hingegen die Bewertung des Ackerbaus in der Geschichte von Kain und Abel betrifft, gleich im nächsten Kapitel, wo Kains Opfer der Feldfrüchte von Jahwe abgelehnt wird, während er sich wohlgefällig gegenüber Abels Lämmchen zeigt - ein für einen Vater, gelinde gesagt, völlig unmögliches und das Unheil geradezu provozierendes Verhalten, das sich aber vielleicht dahingehend erhellen könnte, wenn man bedenkt, dass Priester nun mal nicht so gerne Weizen verbrennen, als viel lieber Opferlämmer verspeisen, derweilen, wie dem Moses später - später im Buch, nicht später in dessen Redaktionsgeschichte - ausdrücklich geboten wurde, allein deren ungenießbare Teile dem Feuer des Altars zu übergeben sind.

So, und damit aber endlich zu Evas Strafen, also jenen, die direkt an ihre Adresse gerichtet wurden, wobei zu den verhängten Mühen der Schwangerschaft und der schmerzhaften Geburt nicht groß etwas zu sagen ist, darf es doch als selbstverständlich gelten, dass auch dieses Übel vom Schöpfer keineswegs von Anfang an vorgesehen war. Im übrigen können wir davon ausgehen, dass die Jungfrau Maria, die nach katholischer Lehre als einziger Mensch ohne Erbsünde auf die Welt kam, deshalb auch schmerzfrei gebar, damals im Stall zu Betlehem.

Man machte sich im Vatikan durchaus Gedanken über solche Sachen. Wer darüber mehr wissen will, sehe nach unter dem Schlagwort der *unbefleckten Empfängnis*, die sich, was aber selbst katholischste Katholiken oft nicht wissen, auf das bezieht, was zwischen Marias Mutter Anna und ihrem Mann Joachim geschah beziehungsweise eben *nicht* geschah, als sie die Maria zeugten, nämlich die Übertragung der Erbsünde. Dieser Vorgang beziehungsweise Nichtvorgang ist also bitte nicht zu verwechseln mit der *jungfräulichen Empfängnis* des Gottessohnes durch Maria, ihr vom Engel in jener berühmten Szene verkündet, die in der italienischen Renaissance-Malerei zu Darstellungen von einer solchen Schönheit geführt hat, dass es manchmal fast schon wieder weh tut. Ich hatte in den Jahren meiner italienischen Reisen eine ganze Postkartensammlung davon angelegt, ohne größeres inhaltliche Interesse, sondern einzig, weil hier eine recht schlichte Szene in den unglaublichsten Variationen zu bestaunen war.

Ich komme zu Evas zweiter Strafe und damit zum letzten und gewiss erstaunlichsten Punkt auf der Liste der verhängten Übel: Du hast Verlangen nach deinem Mann, er aber wird über dich herrschen. Was ich daran so erstaunlich finde? Dass hier, ein paar Jahrhunderte vor Christus, das Patriarchat doch tatsächlich noch nicht als etwas Selbstverständliches gelten darf, vielmehr ausdrücklich als eine wohl verdiente Strafe gerechtfertigt werden muss, um sich dergestalt nun auf der Liste des Unheils eingereiht zu sehen, grad mitten drin zwischen Distel, Dorn und Schlange.

Dazu gleich ein, wie ich finde, überaus erhellendes Zitat aus der Zeit des historischen Endes, nämlich fast dreitausend Jahre später aus den allerletzten Tagen des in Auflösung begriffenen Patriarchats. Ich verdanke den Satz einer italienischen Freundin, deren Mutter das freie

Treiben ihrer Töchter in den 1980er Jahren kopfschüttelnd mit den Worten kommentiert hatte: „Ja, aber ihr Mädels, heute - wer, glaubt ihr, soll euch heiraten, wenn ihr's jedem umsonst gebt?" Eine Frage, die direkt ins Zentrum der patriarchalen Ehe geht, hinter der doch im Grunde nichts anderes als schlichte Ökonomie stand. Wahrscheinlich ging es nirgendwo jemals so platt marxistisch zu wie beim Sakrament der Ehe, das für eine Wirtschaftsweise geschaffen wurde, in der die Frau nicht anders überleben konnte, als indem sie unmittelbar aus der Hand des Vaters in die des Ehemannes überging. Was wir heute moderner Weise als Hochzeit feiern ist nur noch ein folkloristischer Witz gegenüber jener tod-, aber auch wirklich todernsten Situation, in der noch über aller, aber auch wirklich aller Sexualität der Bann der Sünde lag, der einzig durch das Sakrament der Ehe gelöst werden konnte.

Von hier aus ließe sich nun allerdings fragen, ob die biblische Verfluchungsformel auch wirklich im vollen Wortlaut auf uns gekommen ist, und sie nicht in Wahrheit von einer viel höheren Komplexität gewesen sein muss, so hoch, dass man sich nicht wundern müsste, wenn sie bei unserem biblischen Autor, der sie seinerseits doch auch nur vom Hörensagen kannte, nur als Bruchstück angekommen sein sollte. Ich jedenfalls könnte mir vorstellen, das heißt, eigentlich bin ich völlig davon überzeugt, dass die vollständige Fassung des Fluchs in jedem Falle schon mal so ausgesehen hat, dass Jahwe sich dabei wechselweise sowohl der Frau wie dem Mann zuwandte.

Zuerst gewiss der Frau: „Dem Manne unterstelle ich dich und nicht anders sollst du dein Brot essen als aus seiner Hand. Ein heiliger Bann sei über deine Jungfernschaft verhängt und verflucht seist du, wenn du sie nicht hütest." Dann aber zum Mann: „Ihre Jungfernschaft sei dir heilig und verflucht seist du, wenn du sie nicht achtest. Nicht anders sollst du die Frau erkennen, als indem du aus der Hand ihres Vaters sie in deine Hand übernommen hast, auf dass fortan du sorgen wirst sowohl für sie, wie für ihre Leibesfrucht. Dein Herz aber will ich verdunkeln und an nichts als Stolz, Besitz und Ehre sollst du denken. Alle Liebe tilge ich in dir, so dass du verachten sollst die Frau, um dein armseliges Genügen daran zu haben, sie zu besitzen und zu beherrschen. Deiner Tochter wirst du den Mann bestimmen, der sie nehmen wird aus deiner Hand in seine Hand und lieber tot schlagen sollst du deine Tochter, als den Verlust ihrer Ehre hinzunehmen, denn deine Ehre werde ich an ihre Ehre binden."

So, und nun zu guter letzt nochmals an Evas Adresse und damit das Schicksal besiegelnd: „Als freies Weib habe ich dich geschaffen, doch dein Herz will ich verdunkeln und eine Tusse sollst du werden. Stolz sollst du sein auf deinen Mann, deinen Herren und Gebieter, so wie er stolz sein soll auf deinen neuen Pelzmantel."

26

Kennt ihr übrigens den? Warum kann das Paradies unmöglich in China gelegen haben? Ganz einfach: Weil dann hätten sie nicht den Apfel, sondern die Schlange gegessen.

Aber in China ist nun mal eh alles anders. Sogar die Drachen sind dort etwas Freundliches, ja Göttliches, sind Nothelfer und Glücksbringer, dabei übrigens nicht dem Krokodil, sondern der Schlange nachgebildet, wobei die segensreiche Wirkung dieser Wesen vor allem der Landwirtschaft zu gute kommt, für die sie es regnen lassen, indem sie ganze Seen leer schlürfen, um sie über Land wieder auszuprusten, womit wir denn auch schon auf die erste Agrar-Gottheit gestoßen wären.

Damit aber auch auf eine Theorie des Regens, und wenn wir mal einen Moment innehalten und uns klar machen, wie merkwürdig und wundersam es ist, dass aus dem Himmel überhaupt irgend etwas herunter fallen kann, dann müssen wir uns natürlich nicht wundern, wenn auch die biblische Schöpfungsgeschichte über eine Theorie des Regens verfügt. Schon gleich am zweiten Tag kommt sie und, verglichen mit den prustenden Drachen, klingt das allerdings schon reichlich nach Naturwissenschaft: *Dann sprach Gott: Ein Gewölbe entstehe mitten im Wasser und scheide Wasser von Wasser. Gott machte also das Gewölbe und schied das Wasser unterhalb des Gewölbes vom Wasser oberhalb des Gewölbes. So geschah es und Gott nannte das Gewölbe Himmel. Da ward aus Abend und Morgen der zweite Tag.*

Die Vorstellung, dass Himmel und Erde nach unten wie oben hin von Wasser umgeben sind, lässt sich recht einfach veranschaulichen, indem du eine Schüssel nimmst, wie man sie auch zur Zeit der Verfassung dieses Schöpfungsberichts natürlich längst kannte, und sie mit der geöffneten Seite nach unten unter den Wasserspiegel deiner Badewanne drückst. Die Luft in der Schüssel bleibt drinnen und das Wasser draussen.

Nun hast du ein Gewölbe mitten im Wasser, dessen Inneres mit Luft gefüllt, indes es oben und unten von Wasser umgeben ist. Dabei entspricht das Bild von der Kuppel unserem Blick vom Ufer aufs Meer, wo sich am Horizont Himmel und Meer vereinen. Die von der Schüssel gebildete Kuppel ist demnach ein Himmel, durch den es bisweilen mehr oder weniger kräftig durchtropfen kann. Dabei ist übrigens in Anbetracht eines so richtigen Regentages auch der Zusammenhang von Tageslicht und Sonne alles andere als augenfällig, weshalb es auch nichts zu belächeln gibt, wenn die Scheidung von Tag und Nacht sich gleich am Anfang vollzieht, indes die Sonne erst am vierten Tag erschaffen und ans Himmelsgewölbe gesetzt wird.

Was hingegen, wie ich doch recht sicher zu erinnern glaube, mich schon als ziemlich kleines Kind ratlos machte, um nicht zu sagen empörte, war Jahwes Verhalten gegenüber den Babyloniern, nachdem die sich daran gemacht hatten, den großen Turm zu bauen. Das ist ja nun doch ein recht unschuldiges Ansinnen und heute würde ich hinzufügen, eines, an dem sich Homo sapiens beinahe schon erkennen lässt: der Mensch, das Wesen, das sich, sobald es ihm nur halbwegs wohl ist, einen Turm baut. Dabei übrigens durchaus auch zur glockenlauten Ehre Gottes und gar nicht einzig nur, um durch des Gebildes immense Höhe die Leute aus der Nachbarstadt zu ärgern. Im Fall von Babylon nun aber war es Jahwe, der sich geärgert hat:

Seht nur, ein Volk sind sie und eine Sprache haben sie alle. Und das ist erst der Anfang ihres Tuns. Jetzt wird ihnen nichts mehr unerreichbar sein, was sie sich auch vornehmen. Auf, steigen wir hinab und verwirren wir dort ihre Sprache, sodass keiner mehr die Sprache des anderen versteht. Der Herr zerstreute sie von dort aus über die ganze Erde und sie hörten auf, an der Stadt zu bauen. Darum nannte man die Stadt Babel (Wirrsal), denn dort hat der Herr die Sprache aller Welt verwirrt, und von dort aus hat er die Menschen über die ganze Erde zerstreut.

Eine ziemlich kleine beziehungsweise kleinliche Missgunst ist das. Eine, wie man sie wohl aus den Märchen kennt, doch sind es dort böse Weiber, schlimme Zwerge oder Ähnliches. Wie allerdings auch, aber das konnte ich damals noch nicht wissen, die Götter der Griechen durchaus den Neid kennen und wie überhaupt, je weiter man zurück geht, so ein richtiger Gott sich als etwas zeigt, das sich gegen die Menschen einzig feindlich beträgt, sie hasst und neidisch verfolgt, ja ihnen unter Einsatz von Feuer, Wasser, Blitz und Donner ständig nach dem Leben trachtet. Dabei hat dies das eine Gute, dass indem es sich bei einem solchen Monster um ein lebendiges, Geist begabtes Wesen handelt, man versuchen kann, es zu beschwichtigen. Man kann sich vor ihm in den Staub werfen, man kann bitten, man kann flehen, man kann Opfer darbringen: Bittopfer, Dankopfer, Lobopfer, Sühneopfer. Wenn man heutzutage so selbstverständlich davon ausgeht, dass man sich Gott entweder als gütig oder gar nicht vorzustellen habe, so lag menschheitsgeschichtlich die erste Stufe zu derlei Güte im halbwegs besänftigten Monster.

Auch Jahwe wird man schwerlich als gütig bezeichnen können, doch ist er allerdings gerecht. Streng, sehr streng, bisweilen gnadenlos streng, aber gerecht.

Nur deshalb auch ist der Missklang so deutlich spürbar, wenn er in Babylon nicht als Richter auftritt, sondern als missgünstiger Konkurrent, der in eigener Sache der

Gegenpartei Steine in den Weg wirft. Eine Szene, wie in den falschen Film geraten. Völlig in Ordnung hingegen, wenn die ganze Menschheit einmal ertränkt werden muss, wo sie doch so bitterböse war und wo doch einem selber nichts passieren kann, im Falle nämlich man nicht so böse war, sondern so lieb wie Noah und seine Familie.

Noah und die Seinen, die Auserwählten - das auserwählte Individuum, von dem im Neuen Testament so viel die Rede sein wird, hier im Alten also ganz am Anfang, noch bevor vom auserwählten Volk zu sprechen sein wird. Überhaupt hat dieser ganze Vorspann von Schöpfung und Strafe weniger Affinität zum Judentum in seiner Volksgebundenheit als zu dem ebenso universalistischen wie elitistischen Denken des Christentums, so jedenfalls wie es ursprünglich konzipiert war, nämlich eher als einer radikalen Aussteigersekte, denn einer Kirche.

Mittlerweile habe ich mir zwei Kinderbibeln kommen lassen, die eine ein Bilderbuch für die ganz Kleinen, die andere schon für Schulkinder. Ich wollte wissen, welche Geschichten die beliebtesten sind, außer der von David und Goliath, versteht sich. Nun, was das Coverbild betrifft, steht der Favorit außer Frage: Noah und seine Arche mit all den Tieren, ein Sujet, das selbstverständlich auch wir seinerzeit zu malen beziehungsweise zu zeichnen hatten, mit den völlig ungenügenden, weil viel zu blassen Farbstiften für die unteren Klassen. Dabei hatten natürlich auch wir, nicht anders als die Coverbilder von heute, über das Detail hinweggesehen, dass die Arche zwar über drei Stockwerke verfügte, jedoch keine Fenster hatte. Deshalb ja auch konnten die Geretteten am Ende gar nicht sehen, ob und wie der Wasserstand am Sinken war, so dass Noah eine Luke aufbrechen musste, um dreimal die Taube hinauszulassen, worauf sie beim ersten Mal zurück kam, weil sie noch keinen Boden unter den Füßen hatte finden können, beim zweiten Mal schon einen grünen Zweig im Schnabel trug und beim dritten Mal gar nicht mehr zurückkehrte. Ein kindlich sich stark einprägendes Bild, wobei ich jetzt gar nicht recht zu sagen wüsste, warum eigentlich.

Der Bau der Arche war nach genauer Anweisung Jahwes erfolgt, wie das ja überhaupt ein Charakteristikum von ihm ist, dass er gerne die detailliertesten Bauanleitungen gibt. Man darf wohl annehmen, dass wenn von Fenstern abgesehen wurde, er den Auserwählten im Kasten den Anblick dessen ersparen wollte, was da draußen vor sich ging:

Da verendeten alle Wesen aus Fleisch, die sich auf der Erde geregt hatten, Vögel, Vieh und sonstige Tiere, alles, wovon die Erde gewimmelt hatte, und auch alle Menschen. Alles, was auf der Erde durch die Nase Lebensgeist atmete, kam um. Gott vertilgte also alle Wesen auf dem Erdboden, Mensch, Vieh, Kriechtiere und die Vögel des Himmels, sie alle wurden vom Erdboden vertilgt. Übrig blieb nur Noach und was mit ihm in der Arche war.

Die sonderbare Formulierung von den Wesen, die ihren Lebensgeist durch die Nase atmen, ist dem Umstand geschuldet, dass man Fische nun mal nicht ertränken kann, folglich sie zumindest ungeschoren blieben.

Doch lag auch gegen die andere Tierwelt, die aus Fleisch und mit der Nase, eigentlich nichts in Sachen Bosheit und Verderbtheit vor, so dass deren Untergang wohl als hinzunehmender Kollateralschaden zu interpretieren wäre. Vielleicht lag ja auch eben darin das Motiv für den enormen Schritt, zu dem Jahwe nach vollstreckter Strafe sich veranlasst sah.

Ich werde gleich darauf kommen, möchte aber zuvor einen bösen Verdacht nicht unterdrücken, durch den allerdings die fehlenden Fenster in Noahs Kasten in ganz anderem Licht erscheinen würden. Wie nämlich, wenn Jahwe nicht den Auserwählten den gräßlichen Anblick hätte ersparen, sondern umgekehrt den Verdammten in ihrem Leid wenigstens diese eine Gnade hätte erweisen wollen, sie vor jenem Ätsch zu bewahren, das ihnen nur allzu menschlich von Seiten der Auserwählten hätte entgegenkommen können und über das in Sachen Christentum sich tatsächlich ganze Bände schreiben ließen?

Jedenfalls würde ein solcher Gnadenerweis gut dazu

passen, dass Jahwe nach der Vollstreckung seines Urteils alles andere empfindet als jene Genugtuung, die sich nach einem wirklich gerechten Urteil doch einzustellen hätte. Ganz offenbar gibt es hier ein Problem auf dem Gebiet der Erkenntnis von Gut und Böse, jener Erkenntnisart also, die zu Jahwes höchsten Attributen gehört und die, indem sie von Adam und Eva widerrechtlich angeeignet wurde, sich des näheren als ein Gefühl erwies, das kraft seiner Peinlichkeit die Sanktion bereits einschloss: das Gefühl der Scham. Die Frage liegt somit unabweisbar auf der Hand, ob auch Gott sich schämen kann.

Nein, natürlich nicht, denn Scham hat stets etwas mit dem Blick des Anderen zu tun, und wer schon sollte jener Andere sein, vor dessen Blick Gott unter den Tisch kriechen wollte? Und doch ist auch er nicht davor gefeit, dass die Erkenntnis von Gut und Böse sich kritisch gegen ihn selbst wendet, sich dabei ebenfalls in einem peinlichen Gefühl äußernd, nun aber nicht als Scham, sondern als Reue. Wir kommen zu einer, wie ich finde, der eindrucksvollsten Passagen in der Bibel überhaupt: Jahwes Reue, nachdem er durch die große Flut alle Wesen aus Fleisch ertränkt hat, auf dass er nun gelobt, so etwas nie wieder tun zu wollen, dabei zum Zeichen dieses Gelöbnisses den Regenbogen an den Himmel stellend. Sein Monolog, in seiner beteuernden Expressivität, lässt an Shakespeare denken:

Ich will die Erde wegen des Menschen nicht noch einmal verfluchen; denn das Trachten des Menschen ist böse von Jugend an. Ich will künftig nicht mehr alles Lebendige vernichten wie ich es getan habe. (…) Nie wieder sollen alle Wesen aus Fleisch vom Wasser der Flut ausgerottet werden; nie wieder soll eine Flut kommen und die Erde verderben. (…) Dies ist das Zeichen des Bundes, den ich stifte zwischen mir und euch und den lebendigen Wesen bei euch für alle kommenden Generationen: Meinen Bogen setze ich in die Wolken; er soll das Bundeszeichen sein zwischen mir und der Erde. Balle ich Wolken über der Erde zusammen und erscheint der Bogen in den Wolken, dann gedenke ich des Bundes, der besteht zwischen mir und euch und allen Lebewesen, allen Wesen aus Fleisch, und das Wasser wird nie wieder zur Flut werden, die alle Wesen aus Fleisch vernichtet. Steht der Bogen in den Wolken, so werde ich auf ihn sehen und des ewigen Bundes gedenken zwischen Gott und allen lebenden Wesen, allen Wesen aus Fleisch auf der Erde. Und Gott sprach zu Noah: Das ist das Zeichen des Bundes, den ich zwischen mir und allen Wesen aus Fleisch auf der Erde geschlossen habe.

Die Scham ist menschlich, die Reue göttlich und nichts Göttlicheres im Menschen als seine Fähigkeit zur Reue. Ich bitte das Pathos zu entschuldigen, aber aus dem Fluss der biblischen Rede wollte es sich so ergeben und so will ich nachträglich auch nichts mehr daran retuschieren. Allenfalls ein Fragezeichen könnte ich dahinter setzen, also ich meine, nun in meiner Eigenschaft als älterer seriöser Herr, das Fragezeichen hinter die Abwertung der Scham, denn die Göttlichkeit der Reue steht außer Frage. Zur Scham jedoch ist unsereinem, will sagen einem aus meiner Generation, wohl kaum je etwas anderes eingefallen als das Hohngelächter über jenes gouvernantenhafte Was-sollen-denn-da-die-Leute-denken. Inhaltlich völlig beliebig zu füllen und keine Spur von Autonomie, vielmehr die blanke eingewanderte Heteronomie beziehungsweise verinner-lichte Repression.

Ob aber die Scham sich wirklich darauf reduzieren lässt, wäre wohl eine Überlegung wert. Momentan verspüre ich freilich kaum wirklichen Drang, dem detaillierter nachzugehen, doch hat sich hier auf diesen Blättern ja schon längst gezeigt, dass von einem Findungsprozess auch insofern gesprochen werden kann, als sich immer wieder Fragen einstellen, die, einmal festgehalten, bereits selber zum Bestand der Fundsachen gehören. Man darf getrost darauf warten, bis sie von selbst sich wieder melden.

27

Derweilen hätte ich jetzt dringend, nämlich so lange es noch frisch ist, ein ziemlich profanes Ergebnis mitzu-teilen, das sich mir bei weiteren Recherchen zum Thema Gemüse ergeben hat, nämlich dass es gar nicht stimmt, dass Gemüse Kindern grundsätzlich ein Graus ist, vielmehr es in Wahrheit so ist, dass wir im Babyalter noch keinerlei Abwehr zeigen, ja man uns nachweislich sogar mit Brokkoli und Oliven kommen kann. Der Widerwillen gegen Bitterstoffe beginnt sich erst ab dem zweiten Lebensjahr auszubilden, erreicht im vierten seinen Höhepunkt, um dann allerdings ziemlich lange zu regieren, meist bis an die Schwelle zum Erwachsenenalter, von wo ab sich wieder solche Extreme wie Kaffee, Tee, Bier oder Rotwein goutieren lassen, wobei ich jetzt mal dahingestellt lassen will, ob das als Triumph in Sachen Selbstüberwindung zu interpretieren wäre oder nicht auch als ein Stück Regression ins Babyalter.

Was die Selbsterhaltung betrifft, hat die Phase des großen Abscheus natürlich den guten Sinn, dass sobald du nicht mehr ausschließlich von einer lebensweisen Mutter gefüttert wirst, vielmehr anfängst die Welt auf eigenen Beinen zu erkunden und dabei selbstverständlich allseits alles in den Mund steckst, es dann aber auch sehr vorteilhaft für dich ist, wenn du das ganz schnell wieder ausspuckst. Als zweiter Schutzmechanismus wird sich dir dann auch schon bald die Fixierung auf Bewährtes hinzugesellen, also der Unwillen gegen alles Neue: am besten jeden Tag dasselbe und die Spaghetti womöglich ohne Soße und nur mit Frischkäse.

Was das Frühstück betrifft, pflegt uns dieser Hang zum Einerlei ja zu bleiben, hat hier doch jeder seine eigene Marotte ausgebildet, der allmorgendlich genüge getan werden muss, anderenfalls der Tag nicht wirklich beginnen kann.

Als biologisch neutrale Beobachter haben wir freilich auch zu berücksichtigen, dass das Gemüse seinerseits gar nicht gegessen werden will, weshalb es sich durch Bitterstoffe zu wehren sucht, was in manchen Fällen tatsächlich noch effektvoller ausfallen mag als die Methode von Distel und Dorn. Ganz anders bei den Früchten. Hier haben wir es mit dem Fall zu tun, dass etwas geradezu danach schreit, gegessen zu werden, da es nämlich aus Fortpflanzungsgründen auf einen Zwischenwirt angewiesen ist, von dem es fortgetragen und wieder ausgeschieden werden will. Deshalb auch hat Jahwe gut daran getan, die Erkenntnis von Gut und Böse an eine Frucht zu binden und nicht etwa an den Wirsingkohl, den er dann womöglich gar nicht erst hätte verbieten müssen.

Der Garten mit seinen Bäumen als Gegenbild zum Acker mit seinen Disteln und Dornen: tatsächlich ist historisch schon sehr früh vor allem bei den Assyrern und Babyloniern eine sehr hohe Gartenbaukultur belegt, so dass es keinen Grund gibt, das Paradies mit der vorgeschichtlichen Welt der Sammler und Jäger zu identifizieren, die auch allzu paradiesisch nie gewesen sein dürfte. Der Garten Eden hingegen ist ein artifizieller Lustort. Ein Strom entspringt in ihm, den Boden zu bewässern mit all seinen Bäumen, *verlockend anzusehen und mit köstlichen Früchten*, von denen zu essen ebenso erlaubt ist wie von denen des Lebensbaums - dort hinein also hatte der Schöpfer den Adam ursprünglich gesetzt, damit er den Garten, wie es ausdrücklich heißt, *bebaue und hüte*, womit uns denn solche Art der Gärtnerei als Inbegriff von nicht entfremdeter Arbeit vorgestellt wird, von dem also, was Marx als Selbstbetätigung bezeichnen wird.

Ich sehe mich jetzt in der Verlegenheit, persönlich so gar nicht zum Gärtnern und Rosenzüchten zu taugen und ich als Adam hätte gewiss den Garten eine schöne Sache sein lassen und mich lieber gleich dem Fluss zugewandt mit seinen Nilpferden und Wasseraffen. Doch muss ich nicht erst an die Rolle des Garten- und Landschaftsbaus zum Beispiel in Goethes *Wahlverwandtschaften* denken, auch nicht an Künstler wie Verdi oder Tschechow, wenn sie mit dem Hochziehen von Tomaten ihre Schaffenskrisen doch noch relativ glücklich zu überbrücken wussten. Ich muss mich nur im nächsten Freundeskreis umschauen, um mir klar zu machen, dass im Bearbeiten des Gartens ein Glück liegen kann, das als Erfüllung zu bezeichnen man nicht umhin kommt.

So, und damit aber höchste Zeit, die Bibel erst mal wieder zuzuschlagen, bevor sich mir am Ende noch das Bedürfnis regt, das Hebräische zu erlernen.

Denn ernsthaft sich auf einen Text einzulassen und dabei auf eine Übersetzung angewiesen zu sein, wäre nun für mich beinah schon die größte Sünde. Man muss es überprüfen können, wenn da etwa steht *Adam erkannte Eva*, ob für diese Art der Erkenntnis auch im Original dasselbe Wort steht wie im Falle der Erkenntnis von Gut und Böse. Ja, und was eigentlich ist mit diesem Guten gegenüber jenem anderen Guten, das Gott am Ende jedes Schöpfungstags erblicken konnte und dessen Gegensatz doch keineswegs das Böse, sondern das Schlechte gewesen wäre? Auch hier im Original dasselbe Wort? Ja, ich habe mich erkundigt, es ist dasselbe, wie übrigens auch im Falle der geschlechtlichen Erkenntnis. Im Hebräischen steht erkennen metaphorisch halt ebenso für beiwohnen oder Verkehr haben, wobei dann aber die Erkenntnis ganz auf Seiten Adams wäre, das Erkannt-Werden auf Seiten Evas, wie nun freilich auch im Leben, wir waren schon mal drauf gestoßen, es durchaus passieren kann, dass männlichem Voyeurismus ein gewisser weiblicher Exhibitionismus korrespondierend entgegen kommt.

Dazu nicht ganz unpassend, folgender weiterer kleine Baustein in Sachen Schmetterling: Laut Zeitungsbericht hat jüngst die Wissenschaft herausgefunden, dass die japanische Variante des Schwalbenschwanz über ein drittes Auge verfügt, allerdings nur männlicherseits, und zwar an der Penisspitze. Etwas weniger spektakulär formuliert: sensorisch ist sie lichtempfindlich, dabei aber in jenem Sinne, dass sie das Licht flieht und das Dunkle sucht. Das hat damit zu tun, dass japanische Schwalbenschwänze sich ausschließlich im Flug paaren, was die Sache manövertechnisch natürlich verkompliziert. Das eigentlich Komplizierte beziehungsweise Sensationelle an der Sache war allerdings die umwegige Prozedur, die im Labor die Forscher hatten durchlaufen müssen, um hinter dies Kuriosum zu kommen. Wie es sich für eine seriöse Zeitung gehört, hatte sich der recht ausführliche Artikel denn auch ganz auf die Wiedergabe dieses komplexen Zusammenspiels von Irrwegen und Zufällen konzentriert.

Hoch interessant zu lesen, auch wenn ich alles schon wieder vergessen habe. Belassen wir es also bei dem hübschen Ergebnis: ein drittes Auge, das aber so beschaffen ist, dass es am liebsten gar nichts sieht.

28

Bleiben wir noch ein wenig dabei, also bei dem, was im Jargon meiner ehemaligen Kneipe die *geschlechtlichen Angelegenheiten* hieß. Eine Formel, die auf eine ganz bestimmte Szene zurückging, die sich eines Abends am Tresen ereignet hatte, sozusagen eine Urszene, initiiert von einem etwas wirrköpfigen, wie gleichwohl allseits beliebten Kumpel. Musiker von Beruf, und zwar von hohem Rang, nämlich Mitglied eines weltberühmten Sinfonieorchesters (von dem wir hier in der Stadt allerdings nie nur eines hatten, was im Sinne des Persönlichkeitsschutzes ausdrücklich betont sei), kam er nach dem Konzert meist schon etwas angeheitert bei uns an, von wegen der Orchesterkantine.

An besagtem Abend aber muss er uns wohl mal wieder mitten in einer allzu verstiegenen Debatte vorgefunden haben, weshalb er über die Straße zur Kneipe nach gegenüber wechselte, nicht jedoch ohne sich mit den Worten zu verabschieden, er werde wiederkommen, wenn wir bei den geschlechtlichen Angelegenheiten angelangt seien.

Versteht sich, dass man sich das nicht hat nochmal sagen lassen, als er zwei Biere später sein Versprechen wahr gemacht hatte und wieder unter uns war. Ob denn wohl Hexen, wenn sie auf dem Besen ritten, ein Höschen anhatten, hub da einer sich zu fragen an, oder ob das nicht eher kontraproduktiv gewesen wäre.

Aber gewiss wäre es das gewesen, da war man sich sicher, und schon konnte ein anderer von einem Fund am Fuße des Berges Broken berichten, nämlich der Hälfte eines Besenstils, die an ihrem abgebrochenen Ende die Spur kleiner aber außerordentlich scharfer Zähnchen aufgewiesen habe, ganz offenbar also zu einem Besen gehört hatte, der in der Mitte durchgeknabbert worden war. Ein

Tatbestand, der die Wissenschaft zu den schwerwiegendsten Folgerungen veranlasst habe, wie dadurch aber auch, so wusste jetzt der erste sich das Wort zurückzuholen und sich damit den finalen Tusch einzufahren, die These von Professor Schmidt-Bachhuber widerlegt sei, sie hätten am Besenstil sich festgesaugt.

„Ihr seid einfach nur blöd!" Eva-Maria hatte genug und kehrte uns in höchst energischer Drehung den Rücken zu. Zwar ließ sie sich normalerweise über kaum ein anderes Thema lieber aus als über Angelegenheiten der geschlechtlichen Art, doch konnte sie nichts Zotiges ertragen. Der Bereich des Sexuellen galt ihr als etwas Heiliges, die zotige Rede als ein Sakrileg.

Einzig einer gewissen Doris gegenüber zeigte sie sich nachsichtig, doch Doris - täglich Punkt siebzehn Uhr bei uns am Tresen, auf dem Heimweg vom Büro sich ihre drei Feierabendbiere genehmigend - Doris war ja auch, mit Eva-Marias Wort, sehr patent und bodenständig und zu dieser Bodenständigkeit gehörte eben auch, dass Doris Witze zu erzählten wusste, bei denen noch so mancher Mann rot wurde.

Nun greifen Frauen auch diesen Falls zu anderen Sujets und leicht wirst du als Mann die Erfahrung machen, dass wenn du einen Witz weitergibst, den du von einer Frau hast, du eine Peinlichkeit erzeugst, die bei ihr nicht oder jedenfalls nicht im gleichen Maß gegeben war. Ist es doch meist auch eine Frau, die in diesen Geschichten als Protagonistin auftritt und die nun dummer oder dümmlicher Weise in eine Schieflage gerät, über die zu lachen natürlich auch den Frauen eher zusteht. Bei Gelegenheit werde ich euch mal einen anführen, will sagen, wenn mir einer einfallen sollte, der nicht ganz so direkt wäre wie dieser eine, der mir jetzt gerade aus dem Dorisschen Repertoire in den Sinn kommen will.

Was nun aber das kulturhistorisch keineswegs irrelevante Bild von den Hexen auf ihren Besen betrifft, so war es natürlich Dimitrij, der damit angefangen hatte. Dimitrij Grigorowitsch, den ich hier mit vollem Namen nenne, da wir ihn längst schon auf dem Friedhof Wilmersdorf bei seinem letzten Gang begleitet haben und ich hier recht gerne die Gelegenheit nutzen möchte, ihm ein kleines Denkmal zu setzen.

Dimitrij, ein Russe wie aus Dostojevskis Truppe, wenn auch in Berlin geboren, 1936 im Jahr der Olympischen Spiele dortselbst. Sein Vater, ein hoher Beamter an der russischen beziehungsweise sowjetischen Botschaft, sollte es schon bald vorziehen nicht in Stalins Reich zurückzukehren, vielmehr in Berlin zu bleiben. Dimitrij hielt sich diesbezüglich stets bedeckt, doch hatte ganz offenbar sein Vater in irgendeiner Weise mit den Nazis kollaboriert, wobei ja die sowjetischen Diplomaten anfangs eh noch gehalten waren, den gegen Polen gerichteten Pakt zwischen Stalin und Hitler hoch zu halten.

Dimitrij war das einzige Kind und zeigte sich schon sehr früh so vielseitig begabt, dass man gar nicht wusste, wohin mit ihm. Dabei hätte wohl keiner gedacht, dass es am Ende die Mathematik werden sollte, nachdem er zuvor die Literaturwissenschaft wie die Slawistik ebenso hinter sich gelassen hatte wie seine Jazz-Klarinette, und es auch in der russisch orthodoxen Kirche schon lange her war, dass man seine ausgebildete Tenorstimme hatte hören können. Erst nach seinem Tod fing das Gerücht zu kursieren an, ganz am Anfang sei es gar die Theologie gewesen. Bibelfest genug war er ja. Doch wie auch immer, als ich ihn kennen lernte, war sein Glaube an die Mathematik auch schon wieder eingebrochen, der sich vor allem auf die Gewissheit gerichtet hatte, mit der sich auf diesem Terrain Beweise führen lassen. Weniger hingegen dürfte jenes andere Motiv mitgespielt haben, jenes sozusagen eva-maria-mäßige, dass nämlich das Reich der mathematischen Logik doch auch etwas ist, was mit all dieser Scheiße, hier, nichts zu tun hat. Ganz im Gegenteil war es Dimitrij zumindest zum Ende hin diesbezüglich ähnlich ergangen wie einst dem großen Descartes: zu dünn die Erkenntnis im Reich der unerschütterlichen Gewissheiten.

Zuletzt war Dimitrij nichts geblieben als Satire und Persiflage, doch war es ihm auch damit nichts Rechtes: „und ich Idiot mach hier für euch den Pausenclown."

Dabei war seine nun wirklich urkomische Festrede zur Frage, warum es am Rhein so schön sei, von einem auf Spaßiges spezialisierten Verlag in dessen Vierteljahresanthologie aufgenommen worden und ein einigermaßen ernst zu nehmender Kritiker hatte unter Hinweis auf den Felix Krull sogar gemeint, hier würde Thomas Mann getoppt. Dabei wäre noch nachzutragen, dass auch im Institut für Mathematik Dimitrijs Beweisführungen in fast schon legendärem Rufe standen, und zwar auf Grund - für mich recht merkwürdig zu hören, doch scheint das unter Mathematikern ganz normal - auf Grund von deren außerordentlicher Eleganz.

Dimitrij aber wurde mit der Zeit immer bitterer.

Gern erzählte er die Geschichte von dem reichen Russen im Zarenreich, der für eine Theateraufführung das erste Drittel des Parketts aufgekauft hatte, um die Plätze mit lauter angeheuerten Glatzköpfen zu besetzen, nicht jedoch ohne dazwischen schwarze Lockenköpfe dergestalt zu gruppieren, dass nun in großen Lettern das Wort *Scheiße* geschrieben stand. Es muss wohl derselbe Russe gewesen sein, der sich in einem langen Seufzer einen weißen Konzertflügel herbei gesehnt hatte, um auf die Frage nach dem wozu in groben Worten zu antworten, er wolle da sein Geschäft hinein verrichten.

Am Ende war es mit Dimitrij soweit gekommen, dass ihm sogar sein Vortrag über den schönen Rhein als ein Nichts galt, ein absolutes gar Nichts. Man muss es gehört und gesehen haben, wie abgrundtief er dieses Nichts auszudrücken wusste. Schauerlich war das und unerträglich wurde es dann, wenn er auch noch einem jungen Mann beziehungsweise Studenten, der sich bei uns an den Tresen verirrt haben sollte, klar zu machen suchte, dass dessen Begeisterung, für was auch immer es gewesen sei, sich auf ein absolutes Nichts richte. Bei Dimitrijs Beerdigung waren es nicht mehr allzu viele, die ihm noch folgen wollten. Ich werde wahrscheinlich noch das eine oder andere Mal auf ihn zurück kommen.

Jetzt aber wenigstens noch ein kurzes Wort zu den Hexen und damit einem weiteren Stammgast, nämlich dem sogenannten Psycho-Peter, der aber keineswegs deshalb so hieß, weil er nicht ganz richtig im Kopf gewesen wäre. Einen solchen hatten wir zwar auch, aber der hieß Gespenster-Klaus, bei manchen auch Atom-Klaus, wegen seiner Wutanfälle und vor allem, seit er einmal explosionsartig sein Bierglas an die Decke hat gehen lassen und deshalb eigentlich auch unter Lokalverbot stand, was aber nicht jede der hinterm Tresen häufig wechselnden Frauen wissen konnte.

Ganz anders Psycho-Peter, der zu seinem Namen deshalb gekommen war, weil er, obgleich Heizungstechniker von Beruf, laufend alles von Freud, Jung, Adler und so weiter in sich hineinlas, um es dann allerdings auf seine doch recht eigene Weise zu verarbeiten.

So hatte er es einmal zu der These gebracht, dass wenn man in wahrer Liebe sich vereine, man auch das Aids-Virus nicht übertragen könne. Ich dachte immer, was für eine Schande es doch sei, wenn man so einen nicht an der Universität hat studieren lassen, in welchem Falle ganz sicher etwas Gescheites dabei herausgekommen wäre. So aber hatte es gerade mal dazu gereicht, dass er über sein Wissen von jenen Mythen aus dem asiatischen Raum, in denen die gezähnte Vagina - die gezähnte, nicht die gezähmte - eine gewisse Rolle spielt, die Sache mit dem durchgeknabberten Besen hatte beisteuern können.

Dabei muss man, nebenbei bemerkt, gar nicht bis nach Asien gehen, wo doch auch im griechischen Schöpfungsbeziehungsweise Weltentstehungsmythos die Erdmutter Gaia eine gezähnte Sichel in ihrem Unterleib wachsen lässt, in keineswegs freundlicher Absicht.

Aber das wäre eine Geschichte für sich, auf die ich mich erst dann näher einlassen könnte, wenn ich auch in der Lage wäre, mir die eine oder andere der entsprechenden Vorlesungen von Klaus Heinrich nochmal vorzunehmen beziehungsweise mich ihnen zu unterziehen. Da beim gegebenen Konzentrationsvermögen daran aber nicht zu denken ist, jetzt nur noch soviel: Es wird Gaia's noch ungeborener Sohn Kronos sein, der bei nächster Gelegenheit mit dieser Sichel seinem Vater Uranos den Phallus abschneiden und ihn aus der Geburtshöhle aufs Meer hinaus werfen wird, wo der ziellos umhertreibend, dabei immer vor sich hin schäumend, schließlich aus diesem seinem Schaum die Aphrodite gebären wird. Wie Eva aus der Rippe Adams, so also die Göttin Aphrodite aus dem Glied des entmannten Uranos und damit ebenfalls für patriarchale Gebärfähigkeit einstehend, wenn auch etwas weniger eindrucksvoll.

29

So, und damit aber wieder Schluss mit diesen Angelegenheiten, die ich im Grunde nur deshalb hier als kleines *scherzo* habe folgen lassen, um von der biblischen Urgeschichte Abstand zu gewinnen und nur ja nicht hier schon Wurzeln zu schlagen. Es ist doch immer wieder so: hat man sich einmal in einen Stoff eingearbeitet, hat man es auch schon mit einem ganzen Rattenschwanz von Problemen und Fragen höchst abgeleiteter Natur zu tun und dann legst du am Ende womöglich einen hoch gelehrten Wälzer vor und fragst dich dabei, wie du dich nur all die Zeit in dieses Thema derart hast verbeißen, an es dich hast verlieren können?

Um nicht missverstanden zu werden: Ich kann mir durchaus vorstellen, am Ende dieses Suchunternehmens ein Thema gefunden zu haben, auf das ich mich noch einmal in ernsthafter und gewiss entsprechend selbstvergessener Weise werde einlassen wollen und vielleicht sogar auch können. Nicht die Selbstvergessenheit ist es, was ich fürchte, sondern die Gefahr sich vorschnell verdingt und viel zu lange einem falschen Herrn gedient haben. Und sowas dann unter Erfahrung zu verbuchen, wenn nicht gar, wie es umgangssprachlich ja vollends desolat heißt, abzubuchen, bin ich nun wirklich nicht mehr jung genug. Insofern jetzt nur immer weiter so mit der Devise *avanti dilettanti*.

Ein Nachtrag aber noch zur Figur der Gottheit als dem Monster, dem mehr oder weniger besänftigten. Es handelt sich dabei um eine antike Skulptur, deren fotografische Ablichtung aus aktuellem Anlass den jüngsten Zeitungen zu entnehmen ist: der Löwe von Palmyra und seine ihm, ausgerechnet ihm, zum Schutz anvertraute Antilope. Doch scheint es der ganz prächtig dabei zu gehen, wobei die Lässigkeit, mit der sie es sich da unten zwischen den scharfen Löwenkrallen eingerichtet hat, natürlich nicht zu trennen ist von der fürchterlichen Grimmigkeit, mit der dort oben das Mähnenhaupt zähnefletschend in die Ferne starrt. Da wage nur mal einer sich zu nähern.

Löwenskulptur aus dem Allat-Tempel in Palmyra

Die Skulptur stammt aus dem ersten Jahrhundert v. Chr. und natürlich gehört hier eine Erzählung mit dazu, die uns erklären würde, wie des Näheren es zu dieser wundersamen Verkehrung gekommen ist. Leider habe ich bisher noch nicht herausfinden können, ob überhaupt etwas dazu überliefert ist. Wahrscheinlich eher nicht, denn Erzählung kommt bekanntlich von erzählen und dergleichen auch noch schriftlich festzuhalten war stets die Ausnahme. Doch ist es nicht im Grunde ganz egal? Auf das Heilsversprechen kommt es an und das drückt sich doch nun wirklich kräftig genug in diesem Bild aus: ausgerechnet der Erzfeind, auf unserer Seite, jetzt.

Die syrische Stadt Tadmur mit ihren bedeutsamen Resten der antiken Oasenstadt Palmyra wurde am 20. Mai 2015 von den Milizen des Islamischen Staates eingenommen, mittlerweile ist die Meldung eingetroffen, dass nebst umfangreicher Sprengung von Tempelanlagen auch die Zerstörung dieser Skulptur durchgeführt worden sei.

Nachtrag: da Islamisten die Zerstörung von Kulturgütern in der Regel filmisch festhalten, fällt in diesem Fall auf, dass uns keine entsprechenden Bilder übermittelt wurden. Es besteht insofern der Schimmer einer Hoffnung, dass die Skulptur nur weggeschafft worden sein könnte, zum Zwecke ihrer späteren Versilberung.

In Anbetracht des enormen Elends, das der *IS* inzwischen über die Bevölkerung gebracht hat und weiterhin zu bringen im Begriffe ist, liegt feuilletonistisch jetzt natürlich mal wieder die Frage auf der Hand, ob uns Steine mehr Wert seien als Menschenleben.

Wenn ich dabei nicht ohne gewisse Bitterkeit vom Feuilleton rede, so im Bewusstsein, dass den nicht-feuilletonistisch ausgerichteten Leuten auch die Steine mindestens ebenso fern sein dürften wie allerdings uns allen die Menschen dort unten fern sind.

Zweiter Nachtrag: nach der erfolgten Zurückeroberung Palmyras durch die von russischer Luftwaffe unterstützten syrischen Regierungstruppen hat sich gezeigt, dass der Löwe zwar in Stücke zerschlagen am Boden liegt, man ihn jedoch wohl wieder wird zusammenflicken können.

30

Ein weiteres Foto, doch ist es diesmal ein dreijähriger Junge, dessen lebloser Körper an die türkische Küste gespült wurde. Im Internet kann man im Video-Clip dabei zusehen, wie die auslaufenden Wellen mit ihm spielen: Strandgut. Auf dem Bauch liegend, die kurze Hose in grellem Blau, das Shirt in ebenso grellem Rot - woher kenne ich das? Natürlich, es ist Superman, Superman's kleiner Enkel, der hier auf der Flucht ertrunken ist. Dass sich ein so kleines Wesen von den Wellen an den Strand tragen lässt, indessen seine Eltern auf dem Grund des Meeres liegen, hat mit den physikalischen Gesetzen des statischen Auftriebs zu tun.

Betroffenheit nun also. Doch wäre dabei nicht stehen zu bleiben, denn es läge dieses Kind hier nicht am Strand, ohne jenen irrsinnigen Krieg, den vor nunmehr zwölf Jahren eine von einem betrügerischen amerikanischen Präsidenten angeführte westliche Allianz über den Irak gebracht hat. Diese völlig perspektiv- und konzeptionslose Aktion, die als Reaktion auf Nine Eleven von nichts angetrieben war als einem frei flottierendem Bestrafungsbedürfnis - *we will punish them!* - und die sich nun in Ermangelung von Habhaftem gegen einen Diktator richtete, der zwar gewiss ein Schurke und ein Mörder war, doch weder etwas mit Islamismus noch mit dem Anschlag von New York zu tun hatte. Dafür übernahm das amerikanische Militär dann dessen größtes Foltergefängnis, um jetzt in eigener Regie überhaupt erst richtig loszulegen. Was sie dabei geschaffen haben, sind Islamisten, die mittlerweile große Teile sowohl des Iraks wie Syriens mit einer Mordbrennerei überzogen haben, die an das Deutschland des dreißigjährigen Kriegs denken lässt.

Ich breche an dieser Stelle ab, um nur ja nicht auf eine falsche Schiene zu geraten, denn wie auch immer die Wut eine gute Sache ist, so doch nicht, um aus einer persönlichen Sinn- und Schaffenskrise rauszukommen.

Darin nämlich läge diesen Falls ihr Kollateralgewinn, und

sobald es bei der Wut irgendetwas zu gewinnen gibt, hat sie sogar noch in den berechtigtsten Fällen die Eigenschaft, ins künstliche sich Aufregen abzugleiten, wenn nicht abzustürzen. Umgekehrt: wie ehrlich es mit deiner Wut ist, kannst du daran ermessen, wie sehr einzig sie dich schmerzt.

Für die Betroffenheit gilt übrigens ähnliches, indem sie nur allzu leicht in jene Ergriffenheit übergeht, die der Sphäre des Todes etwas weihevoll Tiefes, wenn nicht gar Erbauliches abzugewinnen weiß.

Tatsächlich kann man ja dem Tod alles mögliche nachsagen, aber banal ist er nicht. Insofern dürfte das an der Todessphäre Goutierbare darin liegen, dass sie mit all dieser alltäglichen Banalität, hier, nichts zu tun hat. Indem ich persönlich für dergleichen zwar durchaus empfänglich, doch schon längst nicht mehr offen bin, spätestens seit der zweiten Lektüre des *Zauberbergs* nicht mehr, ziehe ich im Zweifelsfall der Betroffenheit die Wut vor.

Das gehört ja nun auch zu so einem Findungsprozess, nicht nur danach zu fragen, was zu suchen, sondern auch danach, was zu meiden wäre. Dass ich weder auf den Mount Everest noch in die Antarktis will, habe ich bereits gesagt. Es wäre nun durch den Satz beziehungsweise Grundsatz zu ergänzen, dass in Anbetracht meines Zustandes solche Gemütsregungen wie Betroffenheit und Wut nur mit äußerster Vorsicht ins Spiel zu bringen wären. Ich sollte also, um ein Beispiel zu geben, jetzt auf gar keinen Fall damit anfangen, mich mit Auschwitz zu beschäftigen oder gar meditierend in diese Sphäre mich zu versenken. Viel eher angebracht wären hingegen schöne Gedichte, etwa über Schmetterlinge oder den Frühling mit blauem Band und blühenden Bäumen. Denn die Zeiten sind doch wohl vorbei, da man sowas nicht mehr darf.

> *Was sind das für Zeiten, wo*
> *Ein Gespräch über Bäume fast ein Verbrechen ist*
> *Weil es ein Schweigen über so viele Untaten einschließt!*

So Bertolt Brecht in seinem Gedicht mit dem Titel *An die Nachgeborenen*. Irgendwann in den 1930ern hat er es verfasst, nachdem er vor den Nazis nach Dänemark geflohen war. Dann sollte es ja Schweden, schließlich Finnland werden, bis er 1941 das Visum für die USA bekommt, die er sozusagen hintenrum via Moskau und Wladiwostok erreicht.

In Santa Monica beziehungsweise gleich daneben, Pacific Palisades, sitzen sie dann alle beieinander: Adorno, Hanns Eisler, Thomas Mann und so weiter und so fort. Im ersten Teil seiner *Minima Moralia* wird Adorno die unter den Emigranten natürlich virulente Sache mit den Bäumen nochmals aufnehmen: *Noch der Baum, der blüht, lügt in dem Augenblick, in welchem man sein Blühen ohne den Schatten des Entsetzens wahrnimmt.* Wenn es ein paar Jahre später heißen wird, dass es barbarisch sei, nach Auschwitz noch Gedichte zu schreiben, wird man dabei natürlich an so etwas wie Baumblüte zu denken haben. Doch gibt Adorno nicht geradezu eine Anweisung, wie ein nicht lügenhaftes Gedicht auszusehen hätte? Die Baumblüte nämlich nicht ohne, sondern mit dem Schatten des Entsetzens.

Der Schatten des Entsetzens auf der Blüte. Dann aber auch umgekehrt der Keim einer Blüte mitten im Entsetzen. Und schon will mir eine Geschichte in den Sinn kommen, die nun allerdings doch mit Auschwitz zu tun hätte. Ja, es hilft nichts, so entschieden meldet sie sich an, dass mir als dem sogenannten Autor gar nichts anderes bleibt, als dabei zuzuschauen.

Es war in den 1990er Jahren, in einer dieser Dokumentationen zum NS, wie wir sie im deutschen Fernsehen seinerzeit schon fast alltäglich beziehungsweise allnächtlich hatten, immer so ab 22:30 Uhr. Diesmal ging es um den Anschluss Österreichs ans Deutsche Reich. Die Bilder von Hitler auf dem Wiener Heldenplatz, dazwischen mehr oder weniger belanglose Interviews mit Zeitzeugen. Nur eine Frau mit wunderbaren Augen enttäuscht auch mit ihrer Geschichte nicht.

Damals ein noch sehr kleines Mädchen, hatte sie nur mitgekriegt, dass zwar alle Leute vor Freude ganz außer Rand und Band waren, doch bei ihr zu Hause es nichts als betrübte Gesichter gab: „Wir sind doch Juden, und der Führer hat was gegen die Juden." Da wurde auch das Mädchen sehr traurig, denn so gerne hätte es sich auch so toll mitgefreut mit all den anderen, und so hat es sich vorgestellt, wie es sich unter die jubelnde Menge mischt, sich Stück für Stück nach vorne in die erste Reihe drängelt, wo es aus allen Kräften so lange mit jubelt, bis endlich der Blick des Führers auf es fällt. Gleich geht er auf es zu und nimmt es auf den Arm: „Ja so ein süßes Mädchen habe ich ja noch nie gesehen. Wie heißt du denn? Du bist bestimmt das süßeste Mädchen von ganz Wien." „Ich bin aber eine Jüdin" antwortet da das Mädchen, worauf es dem Führer glatt die Sprache verschlägt. Doch dann, indem er dem Mädchen tief in die Augen blickt: „Ja, wenn das so ist, dann will ich auch von heute an nichts mehr gegen die Juden haben."

ZWEITE FOLGE

(2017 - 2018)

31

Jetzt ist der Frühling ausgebrochen, und zwar heute vormittag so zwischen elf und zwölf. Als ich um halb elf Uhr die Pfalzburger Straße hinunter radelte, waren die Bäume noch völlig kahl, zwei Stunden später stand alles im zarten Grün. Es liegt ja tatsächlich solch ein grünes Blatt schon fix und fertig in der Knospe, aufs kleinste zusammengefaltet, so dass es, kaum dass die Knospe gesprengt ist, nur noch sich auseinander wickeln, nur noch sich ent-wickeln muss. Es ist das wachsende Blatt, das die Knospe platzen lässt, und bisweilen soll das ja auch richtig knallen, doch habe ich es selber noch nie gehört.

Die Pfalzburger Straße ist übrigens immer die erste. Zwar läuft sie ebenso strikt von Nord nach Süd wie nebenan die Uhlandstraße, doch hat sie auf Grund ihrer Enge mehr Sonnenreflexion und Wärmestau. Es ist wie bei den drei Linden in Eva-Marias Hof, die jedes Jahr in der gleichen, deutlich versetzten Reihenfolge ausschlagen. Eine von ihnen ist Eva-Marias erklärter Liebling, entweder die erste oder die letzte, ich kann mich nicht erinnern, doch würde ihr die letzte ähnlich sehen. Als ich ihr erklärte, dass dies aber keineswegs an deren individueller Eigenart liege, nicht am Unterschied der Temperamente, sondern allein am Standplatz in Relation zur Sonne, reagierte sie enttäuscht: „Ach, Mensch, Alban, musst du einem immer alles verderben?"

Und sie? Sie etwa mir nicht? Wenn ich achtzig werden wolle, sagt sie und tippt mit dem Finger in Richtung meines Bauchs, müsse ich mir klar machen, dass ohne regelmäßigen Besuch beim Doktor ich mir das abschminken könne. Früherkennung nämlich sei die Zauberformel. Außerdem müsse ich mir auch vernünftigere Essgewohnheiten angewöhnen, also endlich aufhören, zu fressen wie eine Sau. Ich antworte, dass eine Sau, die achtzig geworden wäre, mir tatsächlich noch nie begegnet sei.

Doch ist ihr nicht zum Lachen. Sie sieht eine Tür geöffnet und will die Chance nutzen: Man habe bei mir ja geradezu den Eindruck, man müsse nur auf den gesundheitsdienlichen Charakter eines Gerichts hinweisen, um mir bereits allen Appetit zu nehmen. Okay, da mag sie so ganz unrecht nicht haben, doch verweise ich darauf, wie heute noch jede Suppe zu einer Art von heiligem Sakrament gemacht wird, kraft dessen man sich nebst dem gesund Nützlichen und dem moralisch Guten auch noch das erhöhte Seelenheil einzuführen sucht, auf die orale Art und Weise. Da endlich muss sie doch noch lachen: Ja, die rektale wäre in meinem Fall wohl eher angesagt.

„Jede Wette", antworte ich, „dass du das in der gesamten Religionsgeschichte nicht finden wirst, ein Sakrament, das dergestalt verabreicht worden wäre."

Wie ihr schon geahnt haben werdet, fand das erste Gespräch, also das über die Individualität von Bäumen, vor längst vergangenen Zeiten statt, das Geplänkel über mein mangelndes Gesundheitsbewusstsein hingegen erst vor ein paar Tagen, als wir beide zwischen Hauptgang und Desert - Eva-Maria hatte zu ihrem Geburtstag geladen - für eine Weile ungestört zusammen in der Küche standen, wo ich ihr von der neuerdings mich plagenden Todesnähe geklagt hatte, was sie dann auch schon gleich veranlasste, mit ihrer Predigt loszulegen. Eine Reaktionsweise, die leider nicht ganz untypisch für sie ist.

Todesnähe, die Angst vorm Sterben, das Grauen vor dem Nichts - ja, neuerdings ist das über mich gekommen, nämlich seit dem Tod meiner Mutter.

Ein Thema, bei dem mir die Rede nicht gerade leicht fällt und so hoffe ich, dass ihr mir nachsehen werdet, wenn ich mich so kurz wie möglich halte. Dabei wäre in Mutters Fall einzig von einem großen Glück zu sprechen, wie es einer unserer Freunde ja auch auf den Punkt gebracht hat, als er ausrief, ob denn diese Frau tatsächlich auch noch im Sterben alles richtig mache. Ja, hat sie gemacht: mit vierundneunzig Jahren sich friedlich im Schlaf davon zu machen, dabei bis kurz zuvor noch völlig klar bei Sinnen - was will man mehr?

Die Sache ist nur die, dass ich jetzt dastehe und so gar nichts mehr ist zwischen mir und dem Nichts. Denn so sind sie, die Eltern: stellen sich dazwischen, stellen sich davor und schirmen es ab von dir, und so kann mit einer vitalen Neunzigjährigen vor der Nase sich ein sechzigjähriger Sohn leicht einbilden, sich inmitten eines ungefährdet langen Lebens zu befinden. Wenn mir erst jetzt auffallen will, wieviel rechts und links doch schon um Mitte Sechzig gestorben wird, so hatte ich es zuvor einfach nicht auf mich beziehen wollen.

Und hatte nicht auch die Idee vom älteren seriösen Herrn ihren Charme vor allem daraus bezogen, dass hier einzig eine neue Lebensphase zu gestalten war? Eine, die mit dem Tod nichts, aber auch gar nichts zu tun hat, da man den doch getrost dem Greisenalter überlassen kann, zusammen mit allem Abbau, Leid und Gebrechen.

Dass diese Idee nun, gelinde gesagt, in Krise geraten ist, ist ebenso ein Fakt, wie Eva-Maria nur so den Kopf darüber schütteln will: Am intensivsten sei bei ihr das Todesbewusstsein in der frühen Jugend gewesen, so mit sechzehn, siebzehn. Wie ich nur auf die Idee kommen könne, ausgerechnet ein älterer Herr solle sich davon frei halten. Tatsächlich hatte man Eva-Maria auch schon zu ihrem Vierzigsten sagen hören, es liege das Schöne an dieser Zahl doch darin, dass es einen mit neununddreißig nun schon mal nicht mehr erwischen könne. Nun, ja, dachte ich, ihr Beruf mit all den Unfallopfern. Aber ganz so einfach ist das wohl doch nicht.

Diesmal aber nun ihr Sechsundsechzigster. Ein überraschend angeregter Abend, und zwar um so überraschender, als die Zusammensetzung der Gäste auf den ersten Blick etwas bizarr anmutete. Passend zu den sechsundsechzig Jahren waren wir zu sechst bei Tisch: vier trockene Alkoholiker, nebst mir als einem soeben zur Abstinenz zurückgekehrten (denn Mutters Tod hatte mir einen zweiwöchigen Rückfall beschert, worüber später mehr), sowie, sechstens, einem Kulturtrinker, der sich seinen Weißwein selber mitgebracht hatte, einen trockenen Sizilianer, weil zum Fisch. Außer Eva-Maria kannte ich keinen. Ihre beste Freundin war wegen der gegenwärtig grassierenden Grippe verhindert, ebenso wie jene Frau, die in der Sitzung der AA ein Auge auf mich geworfen haben soll. Ich reagierte nun doch ein wenig enttäuscht.

Irgendwelche Probleme in Sachen Ferienhaus und Ferieninsel stellten sich schon deshalb nicht, da sich das Thema Sucht von selbst anbot, eine Art Mutterschiff, von dem aus sich die unterschiedlichsten Exkursionen starten ließen. Eine Expertenrunde, sozusagen, wobei es beim Kulturtrinker einst das Pokerspiel war, und zwar vor allem in den Phasen, da er unbeweibt gewesen, indessen er in puncto Single mittlerweile zu einem, so sein Ausdruck, Überzeugungstäter geworden sei.

Das nämlich war die andere Besonderheit an dieser Runde, dass wir, drei Frauen, drei Männer, hier ohne jede partnerschaftliche Begleitung zusammen saßen. Wann schon passiert denn so etwas? Eine der Frauen war von Eva-Maria mit den Worten eingeladen worden, sie würde sich sehr freuen, wenn sie komme, doch ihren Mann müsse sie zuhause lassen. Mach dir keine Sorgen, habe sie geantwortet, der würde eh nicht mitkommen.

Eva-Maria hatte mich zuvor dem Kulturtrinker vorgestellt sowohl als ein mit allen Wassern gewaschener Börsenprofi wie als eine Art Privatgelehrter, der allerdings kürzlich vom Burnout erwischt worden sei, sich jetzt aber in der Findungsphase befinde und dabei sei, sich aus der Krise wieder herauszuschreiben.

Ich habe das unkommentiert gelassen. Den Börsenprofi sowieso, wo ich doch in dieser Richtung schon längst nichts mehr mache, seit meinem letzten großen Coup, wobei gerade der auf nichts weniger als irgendeiner einschlägigen Qualifikation meinerseits beruht hatte. Aber das wäre eine Geschichte für sich. Vielleicht komme ich ja nochmal auf sie zurück, zumal sie für die etwas kruderen, will sagen ökonomischen Realitäten der Gegenwart nicht ohne eine gewisse Signifikanz ist.

Was nun aber den Burnout betrifft, so ist das nun mal das schlechtweg angesagte Wort jetzt. 1910 wäre es die *Neurasthenie* gewesen, traditionell die Melancholie, modern die *Depression*, während in den 1970ern die *Midlife-Crisis* umging, nachdem man es noch in den frühen Sechzigern mit dem von Paris ausstrahlendem *ennui* zu tun hatte, beziehungsweise mit dessen römisch durchgefeierter Variante, nämlich der aus dem *dolce vita* sich ergebenden *noia*.

Und nun also der Burnout, wobei, wenn ich nicht irre, der deutsche Ausdruck vom Ausgebrannt-Sein älter ist. Also ich jedenfalls kannte ihn schon längst, dabei vor allem im Hinblick auf Künstler, deren kreativer Elan gerade erschöpft war, weshalb sie derweilen nur noch in der Kneipe rumhingen. Wenn man hingegen heutzutage wohl insbesondere in pädagogischen und pflegerischen Arbeitsbereichen vom Burnout spricht, so steht das in Bezug zu einem anfänglich noch großen idealistischen Engagement, das dann aber an der Realität (einer frustrierenden institutionellen Realität vor allem) sich abzuarbeiten das Schicksal hatte. Im Fall des ausgebrannten Künstlers wird man hingegen zuerst nach internen, sozusagen produktionslogischen Problemen zu fragen haben, die schließlich in energetische umschlugen. War doch sogar der liebe Gott am siebten Tage fertig, im doppelten Sinn des Wortes.

Was nun hingegen meine spezifische Situation angeht, möchte ich in derart direkter Intention so wenig wie möglich sagen, und zwar einfach deshalb, weil ich mir die Antwort nicht zutraue. In jedem Falle würde sie zu simpel ausfallen, zu unterkomplex, wie es szientifisch gar nicht mal so unschön heißt.

Im gegebenen Zusammenhang aber doch wenigstens dies eine noch, nämlich, dass ich bei der Rede vom Burnout keineswegs zuerst an meine Person denken würde, als weit mehr an jenen Geist der hinter uns liegenden Zeiten und an dessen einst so kräftig in die Zukunft leuchtende Flamme, und zwar doch bitte nicht von 1968, sondern von 1789 an: *Liberté, Egalité, Fraternité.*

Ein Impuls, der nun schon seit geraumer Zeit ziemlich runtergebrannt daher kommt, und wollte man unsere Epoche unter Beibehaltung der thermischen Metaphorik beschreiben, dürfte die Vorstellung einer rundum lauen Wärme nicht von der Hand zu weisen sein. Nur sollte man bei solcher Rede vorsichtig sein und nicht allzu vorschnell den negativen Konnotationen aufsitzen, die dem Lauen wie selbstverständlich anhaften, und zwar nicht nur aus der Perspektive von Helden und Heiligen beziehungsweise (und um es in der skeptischen Variante zu sagen) Vabanquespielern und Fundamentalisten. Nein, auch auf einem so unverdächtigen Feld wie der Physik sehen wir das, was man thermodynamisch die Entropie nennt, in der recht wenig glanzvollen Rolle des allseitigen Wärmetods auftreten, und zwar des irreversiblen. Wieweit (und wieweit vor allem nicht) sich derlei auf Kultur, Geist und Leben übertragen läßt, ist eine weitere Frage, die dem Fundus zuzuführen wäre.

Doch zurück zu Eva-Marias Geburtstagsfeier, von der ich zumindest noch einen Gesprächsstrang wiedergeben möchte, der nämlich seinen Ausgang bei einem Kuriosum aus der Gründungsphase der amerikanischen *Synanon-Community* genommen hatte. Dort habe man nämlich anfangs, so berichtete eine der Frauen, noch Alkoholiker und Heroinabhängige gemeinsam therapieren wollen, dies aber bald aufgeben müssen, weil die Alkies die Junkies als Chaoten beschimpften, umgekehrt die Junkies die Alkies als Spießer.

Aber ob, so fragte sie interessanter Weise gleich weiter, sich diese Polarität nicht überall wiederfinden lasse, sobald man nur nach ihr frage. Es ließen sich doch nicht einmal zwei Paar Schuhe nebeneinander stellen, ohne dass man die eher spießige Variante von der eher chaotischen unterscheiden könne.

Ja aber, so die Entgegnung des Kulturtrinkers, durch die er mich übrigens erst darauf gebracht hatte, ihm diesen seinen Ehrentitel zu verleihen, es bestehe in der

Drogentherapie Einigkeit, dass Heroin unter gar keinen Umständen kulturabel sei, während es sogar bei Opium und Kokain durchaus Beispiele in dieser Richtung gebe. So habe zum Beispiel Sigmund Freud ganz gern hin und wieder gekokst und auch Sherlock Holmes sei noch mit der größten Selbstverständlichkeit als einer beschrieben worden, der immer mal wieder sei's zum Kokain, sei's zum Opium gegriffen habe, wobei übrigens er selber, also der Kulturtrinker, auf jeden Fall wenigstens einmal in diesem Leben den Geschlechtsakt unter der Einwirkung von Kokain erleben wolle.

Womit denn also auch diese Angelegenheit eröffnet war, um sogleich in aller Offenheit angegangen zu werden, zumal ja auch, wie gesagt, keiner hier zusammen mit seinem Partner saß. Ich war nicht ganz so offen, indem ich zwar meine neuerdings erworbene These über die Freisetzung von Sexualität durch Todesnähe zum besten gab, mich dabei aber auf jene Geschichten aus dem Krieg beschränkte, wo es während der Luftangriffe vorgekommen sein soll, dass die Leute in den Bunkern urplötzlich anfingen, es miteinander zu treiben, mehr oder weniger öffentlich und zwischen Personen, die sich soeben noch völlig fremd waren.

Aber ob, so Eva-Marias Frage, hier nicht sogar noch jener Baum mit dazu gehöre, der sterbend völlig hypertroph all seine letzte Energie in die Blüte stecke. Ein Phänomen, von dem der Kulturtrinker noch nie gehört hatte, es aber hochinteressant fand, um auch gleich seinerseits auf einen berühmten Maler zu verweisen, der vor ein paar Jahren knapp sechzigjährig an einem schrecklichen Nervenleiden gestorben sei, kurz zuvor sich aber noch vor Gericht wegen einer von ihm inszenierten Kokain-Orgie unter Beteiligung eines knappen Dutzend Prostituierter zu verantworten gehabt habe. Zu seiner Verteidigung habe er von seiner Lebensgier gesprochen. Ein enormes Wort, wie der Kulturtrinker fand: *Lebensgier.*

Am Ende, als wir alle aufbrachen, zwinkerte mir Eva-Maria schelmisch zu. Sie hatte das natürlich genau verstanden, diese Sache mit der Sexualität und der Todesnähe.

32

Wer Anspielungen macht, bringt sich in die Situation, nachliefern zu müssen, zumal wenn er so ein Wort wie das von der Sexualität hat fallen lassen. Und es ist ja auch gar nicht so, dass ich mich drücken wollte, als mir allein ein wenig Aufschub doch nicht unlieb wäre. Vielleicht werde ich ja schon bald über diese ganze Chose selber lachen können, und dann könnte sie doch glatt so etwas wie ein reizvolles Thema abgeben, indessen von einem wirklichen Mitteilungsbedürfnis derzeit noch nicht gesprochen werden kann.

Auf der anderen Seite will ich mir aber auch nicht nachsagen lassen, hier mit der billigsten Masche Spannung beziehungsweise Neugier erzeugen zu wollen, dabei nicht einmal vor dem zurückschreckend, was man bei den TV-Serien einen *cliffhanger* nennt, wo also einer grad überm Abgrund baumelt und dann Schnitt, Licht aus und *Fortsetzung folgt*. Deshalb jetzt doch noch kurz wenigstens jene merkwürdige Geschichte, die sich gleich zu Anfang meines zweiwöchigen Alkoholrückfalls ereignet hatte. Eine ebenso ungewöhnliche wie kurze Geschichte, eine Liebesgeschichte aus der Sphäre des Bordells.

Zunächst hatte ich es ja eher auf die kleine Rote abgesehen, doch dann zeigte sich, dass die lange Blonde auf mich - wie soll ich sagen? - reagierte. Eine dieser Ausnahmen, welche die Regel bestätigen, nämlich in meinem Falle jene, dass ich als Liebhaber schon längst nicht mehr zumutbar bin. Mal davon abgesehen, dass neuerdings nicht mal mehr die Mücken an mich gehen, jedenfalls die vom Ruppiner See nicht mehr, spiegelte sich dieser Tatbestand sogar noch in den Komplimenten wieder, die ich während unserer kurzen Affäre habe kassieren dürfen.

Erstens: sie legt ihren Kopf an meine Schulter, zeigt auf den Spiegel und sagt: „Die Schöne und das Biest." Ja, fand ich auch, das hatte was. „Bingo", habe ich geantwortet, „je biestiger das Biest, desto schöner die Schöne."

Auch nicht schlecht, die Nummer Zwei: „Ihr Alten habt

doch wenigstens noch Phantasie, die Jungen wollen nichts als rammeln." Ja, so ist das: kriegst nicht mehr richtig einen hoch und dafür hast du jetzt die Phantasie. Das war seinerzeit bei den Doktorspielen freilich auch schon ähnlich, wobei natürlich soviel richtig ist, dass einem mittlerweile schon das eine oder andere Extra einfällt.

Kompliment Nummer Drei: „Ich stehe auf perverse Opas." Das muss ich ja nun nicht mehr kommentieren. Auch hätte ich im Grunde gar nichts gegen den Opa, nur dass im Zweifelsfall mir das Biest dann doch lieber wäre. Nun war sie mit dem Opa freilich auch gleich zu Anfang gekommen, als sie mich noch gar nicht kannte, sie mich, biblisch gesprochen, noch nicht wirklich erkannt hatte.

Viertens, schließlich, jener Satz, den hier mitzuteilen ich jetzt doch ein wenig zögere. Kein Kompliment, vielmehr ein Witz, und zwar einer, über den ich auch tatsächlich lachen musste, wie bitter auch immer, dessen Komik auf dem Papier jedoch nicht wirklich rüber zu bringen ist, lag hier doch alle Würze in der ironisch gebrochenen Sorgenmiene, unter der er vorgebracht wurde: „Hoffentlich stirbst du nicht dabei."

Soweit der Stand, solange wir uns noch ganz der Wollust hingaben, jener *voluptas*, die bekanntlich zu den sieben Todsünden gehört. Aber dann passierte es, und zwar beim dritten Zusammentreffen, *the third date*, grad so als wären wir im tiefsten Amerika: Erst stellte sich heraus, dass sie ebenfalls italienisch spricht - sie hatte bei entsprechender Gelegenheit nicht *neunundsechzig*, sondern *sessantanove* gesagt - und nicht nur spricht, sondern auch liest und dabei auch noch ganz besonders Cesare Pavese schätzt. Dann waren wir übers Piemonte auch schon ziemlich schnell bei Rom, Neapel, schließlich der Küste von Amalfi, und nun ging's aber ab in die Details, diese Straße, jener Weg, die abenteuerliche Busfahrt, oh mein Gott. Und die Piazetta von Atrani kennst du auch?

So hatte sie sich eingestellt und war sie über uns gekommen, jene Nähe, die uns zum Schnäbeln brachte wie die Dohlen auf den südlichen Platanen und die uns schon bald, eng umschlungen, ins Dunkel von Nirwana entgleiten ließ: unbewusst, *höchste Lust.*

„Eigentlich mag ich Küssen gar nicht", hat sie hinterher gesagt, „nichtmal mit meinem Privat-Lover".

Für eine halbe Stunde hatte ich gebucht, zwei volle Stunden wurden es. Sie wollte nur das Geld für eine, ich suchte es ihr für beide aufzudrängen, sie verweigerte es, ich freute mich über ihr Geschenk.

„Bis morgen, gleiche Uhrzeit."

„Abgemacht."

Ja, und dann, an diesem nächsten Tag - ich hatte nebst zwei Gläsern eine Flasche Prosecco mitgebracht, und dann wollte sie mich nicht mehr sehen.

Ich war wie geplättet. Vom Blitz getroffen. Versteinert.

Nur noch telefonisch wollte sie mich sprechen, dabei saß sie gleich im Zimmer nebenan. Die Hausdame, mit ihrem Clownsgesicht und den großen Augen - nebenbei bemerkt, die fraglos reizvollste Frau im ganzen Laden, aber wahrscheinlich mal wieder eine Lesbe, sowas passiert mir ja ständig - diese Hausdame also reichte mir das Handy, nicht ohne das entsprechend bekümmerte Gesicht dabei zu machen. Und nun meine lange Blonde mit ihrem kindlichen Plapperton - etwas unangemessen, gewiss, denn die Mitte Dreißig dürfte sie auch schon erreicht haben - sie also in ihrem so süßen und übrigens ganz leicht schwäbisch angehauchten Plapperton: echt scheiße gehe es ihr und fast die ganze Nacht habe sie nicht geschlafen, die Hölle sei es, und ich möge doch bitte davon absehen, jemals wieder nach ihr zu fragen, denn ihr Wohlbefinden gehe doch wohl vor.

Was soll man dazu sagen? Erst stirbt dir die Mutter und dann holst du dir auch noch den Liebeskummer an den Hals.

Dabei hätte ich es mir eigentlich gleich denken können, wo sie mir doch schon beim ersten Mal andeutete, dass sie den fremden Mann brauche, den fremden Blick und die entwürdigende Situation. Ja sogar, dass sie es brauche, sich als Hure zu fühlen und dass sie - ich bin kein sonderlicher Psychologe, aber das schien mir doch für einen Moment recht deutlich geworden zu sein, dass sie damit monstermäßig ihrer Mutter einen reinzuhauen im Begriffe war.

Eigentlich könnte ich ja froh sein, dass ich da nicht mit reingezogen wurde, in diese schräge Kiste. Doch sag das mal einem, den es erwischt hat. Jedenfalls war der, dem es von nun an echt scheiße ging, niemand anderer als ich. Als erstes trank ich unten auf der Parkbank die Flasche Prosecco leer und dann nahm ich mir aus dem Supermarkt noch ein paar Pullen Bier mit nach Hause. Am übernächsten Tag war es schon wieder Wodka und am Morgen danach zum Frühstück die Bloody Mary. Zwei Wochen folgten, von denen hier näher zu berichten nichts zur Sache beitrüge. Allein dies noch, dass ich mich während dieser Zeit in so ziemlich sämtlichen Bordellen dieser Stadt herumtrieb, was als das reinste biologische Wunder anzusehen ist, in meinem Alter, und wo mir doch die geschlechtlichen Angelegenheiten wirklich schon als so was von erledigt galten. Aber Eva-Maria hatte es ja gleich gesagt, dass von wegen erledigt und ich mir das abschminken könne. Wie recht sie nicht hatte.

33

Das Bild vom hypertrophen Ausschlagen des sterbenden Baumes.

Das Wort von der Lebensgier.

Baum und Leben?

Baum und Tod?

Der Birnbaum auf dem Grab des Herrn von Ribbeck.

Oder jene drei Aufgaben, die man asiatischer Spruchweisheit zufolge in seinem Leben vollbringen sollte: Sohn zeugen, Buch schreiben, Baum pflanzen - dreifach etwas, das dich überdauern wird.

Nein, nicht überdauern, sondern überleben, denn alle drei leben sie, der Sohn, der Baum und auch das Buch - das ist doch auch etwas Lebendiges, solch ein Buch.

Nun ja, mal mehr, mal weniger.

Es gibt noch eine Version, wo man anstelle des zu

pflanzenden Baums ein Haus bauen soll. Zweifellos die eher biedere Variante. Zwar behütet das Haus das Leben, doch Propheten und Philosophen verlassen es, um sich unter den Baum zu legen, auf dass es über sie komme.

Einmal lag ich in der Toskana unter einem Olivenbaum und dann ist mir ein Hirschkäfer auf den Kopf gefallen. Habt ihr schon mal einen Hirschkäfer gesehen? Nicht zu fassen ist das. Und dabei ist es tatsächlich auch in diesem Fall, mitten im Insektenreich, das männliche Exemplar, das sich derartig herausputzt: ein Drittel vom ganzen Geschöpf nur für das Geweih. Manchmal glaubt man wirklich, die Natur, die hat sie nicht alle.

Die Situation, als du dich von der Geliebten verabschiedet hast: „Bis morgen, gleiche Uhrzeit". Ja und in dem Moment die jähe Vorstellung, sie könnte zu jenem Zeitpunkt noch besetzt sein, auf dass es heißen würde, du mögest dich derweilen in das kleine Zimmer mit dem Kamin setzen, gleich neben das Tischchen mit den Zeitschriften und ob sie, also die Lesbe mit den großen Augen, dir nicht inzwischen einen Kaffee bringen solle. Einzig, wirklich einzig, um mich gegen das Quälende an diesem Gedanken zu feien, einzig um mich wieder auf den Boden der Realität zu bringen, einzig also, um der Geliebten wieder auf Augenhöhe begegnen zu können, der entsprechend professionellen, hatte ich, als ich ihr zum Abschied die Hand gab, so beiläufig wie möglich nach dem Namen der kleinen Roten gefragt.

Meine Genugtuung, als sie schlucken musste.

Wäre ja nicht das erste Mal, dass ich mir mit einer einzigen Geste alles versaut hätte. Dabei war es in den bisherigen Fällen allerdings meist so - aber was heißt meist, eigentlich war es immer so, dass ich dann im Grunde und im tiefsten Inneren gar nicht wirklich gewollt hatte, worüber ich mir selber aber gar nicht klar war, weil ich natürlich glaubte, als so ein richtiger Mann auch an den Ball ran zu müssen, wenn er dir schon zugespielt wird, und so kam die Wahrheit nicht anders an den Tag, als durch irgendeine saublöde Bemerkung, mit der ich mir alles versaute, worüber ich mich dann auch noch fürchterlich ärgern sollte, obwohl doch tatsächlich und im tiefsten Inneren ich gar nicht wirklich gewollt hatte.

Diesmal war das nicht so. Todsicher nicht!

34

Und nun also die ganze Stadt im vollen Frühling. Dabei ist der auch nicht mehr das, was er einmal war, und zwar insbesondere auf dem Ludwigkirchplatz nicht mehr. Aber das gilt ja für das ganze Jahr, dass auf dem Ludwigkirchplatz nichts mehr so ist, wie es einmal war, vor dreißig oder vierzig Jahren. Es ist halt nur so, dass es mir im Frühling ganz besonders auffallen beziehungsweise mir wie ein Schlag ins Gesicht vorkommen will. Einst in den Duft von Haschisch und indischen Räucherstäbchen gehüllt, hier inmitten dieses so abrissverdächtig heruntergekommenen, wie vor lauter subkulturellem Leben nur so flirrenden Kiezes, hat es der Platz inzwischen zu einer sowohl älteren, wie verdammt seriösen Erscheinung gebracht.

Ich sitze nämlich soeben an einem Tisch vor dem *Kuchel-Eck* (die Wirtsleute vor ewigen Zeiten sollen so geheißen haben, Josef und Maria Kuchel) und schreibe mit der Hand aufs Papier, grad so als wären wir noch in eben jenen wilden Zeiten, wobei auch meine Handschrift nicht mehr das ist, was sie einmal war. Aber ich gehöre ja eh zur letzten Generation, die so etwas wie eine Handschrift überhaupt noch ausgebildet hat.

Um mich herum nichts als Frühling und nochmals Frühling, der in diesem Jahr noch immer ohne jede Spur von einem Kälterückfall ausgekommen ist, weshalb auch die Bäume so ungewöhnlich voll sind, weil es nämlich dieser erste Rückfall ist, der normaler Weise die Dichte des ausgetriebenen Blattguts wieder reduziert, wie er uns auf der anderen Seite aber auch vor einer allzu krassen Insektenplage bewahrt. Höchst wahrscheinlich hat sich schon jetzt entschieden, dass es diesen Sommer wieder schlimm werden wird, so dass uns die Wespen nur so über die Teller laufen werden, im Falle sich dir nicht schon eine auf die Gabel gesetzt hat. Ist ja auch so ein Fall, wo man sich fragen möchte, wie der Schöpfer nur auf die Idee hat kommen können. So manches Mal mussten wir tatsächlich kapitulieren und uns ins Innere des Lokals verziehen, das nun um so trostloser wirkte, wo doch draußen der Himmel nur so strahlte.

Habe sogar schon mit dem Gedanken gespielt, mir eine Sammlung von Frühlingsgedichten kommen zu lassen. Wäre aber wohl doch zu viel des Guten: Lieder vom Liebchen, dessen Gemüt erblüht, derweilen zu den Düften in den Lüften die Nachtigallen schallen. Also, ich meine, passieren kann sowas ja durchaus. Aber es dann auch noch besingen?

Außerdem, wenn ich es mal so grob überschlage, war es in meinem persönlichen Fall eher der November, der sich durch erhöhte Produktion von Bindungsenergien auffällig gemacht hat. Nicht Frühlings-, sondern Herbstgefühle also, und die konstituieren sich ja offenbar nach dem kontrapunktischen Modus: innere Wärme gegen die draußen aufziehende Kälte. So hat man das bei Homo sapiens ja immer wieder, entweder er verhält sich analog zu seiner Welt oder er reagiert konträr auf sie, weshalb bei psychologischer Erklärung häufig genug entweder das eine folgt oder andernfalls dann halt dessen striktes Gegenteil. Nicht wahr, der eine isst immer seinen Teller leer, weil seine Mutter immer es von ihm verlangt hat, der andere aus eben diesem Grunde niemals im Leben mehr. Vielleicht verlieben sich ja auch die Chaoten eher im Herbst und die Spießer eher im Frühling, wobei sich so ein älterer seriöser Herr natürlich auf der Spießerseite zu befinden hätte.

Dazu gleich dies eine noch, indem ich nämlich letzte Woche in der Philharmonie bei Maurizio Pollini war, der ja nun einen recht eigentümlichen Fall von einem Italiener darstellt. Dabei gehe ich davon aus, dass bei ihm zuhause die Spaghetti selbstredend ganz so gegessen werden, wie sich das gehört, indessen sein Klavierspiel eine gläserne Kälte an den Tag legt, die mir aus der Furcht zu kommen scheint, es könnte sich irgendwer versucht fühlen, betreffs seiner Person an *O Sole mio* zu denken.

Das gibt es ja nun tatsächlich auch: den Überdruss am emotionalen Ausdruck, und insofern sollte man vielleicht besser als von der Furcht vom Ekel sprechen: Heimatekel. Dergleichen kann ja enorm produktiv sein und man könnte sich fragen, ob das zu so einer richtigen Heimat nicht auch mit dazu gehört. Bei den eher nichtspießigen Naturen jedenfalls.

35

Der Elektriker - heute vormittag war er endlich da. Seit langem aufgeschoben, waren jetzt gleich drei, vier Sachen zu machen. Immer wieder erstaunlich, was für ein Glück darin liegen kann, dass endlich diese blöde Lampe wieder funktioniert. Übermorgen wird's schon wieder ganz normal sein.

„Haben Sie noch Wünsche?" Frage der Verkäuferin, nachdem der Schinken geschnitten ist, worauf die elfenhafte Dame - um die Fünfzig, die Nase fein gebogen, die Haare in angesilbertem Dunkel herabfließend - kaum hörbar ist es, wie sie mehr zu sich hin antwortet: „Ach ja, Wünsche schon."

Der Elektriker, wie gesagt, war heute morgen, die Dame mit den Wünschen vor ein paar Wochen, grad noch im tiefsten Winter. Ich bringe die beiden Skizzen hier nur deshalb zusammen, weil sie - nun ja warum eigentlich?

Und warum nicht auch noch gleich den amerikanischen Professor mit dazu? Neulich vorm *Kuchel-Eck*, gleich am Tisch links neben mir: ziemlich jung, jedenfalls noch keine Vierzig, Literaturwissenschaftler, irgendwo in Colorado. Oh, ja, Berlin sei *great. A city to live in.* Da muss man natürlich auch erst mal draufkommen, sowas bemerkenswert zu finden: nicht nur *to work in*, sondern auch noch *to live in*. Nachdem ich ihm meine Theorie von den in diesem Jahr noch immer so vollen Bäumen dargelegt hatte, konnte ich ihm auf seine Frage auch noch erklären, dass es sich gleich rechts um Platanen, hinten links dagegen um Linden handle, doch war es ihm um eine dritte Art gegangen, bei der auch ich passen musste. Findet es merkwürdig, dass im Deutschen zwar alle Bäume weiblich seien, man aber generalisierend im Maskulinum von dem Baum spreche.

Nun ja, ist halt mal wieder der Unterschied zwischen grammatikalischem Genus und biologischem Sexus, eine Sache, die Englischsprachigen schwer klar zu machen ist, hat man es doch selbst hierzulande immer wieder mal mit nicht allzu erleuchteten Bestrebungen in Sachen feministisch engagierter Spracherneuerung zu tun.

Die Platane - fraglos eine starke Kandidatin für den ersten Platz auf der Liste meiner Lieblingsbäume. Allein am Ku'damm ist sie ärgerlich, weil durch ihre Kurzstämmigkeit diesen sogenannten beziehungsweise ehemaligen Boulevard zum Verschwinden bringend. Wer den Ku'damm sehen will, muss im Winter kommen. In Italien gibt es Platanen, die mit ihren hohen nackten Stämmen bis hinauf zu den Dächern gehen, um erst dort ihre Kronen auszubreiten. Ein Dach über der Straße und nicht der grüne Wall grad mitten drin. Bin bisher noch nicht dahinter gekommen, ob es sich im Süden um eine andere Art handelt oder es an der Beschneidung während der Zeit des frühen Wachstums liegt.

Am *Lago di Bolsena* saßen ständig Dohlen auf den Ästen. Von meinem Balkon aus, im obersten Stock, waren sie gut zu beobachten. Immer zu zweit nebeneinander, den ganzen Tag schnäbelnd sich was quatschend. Monogam in lebenslänglicher Bindung. Soll im Tierreich so gut wie nur unter Vögeln vorkommen, dabei allerdings in Form jener sogenannten sozialen Monogamie, die es in sexueller Hinsicht nicht allzu genau nimmt.

Meine Lieblingsbäume, meine Lieblingstiere, meine Lieblingsgedichte, meine Lieblings-was-weiß-ich-noch-alles: Man sollte durchaus möglichst viele solcher Listen aufstellen, dabei sich aber unbedingt flexibel halten. Schließlich fehlt es ohnehin am Überblick, und kann man sich doch auch getäuscht haben.

Oder man hat sich verändert, was doch hoffentlich auch einem älteren Herrn noch passieren kann. Es muss ja nicht gleich soweit gehen, wie es mir diesen Winter in Sachen Lieblingsfarbe zugemutet wurde, als es um die Anschaffung eines neuen Anoraks ging. Nein, erklärt mir der Verkäufer, dieses ewige Safari-und-Wüstensand-Khaki könne jetzt doch wirklich keiner mehr sehen und nur konsequent sei es, wenn in dieser Saison das Schwarz dominiere. Dominieren ist gut, wo er gar nichts anderes im Angebot hatte. Es sei die erste Lieferung für diesen Winter und ich solle doch in ein paar Wochen nochmal vorbei schauen.

Mir persönlich nicht nachvollziehbar, dieser Schritt in Sachen Farbenlogik, verspüre doch ich, der nun schon sehr langjährige Safari-und-Wüstensand-Fan, allenfalls ein gewisses Ergänzungsbedürfnis in Richtung Terrakotta, rötlich dominant ins Karmesin übergehend, doch in jedem Fall erdig. Habe mir auch erst kürzlich einen entsprechenden Teppich angeschafft, derweilen Eva-Maria mir ein paar Shirts einfärben will. Sie färbt ja schon längst ihre Sachen selber, also die Shirts, Anorak kann man nicht färben und Schwarz sowieso nicht.

36

Jetzt habe ich es mir doch kommen lassen, das Büchlein mit den Frühlingsgedichten, und sei's drum, dass das hier noch zu einer Art von dramaturgischem Entwicklungsprinzip werden sollte, dieses Eigentlich-nein-aber-dann-doch.

Der Frühling im Spiegel der deutschen Lyrik: viel Liebe, viel Jugend und vielleicht auch drittens ein wenig von dem, was er doch in Wahrheit ist, nämlich Wiedergeburt. Kommt nur kein Fortschritt bei der Sache raus, keine wiederholte

Pubertät, sondern ein bloßes Wiedererwachen: jedes Jahr dasselbe, *the same procedure as every year.*

Ewige Wiederkehr in immer derselben Mühle, deren Räderwerk dazu verdammt ist, immerfort nur zu sein und niemals zu werden, um den berühmten Schlusssatz von Karl Schefflers Berlinbuch von 1910 auch endlich einmal umgedreht zu haben. Also ich meine jene Formel, wonach es das Schicksal dieser Stadt sei, immerfort nur zu werden und niemals zu sein. Ein Satz, über den irgendwann mal etwas näher nachzudenken ich mir schon seit ewig vorgenommen habe und insofern jetzt froh bin, ihn an dieser Stelle wenigstens schon mal zu Protokoll gegeben zu haben.

37

Die Tabelle der Geburten in Deutschland. In welchem Monat kommen die meisten Babys zur Welt? In welchem die wenigsten? Erste Überraschung: kaum Schwankungen auszumachen, als sich die Zahlen übers ganze Jahr so gut wie konstant verhalten. Die Liebe schert sich also gar nicht groß ums Wetter, was im übrigen auch für domestizierte Tiere gelten soll, in deren Fall vom Phänomen der Dauerbrunft gesprochen wird, während in freier Wildbahn natürlich auf die Ernährungssituation Rücksicht genommen werden muss, weshalb zum Beispiel die schnell brütenden Vögel es im Frühjahr machen, indessen das lang austragende Wild im Herbst.

Was nun aber das Menschenreich hierzulande betrifft, so lassen sich auf den zweiten Blick und bei etwas feinerer Justierung, doch noch Abweichungen in der Geburtsstatistik ausmachen, so in etwa bis hin zu fünf Prozent vom Mittel. Fünf nach oben, fünf nach unten, macht immerhin zehn Prozent zwischen dem schwächsten und dem stärksten Monat, wobei es tatsächlich der September ist, der vorne liegt, und damit also die novemberlich Gezeugten, denn es sollen ja eher zehn Monate sein, die von einer Schwangerschaft beansprucht werden. Doch damit nicht genug, liegt der März auch noch ausgesprochen hinten und damit für die im Mai Gezeugten. So jedenfalls die Lage für die Jahre 2000 bis 2010. Ganz anders hingegen - und das ist nun fraglos die Hauptmerkwürdigkeit - sieht das für die Jahre zwischen 1955 und 1965 aus, wo nämlich die Anzahl der Geburten im März durchweg am höchsten ausfiel, also das Zeugen im Mai noch durchaus im Trend lag.

Wir dürfen über derlei Kuriositäten im Bereich der Feinjustierung freilich nicht die Haupttendenz vergessen: im großen und ganzen sind die Geburtsraten ziemlich konstant und verweisen damit eben doch auf das Phänomen der Dauerbrunft. Lassen wir also die Geburtsstatistik. Sie ist nicht signifikant genug, bei weitem jedenfalls nicht genug, um nur annähernd die Bedeutung wiederzugeben, die diesen beiden Monaten, also dem Mai und dem November, in unserem Gemüts- und Geisteshaushalt zukommt. Eher ließen sich dann schon die Dichter fragen.

Maigedichte? Novembergedichte? Ja kann man denn auf die Idee kommen, irgendeinem anderen Monat ein Gedicht zu widmen?

Nun, da wäre zunächst, rund um den März, die Abteilung Vorfrühling zu nennen, dem in meiner Sammlung von Frühlingsgedichten natürlich auch der erste Teil eingeräumt ist. Motto: *Laue Luft kommt blau geflossen.* Aus einem Gedicht von Eichendorf ist das, und was denn diese Farbe betrifft, so gäbe es da ja auch noch Mörikes berühmtes *blaue Band* und auch in Goethes Vorfrühling kommt die Frische einmal *blaulich* daher. Ich habe das nie so ganz nachvollziehen können, was es mit dem Frühling und dieser Farbe auf sich haben soll. Doch ist immerhin ein Gedicht darunter, in dem die Frühlingsgedichte selber auf den Arm genommen werden, währenddessen der Dichter beziehungsweise das lyrische Ich tatsächlich ziemlich blau gewesen sein dürfte. Joachim Ringelnatz natürlich:

Frühling

Die Bäume im Ofen lodern.
Die Vögel verlocken im Grill.
Die Sonnenschirme vermodern.
Im übrigen ist es still.

Es stecken die Spargel aus Dosen
Die zarten Köpfchen hervor.
Bunt ranken die künstlichen Rosen
In Faschingsgirlanden empor.

Ein Etwas, wie Glockenklingen,
Den Oberkellner bewegt,
Mir tausend Eier zu bringen,
Von Osterstören gelegt.

Ein süßer Duft von Havanna
Verweht in ringelnder Spur,
Ich fühle an meiner Susanna
Erwachende neue Natur

Es lohnt sich manchmal zu lieben,
Was kommt, nicht ist oder war.
Ein Frühlingsgedicht, geschrieben
Im kältesten Februar.

38

Nachdem ich bereits erzählt habe, wie meine zweiwöchige Sauftour ihren Anfang genommen hatte, sollte ich jetzt vielleicht doch noch wenigstens mit dem Ende nachrücken, also dem letzten Tag, wo ich das Lokalverbot kassierte und raus geschmissen wurde, einfach vor die Tür gesetzt und sozusagen in die Gosse geworfen, und das auch noch aus dem so ziemlich schäbigsten Schuppen vom hinterletzten Wedding.

Irgendeine Bemerkung von mir war es, ich weiß nicht

mehr welche, vielleicht ein wenig bitter, doch bestimmt harmlos. Aber die Puffmutter hatte doch eh nur auf einen Vorwand gewartet, mich los zu werden. Kann ich ihr allerdings auch nicht verdenken, so wie ich drauf war. Vielleicht war sie aber auch nur sauer, dass sich die Brasilianerin für schlappe zwanzig Euro neben mich auf die Couch gesetzt hatte, um sich anfummeln zu lassen und ich am Ende doch nicht mit nach hoch bin, *uff Zimmà*. Soweit konnte sie nämlich schon berlinern, die Brasilianerin.

Um von der Chefin ein ungefähres Bild zu geben: gut zwei Zentner schwer, und auch schon fast so alt wie die Venus von Willendorf; geschminkt wie ein Indianer für den Krieg bemalt; die Frisur hoch sprießend, so wie oben die Ananas das hat, nur rot gefärbt mit drei, vier weißen und gelben Strähnen zwischen drin. Eine explodierende Ananas also. Oder ein Vulkan, ein von Kinderhand gemalter und entsprechend viel zu knallig geratener. Oder auch gleich die Hölle und sie des Teufels Großmutter. Als eine der Hexen freilich eher nicht vorstellbar, nicht auf einem Besen. Aber ihren Laden hatte die im Griff, kann ich euch sagen, und zwar so, dass man jetzt gar nicht hätte sagen können, ob nun die Girls oder nicht doch die Freier mehr vor ihr zu zittern hatten.

Was aber nun meinen Rauswurf betrifft, kann ich mich, wie gesagt, an den Wortlaut meiner Bemerkung nicht mehr erinnern. Jedenfalls war die Brasilianerin längst schon wieder weg, wahrscheinlich hinten im Kino, wo man es auch mitten im Raum zwischen den Stuhlreihen treiben kann, indessen ich nun wieder am Tresen auf dem Hocker saß und brabbel, brabbel, irgendwas, als die Alte plötzlich explodiert:

Ja, wo ich denn glaube, dass wir hier seien, und ob ich denn gar keinen Anstand im Leibe hätte und nicht wisse, was sich gehöre, und ob ich meinen Benimm an der Garderobe abgegeben hätte oder mit dem D-Zug durch die Kinderstube gefahren sei. Lauter solche Sachen und noch das eine oder andere gleich mit hinterher, das aber ebenfalls um keinen Deut weniger von unserem Fräulein Lehrer in der ersten

Klasse hätte gekommen sein können, im Falle man nämlich wieder mal zu wünschen übrig gelassen haben sollte.

Nur dass du im Wedding von heute dafür Eintritt zahlen musst, wobei zum Domina-Tarif auch noch eine Auswahl von Rohrstöcken mit im Angebot wäre, indessen doch unser Fräulein Lehrer sich mit einem einzigen begnügte, oben rechts auf dem Schrank, was, nebenbei bemerkt, im völligen Einklang mit dem in Bayern geltendem Recht stand. So eine Art Gewohnheitsrecht war das ja wohl überall, damals noch, doch im Gesetz verankert allein in Bayern, das damit mal wieder seine Einmaligkeit in allen deutschen Landen, die DDR eingeschlossen, unterstrich: Bayern, das Eldorado der schwarzen Pädagogik, und ganz vorne dran natürlich die Klosterinternate.

Doch, keine Angst, es sind jetzt nicht die bayrischen Klöster von gestern mein Thema, sondern solche mit Benimm und guter Kinderstube geführten Puffs im Wedding von heute, und da kann ich euch nur das eine sagen, dass an diesem besagtem Nachmittag, wo ich vor die Tür gesetzt und in die Gosse geschmissen wurde - dass ich an diesem Nachmittag noch bis nach unendlich weiter gemacht hätte, immer so nach dem Motto von Suchen und Finden, denn da muss doch jetzt noch das Eigentliche kommen, so ein richtiger Effekt und ein Knaller, ein Knalleffekt sozusagen, wo mir doch der Tod so sehr im Nacken sitzt und wo sowieso das ganze schöne Geld noch vorher rauszuhauen wäre.

Insofern ist es natürlich einzig als Glücksfall anzusehen, dass mein Trip gleich im nächsten Laden sein zwangsläufiges Ende finden sollte, in welch peinlicher Weise auch immer.

Der nächste Laden, also diese Kaschemme, gleich um die Ecke, war vielleicht sogar noch eine Stufe mieser als das Ding, aus dem ich gerade rausgeflogen war. Aber kein Puff - nein, um Gottes Willen, das wäre nun doch zu schnell gegangen. Jetzt war erstmal eine Kneipe angesagt, und da war diese Kaschemme gerade recht, zumal sie in ihrem Namen den fast schon nach Erlösung klingenden Untertitel *bei Kurtchen* führte. Ich hatte am Tresen Platz genommen und dann, grad als der Wirt, also dieses Kurtchen, das Bier und den doppelten Wodka vor mich hin gestellt hatte, war es derart über mich gekommen, dass ich nur noch aufspringen und losrennen konnte, um vor der Kloschüssel mich auf die Knie zu werfen und unter Umarmung dieses Teils mir die Seele aus dem Leib zu kotzen.

Für die Küchenrolle legte ich dem Kurtchen noch zwei Euro extra drauf und ansonsten war, wie gesagt, der Endpunkt erreicht, so dass ich gleich am nächsten Morgen meinen Koffer packte und mich auf und davon machte.

Das Brandenburger Wellness-Hotel vom letzten Sommer: für fünf Tage hatte ich gebucht, doch nachdem es auch exakt diesen Zeitraum gebraucht hatte, bis unter nichts als Mineralwasser sich meine Augen wieder öffneten und mein Blick sich wieder klärte, verlängerte ich um weitere fünf. Schließlich war ich auch jetzt erst in der Lage, mich meiner doch ziemlich anspruchsvollen Patience in satisfaktionsfähiger Weise zu stellen.

Und das ist ja auch bezeichnend, dass es in puncto Musik nun nicht mehr Beethoven sein sollte, sondern Bach, und zwar das *Wohltemperierte Klavier*. Aber nicht von Glenn Gould, nein, jetzt nicht mehr. Lädt doch dieser Pianist flächendeckend alles mit jener nervigen Energie auf, die dem Thomas Bernhard so imponiert hat, weil er nämlich ganz ähnlich drauf war. Nein, um wirklich die Engel im Himmel zu hören, muss man sich an so etwas wie der Einspielung von Pierre-Laurent Aimar halten oder, etwas irdischer beziehungsweise geerdeter (und mir persönlich damit vielleicht sogar noch lieber) an Daniel Barenboim, in dessen singenden Pianissimo-Anschlag ich allerdings blind verliebt bin, womit ich als Juror ausscheide. Ein Jammer, im Grunde, dass er soviel Zeit mit dem Dirigieren vertut.

Das *Wohltemperierte Klavier* von Glenn Gould wurde mir übrigens schon in den siebziger Jahren von einem Kumpel aus meiner Stammkneipe geschenkt, in missionierender Absicht. Ich erwähnte ihn bereits: der Musiker mit seinen geschlechtlichen Angelegenheiten. Er hatte damals an mir, dem gut zehn Jahre jüngeren, einen Narren gefressen, sah mich jedoch zu seinem Kummer in exklusiver Abhängigkeit von Wagner befindlich, wogegen nun Bach als Gegengift wirken sollte: *Musik pur* sei das - *pur, pur, pur* und so gar nichts von Rührseligkeit und Gefühlskitsch, was denn also in diesem Falle die Scheiße war, um Eva-Marias Formel nochmals aufzunehmen, mit der nichts zu tun zu haben die spezifische Reinheit dieser Musik ausmachte.

Dabei scheint es übrigens unter professionellen Musikern ein ausgesprochener Trend zu sein, dass am Ende nur noch Bach bleibt. In meinem Fall bekam ich seinerzeit von diesem meinem großbrüderlichen Freund sogar auch noch eine reichlich handfeste Anweisung für den alltäglichen Gebrauch mit auf den Weg, die ich hier um so weniger unterdrücken möchte, als sie sich in den gegebenen Zusammenhang bestens einfügt. Immer nämlich, so sagte er, wenn er den Drang spüre, schon wieder masturbieren zu müssen, doch eigentlich es gar nicht wolle, lege er sich von Bach die *h-Moll Messe* auf und wie weggeflogen sei es dann auch schon.

39

Doch zurück zum Thema, nämlich den Frühlingsgedichten. Denn so geht das ja auch nicht, erst hier großartig die Ankündigung zu machen, um dann den Laden auch gleich schon wieder zu schließen, mit einem Spottgedicht auf die ganze Auslage. Deshalb sei hier wenigstens noch meine vorläufige, meine sehr, sehr vorläufige Nummer Eins unter den Frühlingsgedichten nachgetragen. Freut mich in diesem Fall besonders, dass sie von Bertolt Brecht ist:

Frühling

An einem dürren Ast
Ist eine Blüt' erblüht
Hat sich heut nacht bemüht
Und nicht den Mai verpasst.

Ich hatt' so kein Vertraun
Dass ich ihn schon verwarf
Für Anblick und Bedarf
Hätt ihn fast abgehaun.

Ist natürlich wieder mal die pure Gedankenlyrik, dafür ist er aber ganz besonders schön, dieser Gedanke, und handelt es sich ja auch gar nicht allein um ein Frühlingsgedicht, sondern ebenso um ein Gespräch über Bäume beziehungsweise einen Baum. Obendrein geht es auch noch sowohl um Tod und Sterben wie um geglückte Wiedergeburt. Ist doch aber auch zu rührend von dem dürren Ast, wie der das noch hingekriegt hat, auf den letzten Drücker.

Außerdem geht es dabei natürlich um mich und meinen Kasus mit der langen Blonden, wo sich doch gezeigt hatte, dass ganz so dürr mein Ast doch nicht war, und wo ich den doch auch schon verworfen hatte, obgleich Eva-Maria mich ja vorgewarnt hatte, von wegen erledigt und dass ich mir das abschminken könne.

Ja, und auch davon handelt es, dass jetzt natürlich in mir der Gedanke umgeht, es wenigstens einmal noch bei der langen Blonden zu versuchen. Das Mädel hat doch überhaupt nichts in der Hand von mir, keine Adresse, keine Telefonnummer, nichts, außer gerade mal die Information, dass ich hin und wieder Mal in Amalfi war. Aber sie kann doch jetzt nicht, wenn sie mich nun doch noch verzweifelt suchen sollte, nach Neapel fliegen, um in Amalfi rumzulaufen, ob vielleicht irgendjemand mich kennt. Sie weiß doch nicht mal meinen Namen, dort, und dass sie nach *Albano di Berlino* zu fragen hätte, um in zwei, drei Tavernen tatsächlich die Chance zu haben, auf einen zu treffen, der zuhause noch meine Adresse rumliegen hat.

Bitte lacht mich jetzt nicht aus. Ich mache mir diese Sorgen aus einer tatsächlich langen Erfahrung heraus, wonach nämlich an mir etwas zu sein scheint, was Frauen leicht dazu bringt, mich als Sorgenonkel in Anspruch zu nehmen, und zwar auch dann noch, wenn wir uns schon seit Jahren nicht mehr sahen. Das ist so offensichtlich, dass in meiner ehemaligen Stammkneipe sogar einer mal gemeint hat, im Männerklo an die Wand schreiben zu müssen, unter voller Nennung meines Namens und in gezielt herabwürdigender Absicht, ich sei ein Frauenversteher.

So ein Blödsinn. Als wenn es auch nur eine gäbe, die sich selber verstünde. Das ist ja gerade das Schöne an ihnen, indessen sich doch Männer meist recht einfach, um nicht zu sagen simpel auf die Reihe kriegen lassen.

Vielleicht sollte ich ihr über die Lesbe mit dem Clownsgesicht ein Exemplar des Sonderdruckes meines Essays über die italienische Sprache zukommen lassen. Ich könnte meine Adresse und Telefonnummer darunter setzen mit dem Zusatz: „Wenn es dir mal wieder anders gehen sollte." Zwar geht es in diesem Aufsatz vor allem um die Ausdrucksformen beim Fluchen und Schimpfen, und so mag das eine etwas merkwürdige Art von nachgereichter Rose sein, doch was schon wäre nicht merkwürdig an unserer Geschichte?

Und dann fliegen wir nach Neapel, nehmen uns ein Zimmer im Hotel *Casanova* und dann fahren wir nach Amalfi und dann steigen wir auf den Berg und dann schauen wir von dort aus runter in die schöne Landschaft und dann wird sie ihren Kopf an meine Schulter legen, in dieser ihrer einzigartigen Weise, und dann müsste es doch mit dem Teufel zugehen, wenn nicht inmitten dieser schönen Landschaft sich ein Gebüsch auftun sollte.

Ob ich verliebt bin? Ich weiß es nicht. Eher unwahrscheinlich, dass das, was bei mir noch drin ist, solch ein großes Wort verdient hat. Sicher ist allein, dass ich darauf versessen bin, den einmal erlebten Trip noch einmal zu wiederholen. Wenigstens einmal noch.

Nochmal, nochmal rufen die kleinen Kinder - wohl eines der ersten und zentralsten Worte von Homo sapiens, kaum dass er mit seinem Gebrülle nachgelassen hat, seinem alles Elend der Welt hinausschreienden.

Habe jetzt ohne alle weiteren Fisimatenten in besagtem Puff angerufen, ob ich die So-und-so sprechen könne, und tatsächlich ist sie, also die Lesbe mit dem Clownsgesicht, ohne jede weitere Nachfrage darauf eingegangen, und hat nach hinten gerufen, dass hier einer sei, der sie sprechen wolle.

Mir schlug das Herz bis an den Hals. Dauerte eine Weile, bis sie am Hörer war und dann ihre Stimme, gleich von Anfang an eher genervt denn neugierig:

„Jaaa?"

„Sei mir bitte nicht böse, meine Liebe, wenn ich noch ein einziges Mal mich bei dir melde."

„Wer bist du denn?"

„Ich bin der böse Alban aus Amalfi."

„Ohhh nein!" und knall, die Leitung tot.

Es war ein echter Aufheuler, ein Schmerz, als ob der Teufel nach ihrer Seele gegriffen hätte.

Tja, das war's dann wohl.

40

Shit happens - Kommentar eines alten Freundes, nachdem ich ihm am Telefon mein Herz - ich mag den Ausdruck nicht, doch um nichts anderes hat es sich gehandelt - ich es ihm also ausgeschüttet hatte.

Shit happens: eine etwas flottere Form des Stoßgebets um die Gelassenheit, Dinge hinzunehmen, die man nicht ändern kann. In meiner frühen Jugend gab es einen Schlager, von einer schwedischen Sängerin in ausgesprochen beschwingter Weise vorgetragen - die waren seinerzeit ja enorm angesagt, die Schwedinnen mit ihrem pfiffigen Blick zum ach so niedlich wirkenden Akzent - Siw Malmqvist hieß sie mit ihrem Schlager auf den Refrain *Liebeskummer lohnt sich nicht, my Darling.*

Wie recht sie nicht hatte.

Oh baby come back, oh baby come back, oh baby I wanna you back - ich zitiere das jetzt mal so aus dem Kopf und weiß gar nicht genau von woher überhaupt, doch war es wohl die Natur selbst, die mit dem Blues auch diesen Seufzer hervorgebracht hat. Und so eindrucksvoll, wie sich das einst am Rande eines Baumwollfeldes hat singen lassen, so würde es, ins Deutsche übertragen und gar auch noch entsprechend vertont, wohl niemals über jene unterste Schnulzen-Stufe hinauskommen, wo sich Herz auf Schmerz reimt.

Als ich so langsam in die Pubertät kam, fing mein Vater zu prophezeien an, ich werde mal mit einer ankommen, die ich retten wolle. Mich hat das derart genervt, dass mir bisher niemals auch nur der Anflug von einer Idee gekommen wäre. Da hatte er pädagogisch doch glatt mal einen Volltreffer gelandet, und nun wäre ich auf meine alten Tage um ein Haar doch noch reingetappt.

Eigentlich müsste ich mich befreit fühlen, erlöst von einem Zwang, wenigstens so ein kleines bisschen.

Gut möglich, dass sie zu denen gehört, die in der Liebe penetrant werden. In Eifersucht besitzergreifend - wie sagt man? - klammernd. Eine, die den Geliebten quälen muss, das wäre in ihrem Fall gut vorstellbar. Wie lange hätte ich das mitgemacht? Wie lange, bis endlich auch ich sie hätte fallen lassen, ganz so, wie sie höchst wahrscheinlich immer wieder ist fallen gelassen worden?

Auch glaube ich nicht, dass das literarisch sonderlich ergiebig gewesen wäre: *Der alte Mann und die Hure.* Längst ist hinreichend beschrieben, wie man sich auch noch bei höchster Alterswürde zum Deppen machen kann. Außerdem hätte ich es ja wohl erstmal zu entsprechender Würde bringen müssen, von wegen der Fallhöhe. Nein, wenn ich hier auf diesen Seiten hin und wieder auf die geschlechtlichen Angelegenheiten zu sprechen komme, so doch bitte auf der Basis des angesammelten Erfahrungsschatzes und um Gottes Willen nicht aus aktuellen Wirrungen heraus.

Sind doch alle recht hilflos, meine Versuche, die unerreichbaren Trauben für sauer zu erklären. Das süchtige Verlangen nach der Wiederholung des erlebten Trips ist kaum weniger stark als der Impuls, diese verletzte Seele retten zu wollen.

„Weißt du, was mir meine Mutter ins Poesiealbum geschrieben hat? Ich sag's dir, ja dir, aber nur dir sag ich es: *„Achte dein Mutterherz, wenn es noch schlägt, wenn es gebrochen ist, ist es zu spät.* Einer Neunjährigen ins Poesiealbum. Die hat doch ne Knäcke, die Alte."

Dass sie Küssen eigentlich nicht mag, habe ich bereits erwähnt, selbst mit ihrem Privat-Lover nicht, doch muss ich jetzt einräumen, dass sie in Wahrheit gar nicht das Wort *Privat-Lover* gebraucht, sondern von ihrem *Privat-Stecher* gesprochen hatte.

Sollte ich spontan sagen, was Liebe sei, würde ich sagen, sie gehe auf das blanke nackte Ich des Anderen. Das Ich, dieses Wunder, das für eine gewisse Zeitspanne aufblüht, zwischen dem Staub aus dem wir kommen und dem Staub zu dem wir wieder werden.

Jeder von uns stellt ein solches Wunder dar und so wäre die Liebe nicht der bloße Wahn, nicht, wie Sigmund Freud es einmal sagte, die bloße Überschätzung des Objekts, sondern ganz im Gegenteil endlich einmal die pure Wahrheit, wenn auch in Gestalt eines Ausnahmefalles, eines in seiner singulären Ausrichtung höchst ungerechten.

41

Der Kulturtrinker auf dem Ludwigkirchplatz. Während seine Enkelin auf dem Spielplatz rumtollt, sitzt der Opa zur Zeitung beim Weißbier. Ja, er habe das jetzt übernommen und sei nun jeden Dienstag an der Reihe. Ob ich denn noch immer in der Findungsphase sei oder bereits wieder arbeiten würde.

Antworte ihm, dass ich gerade dabei sei, Material für ein ganz grundsätzliches Werk über die Liebe zu sammeln. Schlägt er mit gespieltem Entsetzen die Hände überm Kopf zusammen: Um Gottes Willen! Und dann zitiert er einen Satz von Heinrich Heine: *Was Prügel sind, das weiß man schon, was aber die Liebe ist, das hat noch keiner herausgefunden.* Dabei habe Heine, so fuhr er fort, nur vergessen hinzuzufügen, dass das Schöne an den Prügeln darin liege, dass man dabei mitzählen könne, die Sache also sich wissenschaftlich ideal-typisch erfassen lasse, während du die Liebe mit keiner noch so raffinierten Arithmetik auf die Reihe kriegen wirst.

Natürlich werde ich mich auf gar keinen Fall auf ein ganz grundsätzliches Werk über die Liebe einlassen. Die Frage dieses Menschen hatte mich provoziert, wie der ja überhaupt etwas Provozierendes an sich hat. Dabei wird er mir jetzt wohl noch öfter über den Weg laufen, wo er doch gerade in die Pariser Straße gezogen ist. Hatte sich vor Jahrzehnten eine vermietete Eigentumswohnung zugelegt, für eine lach-hafte Summe. Jetzt ist die Mieterin verstorben und er hätte für ein Vielfaches verkaufen können, ist dann aber doch lieber selber eingezogen, obgleich etwas verschnarcht, so sein Wort, der Kietz ja mittlerweile sei, wo doch früher hier der Bär noch sowas von gesteppt habe.

Ich zitiere ihm Karl Schefflers Satz von 1910. Ihr erinnert euch, also den, wonach es das Schicksal dieser Stadt sei, immer nur zu werden und niemals zu sein. Ist ihm natür-lich auch geläufig, so dass er gleich einen ganzen Schwall von Überlegungen auf der Pfanne hat: Das komme doch arg metaphysisch daher, wo doch eher von Traditionslosigkeit auf Grund ständiger Migrationsschübe zu sprechen wäre. Gerade um die Zeit vor dem Ersten Weltkrieg war der Typus des alten Berliners ja buchstäblich untergegangen in diesem Strom aus Schlesiern, Polen und von wo sonst sie nicht alle her gekommen waren.

Manchmal lese man ja sogar von der Tradition der Traditionslosigkeit in dieser Stadt, was aber eine noch gedankenlosere Formel sei. Tradition bilde sich von selber, sie müsse durch einbrechende Ereignisse gebrochen werden, immer wieder. Er nimmt einen Schluck Bier und ist schon wieder bei Heinrich Heine: Der habe diese Stadt übrigens schon ganz ähnlich empfunden, in seinen drei Briefen, die er 1822 für den *Rheinisch-Westfälischen-Anzeiger* geschrieben hat. Da lassen sich Formulierungen über die damalige Stadt von gerade mal zweihunderttausend Einwohnern finden, die man genauso gut auf das Berlin von heute übertragen könne.

Ein echter Profi, dieser Kulturtrinker. Ich weiß gar nicht, wie überhaupt Eva-Maria zu dem gekommen ist. Bin mir aber ziemlich sicher, dass sie nichts mit ihm gehabt hat. Für sowas habe ich eine Nase.

Ach so, über dies eine hätte er doch zu gern noch Näheres von mir erfahren: diese Anspielung neulich, bei Eva-Marias Geburtstag, über Sexualität und Todesnähe. Was denn damit gemeint sei. Habe ich aber abgewinkt: „Was willst du", sage ich, „in meinem Alter stirbt man entweder, oder aber man verliebt sich nochmal."

42

Die Frage, ob ich noch immer in Krise sei oder bereits in der Findungsphase - mit ihr hat alles angefangen, bei jenem Geburtstagsessen mit den Ferienhäusern auf den Ferieninseln. Wenn sich mittlerweile fragen lässt, ob ich noch immer in der Findung oder bereits wieder am Arbeiten sei, so wäre das folglich als ein ausgesprochenes Zeichen von Fortschritt zu deuten.

Ferner steckt dahinter der höhere Sinn, dass für den älteren seriösen Herren natürlich eine Aufgabe zu finden sein wird, der er sich in alltäglicher Kontinuität wird widmen können. Wenn es mit der Intuition aufhört, sollte Beharrlichkeit an ihre Stelle treten und sowas muss ja nicht unbedingt auf das Basteln an einem Flaschenschiff hinauslaufen.

Seinen siebzigsten Geburtstag nicht erleben zu dürfen, ist hierzulande gegenwärtig das Schicksal von zweiundzwanzig Prozent der Bevölkerung. Dabei schlägt freilich die Säuglingssterblichkeit ebenso mit zu Buche wie die Motorradunfälle der Achtzehnjährigen und die Suizide der Fünfunddreißigjährigen. Was hingegen unsereinen betrifft, so sind es in den fünf Jahren zwischen dem fünfundsechzigsten und dem siebzigsten Jahr sechs Prozent, die sich empfehlen. Wieviel von der verbliebenen Restsumme dann noch den achtzigsten Geburtstag erreicht, versuche ich noch herauszufinden. Vielleicht aber doch lieber nicht.

Kein Mensch hat Angst vor dem Tod, aber alle vor dem Sterben. Ein Satz, irgendwann mal in der Zeitung gelesen und mir innerlich aufgeschrieben, ohne dass ich auch schon wirklich etwas mit ihm anzufangen gewusst hätte, damals noch.

Ob ich Suizidgedanken hätte - die Frage des Psychiaters, seinerzeit beim Vorstellungsgespräch, konnte ich zwar eindeutig verneinen, jedoch nicht ohne den Zusatz, es verhalte sich damit eher so, dass es mir egal wäre, ganz ebenso egal, wie mir alles egal ist, so egal wie der Kuh auf der Weide alles egal ist.

Ja, so war das damals noch und das habe ich nun davon: mit der wiedererweckten Liebe zum Leben, das Grauen vor dem Tod.

Das Wiegenlied von Brahms: *Guten Abend, gute Nacht ... - morgen früh, wenn Gott will, wirst du wieder geweckt.* Also ich, für mich gesprochen, empfinde die Vorstellung als schlicht empörend, abends nichts ahnend ins Bett zu gehen und dann einfach nicht mehr aufzuwachen. Nein, ich würde es schon mitkriegen wollen.

Fragt sich nur, ob ich mir da auch wirklich sicher bin.

Ansonsten aber könnte ich mir für einen älteren seriösen Herrn vorstellen, dass er nach seinem abendlichen Rotwein, seinem selbstverständlich maßvollen, jeden nächsten Morgen in dankbarer Freude begrüßen wird: Hallo, da bist du ja, du erster Tag - aber jetzt doch lieber im amerikanischen Original - *your first day of the rest of my life.*

43

Brahms war ja nun nicht gerade der große Liederkomponist, doch ist ihm mit dem *Wiegenlied* - Brentanos Textfassung geht auf eine Volksweise zurück - womöglich der Hit der ganzen Gattung gelungen. Nimmt man noch Schuberts *Lindenbaum* dazu und natürlich die *Stille Nacht* vom Dorflehrer Gruber, hat man in Sachen Rührseligkeit alles beieinander. Ein Lateinamerikaner hat mir mal gesagt, in seinen Ohren würden alle deutschen Lieder, und gerade auch die Liebeslieder, nach Weihnachten klingen.

Dabei hat Brahms doch auch so etwas wie Storms *Über die Heide* vertont, bei dem einem Weihnachtliches wohl kaum in den Sinn käme. Allenfalls ließe sich der Tatbestand, dass es diesmal daneben ging, indem am Text schlechtweg vorbei komponiert wurde, schon wieder als Beleg nehmen: Sollten wir tatsächlich nur Weihnachten können?

Ich gehe mit Storms schaurig traurigen Gebilde jetzt schon seit gut zwei Wochen schwanger und würde es nun auch gern mal wieder los werden, und zwar durchaus auch im Hinblick auf meine Träume. In diesem Sinne lege ich meinen Bericht als einen Abschluss vor, einen vorläufigen zumindest.

Über die Heide

Über die Heide hallet mein Schritt;
Dumpf aus der Erde wandert es mit.

Herbst ist gekommen, Frühling ist weit -
Gab es denn einmal selige Zeit?

Brauende Nebel geisten umher;
Schwarz ist das Kraut und der Himmel so leer.

Wär ich hier nur nicht gegangen im Mai!
Leben und Liebe - wie flog es vorbei!

Was bei Brahms schon mal gleich daneben geht: dass er dieses eigentümliche Gefälle zwischen den vier Zweizeilern nivelliert, also sich nicht darauf einlässt, dass hier im steten Wechsel auf ein starkes Bild mit einem vergleichsweise blassen Gedanken reagiert wird. In der Brahmsschen Fassung wird unerbittlich durchgewandert beziehungsweise vor sich hin getapert, und ich sehe nicht, wie sich das als interpretatorisch sinnvoller Beitrag retten ließe.

Anders dann schon meine eigene Fehlleistung bei der ersten Lektüre - denn wirklich aufgenommen und verstanden habe ich dieses Lied erst jetzt, als ich es in Textgestalt vor mir liegen hatte, wobei mir dann aber auch schon gleich jener besagte Fehler unterlief, der freilich ganz so sinnlos auch wieder nicht war, was mir aber erst aufgehen sollte, nachdem ich auf Peter von Matts exponierte Interpretation dieses Gedichts gestoßen war.

Doch ich greife vor. Denn vor allem war es natürlich meine jüngste höchst persönliche Affäre, die mich dazu gebracht hatte, den Jammer dieses alten Wanderers über seine verflogene Jugend in einen kürzlich, will sagen gerade im letzten Mai erlebten Verlust umzudeuten.

Nicht wahr, diese plötzliche Verlassenheit, die dir über allem und jedem das Licht ausgehen lässt, wo dir doch jetzt kein anderer Begleiter mehr geblieben ist als der dumpfe Hall deines eigenen Schritts. Ja, dumpf ist er, und auch das Grün ist schwarz geworden, und der Himmel so leer. Ja, und auch das ist wahr: Wärest du hier nur nicht gegangen im Mai, du könntest dieser Novemberlandschaft sogar auch jetzt noch etwas abgewinnen. Gar nicht dran zu denken, die Geliebte wäre noch an deiner Seite, nun um so enger an dich geschmiegt, wo doch die Nebel so geisten.

So also mein erster Blick. Der zweite konnte dann natürlich nicht mehr darüber hinwegsehen, dass diesem Wanderer der Frühling so weit weg ist, dass er sich fragt, ob denn überhaupt einmal glückliche Zeit war. Der frischen Wunde läge keine Frage ferner, woraus folgt, dass es sich hier einzig um den Jammer eines alten Mannes handeln kann, um seine Klage über verlorene Jugend.

Aber so ist es ja nicht, dass ich in dieser Disziplin nicht auch was mitzureden hätte. Ich muss doch nur an jenen Griesgram denken, wie er sogar mitten im Frühling missmutig auf dem Ludwigkirchplatz sitzt - nein, nicht sogar, sondern gerade mitten im Frühling will es ihm ganz

besonders stinken, dass es nicht mehr so wie einst ist, als
noch alles voll Leben und Liebe war. Einen Schritt weiter
und sein Jammer geht über in den als Kulturkritik sich auch
noch fundiert dünkenden Schimpf auf die heutigen Zeiten
und natürlich auf die Jugend von heute und wieviel besser
doch alles, als er noch jung gewesen.

Laudator temporis acti hatte es bei Horaz geheißen,
Lobredner der vergangenen Zeiten.

Ja, aber würde dergestalt es ihm denn tatsächlich auch
so vorkommen, als seien die blauen Düfte geistende Nebel
und all diese blöden Leute, die hier herumsitzen, schwarzes
Kraut unterm entleerten Himmel?

Nein, meint Peter von Matt, viel zu stark dieses Bild. Viel
zu stark, der geniale Kern dieses Gedichts, als dass er das
banale Phänomen der Altersmelancholie treffen würde.
Denn genial sei dieser Kern allerdings. Ja, möchte ich
hinzusetzen: wir müssen ihn doch nur aus seinen zwei
Strophen zusammensetzen, sie zu ihm vereinigen:

> *Über die Heide hallet mein Schritt;*
> *Dumpf aus der Erde wandert es mit.*
> *Brauende Nebel geisten umher;*
> *Schwarz ist das Kraut und der Himmel so leer.*

Ein Gedicht, in sich fertig und geschlossen, und ein Bild,
so stark wie geheimnisvoll. Und originell obendrein. In
jedem Fall erstaunlich modern. Und ob das nun in der
Jugend oder im Alter erfahren wird, ist jetzt auch einerlei.
Wahrscheinlich aber doch sogar eher jugendlich in seinem
existenzialistisch, nihilistischen Hautgout. Lässt es nicht
an Nietzsche denken, diesen Bürgerschreck?

Und würde nicht auch jetzt, so frage ich nun euch,
meine Assoziation von frischem Trennungsschmerz doch
noch greifen? Also ich meine die Erfahrung plötzlicher
Sinnentleerung, die damit verbunden ist. Insofern könnte
also auch ich an meiner ersten Interpretation festhalten,
ganz so wie die Regisseure im Theater das machen, wenn
sie durch bloße Streichungen ein Stück auf den Kopf stellen.

Ja, die Streichungen. Was nun mit diesen beiden gestrichenen Strophen? Aus denen ließe sich nämlich ebenfalls ein kleines Gedicht zusammenstellen, und das träfe sogar auch noch voll den wilhelminischen Geschmack. Peter von Matt, der Kenner und Professor gar, der aber trotzalledem sich stets etwas vom Liebhaber bewahrt hat, will sich vor Ekel nur so schütteln. Nichts philiströs Klischeehafteres, so weiß er literarhistorisch zu berichten, als diese Unzahl, diese wahre Flut von Reimerei, in denen das wilhelminische Bürgertum seinem Ordnungswahn frönt, indem es sich der Ordentlichkeit des geordneten Lebens versichert. So ziemlich die abgedroschenste Masche dabei sei es, die Lebensalter durch die Jahreszeiten zu versinnbildlichen und damit die sittlich bedingte Zwangsläufigkeit von so einem Philisterleben auch noch zu naturalisieren.

So wie Storm das Gedicht hingestellt hat, kann es der Interpret unmöglich ernst nehmen, folglich gilt es ihm als ein ideologiekritisch zu erklärendes Symptom: Die sich ankündigende Moderne vermag sich noch nicht aus den Schranken bürgerlicher Sittlichkeit zu lösen. Die beiden reflektierenden Strophen des Gedichts, die dessen genialen Gehalt auf simple Altersmelancholie und damit den philiströsen Zeitgeschmack herunterziehen, sind als Selbstzensur eines Autors zu verstehen, der vor sich selbst erschrak.

Ja, aber da möchte man sich doch gleich mal auf die Schultern des Interpreten schwingen, um von dort oben herab (und nicht ohne den Beistand der Muse) zu künden, wie es sich wirklich zugetragen hat, 1875, in jener verborgenen Waldschänke, in die es den Amtsgerichtsrat Storm zurückverschlagen hatte, nach all den vielen Jahren. Jene Waldschänke, die er als Student so gern aufsuchte, weil nämlich die Wirtin außer dem allerliebsten Bächlein vor der Tür auch noch eine ganz bezaubernde Tochter hatte, mit der sich schöne Augen zu machen das erste Liebesglück des ansonsten nicht gerade vom Erfolg verwöhnten jungen Theodor darstellte. Zwar ist es bei den schönen Augen geblieben, doch das versteht sich von selbst. So ein Wirtsmädel ist nichts zum Heiraten für einen Studiosus der Jurisprudenz, und ohne Heirat geht nun mal gar nichts.

Nun, Jahrzehnte später, durch Zufall in diese Schänke zurück verschlagen, stößt der Richter und Dichter in Gestalt der jetzigen Frau Wirtin auf sein Jugendliebchen. Nein, bist du's wirklich? Und wie ist es nur möglich? Und oh Gott! Und weißt du noch? Und ach ja! Und am Ende muss er sich natürlich in das große Hausbuch eintragen. Für einen wie ihn kein Problem, sowas fließt ihm von der Hand:

Herbst ist gekommen, Frühling ist weit -
Gab es denn einmal selige Zeit?
Hätt' ich hier nur nicht geweilet im Mai!
Leben und Liebe - wie flog es vorbei!

Da sind der Frau Wirtin aber die Tränen gekommen vor lauter Rührung. Nach so vielen Jahren eine so wunderbar traurige Liebeserklärung von dem Herrn Gerichtsrat. Nun ja, der hat es nicht allzu schwer genommen, sowas schreibt man halt in solch ein Poesiealbum.

Und wo er doch ganz andere Sachen in der Schublade hat, rabenschwarz schlimme, ganz ohne Lebensalter, dafür aber mit geistenden Nebeln unterm entleerten Himmel. Wer sich solchen Visionen hingibt, dürfte es freilich nicht weit bringen, wird womöglich früh sterben, wenn er nicht gleich verrückt wird, so wie der Hölderlin, und wo es doch keinen groß wundern müsste, wenn es den Nietzsche nicht auch noch erwischen würde. Muss man da nicht schon wieder all jene beneiden, die im Poesiealbum der Frau Wirtin ihre feste Burg finden, ihre Rettung und Erlösung?

Wie aber, wenn sich beide Seiten vermitteln ließen? Wenn sich eine Balance herstellen ließe zwischen den Extremen? Oder dialektisch gar eine Synthese?

Ich stelle mir vor, wie der Dichter seine beiden Gedichte nebeneinander legt, das philiströse neben das chaotische, und jetzt zu probieren beginnt. Er schiebt hin, er schiebt her, passt ein bisschen an, immer nach den Kriterien von interner Stimmigkeit, und als er schließlich einen Schritt zurücktritt und sich seine Schöpfung anschaut, sieht er, dass zwischen den Zeilen etwas passiert ist, das zwar gut ist, das er dergestalt aber gar nicht gewollt hat, ja vielleicht gar nicht hat wollen können, nämlich die Darstellung dessen, das man ein paar Jahrzehnte später als *unwillkürliche Erinnerung* bezeichnen wird.

Wir kommen zur Lesart Nummer Drei:

Den Wanderer hat es in der Heide in eine Zone verschlagen, in der er zwar einstmals großes Liebesglück erfahren hatte, doch ist ihm das offenbar nicht mehr erinnerlich. In direkter Weise jedenfalls nicht, denn einzig indirekt wird es ihm jetzt vom Ort in Gestalt einer zunächst noch rätselhaft bleibenden dumpfen Melancholie zurückgeworfen. Der Wanderer schüttelt sich - er ist jetzt stehen geblieben, bei Storm jedenfalls, bei Brahms nicht -, er wundert sich, fragt sich - leer ist der Himmel, leer ist der Ort, warum nur ist das alles hier so leer? Und da endlich kommt es ihm, dies nachgerade erlösende „wär ich hier nur nicht gegangen im Mai."

Ja, so wird das wohl gewesen sein, im Jahre 1875, als der kleine Marcel Proust soeben vier Jahre zählte.

44

Beim Bergwandern an der ligurischen Küste stieß Max Frisch auf eine Marmortafel: *Qui la bellezza del mondo sorrise per l'ultima volta a Francesco Pisani. 8.9. 1941.* (Hier lächelte die Schönheit der Welt zum letzten Mal dem Francesco Pisani zu.)

Frischs Kommentar: „Endlich ein Grabstein, der das Leben nicht beleidigt; würdig; ohne die obszöne Vertauschung, ohne die feige Verherrlichung des Todes."

Todesnähe, die Angst vorm Sterben, das Grauen vor dem Nichts - habe mir vorgenommen, euch ab sofort mit meinen diesbezüglichen Exerzitien zu verschonen. Bis auf weiteres zumindest. Bin ich doch in dieser Disziplin ein solches Greenhorn, dass meine Hervorbringungen manchmal schon etwas von Komik annehmen, und zwar einer ziemlich schrägen. So hatte mich zum Beispiel eines Morgens, es war noch während meiner zweiwöchigen Sauftour, schon gleich beim Aufwachen derart das Grauen ergriffen, dass mir doch glatt Suizidgedanken aufstiegen. Als dann, etwas wacher, mir die Absurdität aufging, dass hier einer vor lauter Todesangst sich umbringen will, konnte ich nicht einmal lachen.

Ernst Jünger hatte sich auf Karteikarten eine Sammlung überlieferter letzter Worte angelegt. Darunter eine Gräfin Kanitz, die sich in ihrer letzten Stunde von allerlei Verwandtschaft und Personal umgeben sah. Als sie hört, wie jemand den Arzt fragt, ob man ihr noch eine Spritze geben solle, herrscht sie ihn an: *Halt's Maul, jetzt wird gestorben.*

Anekdoten, Witze, Kalendersprüche - dass die bereits an sich etwas Reizvolles haben, würde nicht genügen, käme nicht hinzu, dass doch ich es war, dem sie sich im Laufe der Jahrzehnte innerlich aufgeschrieben haben, auf dass sie sich auch heute noch herbei assoziieren lassen.

Es steckt also System dahinter und dies System bin niemand anderer als ich selber. Ich muss doch nur an das unendliche Meer all dessen denken, was sich mir keineswegs aufgeschrieben hat, im Laufe der Jahrzehnte. Insofern wäre zu konstatieren, dass es sich bei diesem Unternehmen, hier, durchaus auch um mein (und da das Wort nun schon mal gefallen ist) höchst persönliches Poesiealbum handelt, wozu ja bestens passen würde, wenn jetzt auch noch das eine oder andere richtiggehende Gedicht mit dazukäme.

Wie zaghaft und vorsichtig auch immer, denn übertreiben darf ich auf keinen Fall. Solch ein Gebilde muss mich schon wirklich angesprungen haben, wenn es hier zugelassen werden soll. Dies einzig nämlich soll den Begriff der Relevanz ausmachen, wie ich ihn mir auf meine alten Tage allerdings herausnehme: es muss mich angesprungen haben. Wird ja nicht immer schon heißen müssen, dass ich's auch schon gleich mit ins Bett nehmen will.

Dass ihr mich nicht missversteht: natürlich werde ich mich weiterhin mit dem Tod auseinandersetzen, und zwar so lange, bis am Ende vielleicht - nein, nicht vielleicht, bin ich doch recht zuversichtlich, dass ich eine akzeptable Lösung finden und einen Zustand hinkriegen werde, wie er einem älteren seriösen Herren angemessen wäre. So angemessen, wie sich das nicht gerade von einem sagen lässt, der sich im hinterletzten Wedding vor die Tür setzen und in die Gosse werfen lässt.

Die Merkwürdigkeit, dass im Deutschen ein älterer Mann weniger alt ist als ein alter Mann, ein größerer Berg weniger groß als ein großer Berg. Man bezeichnet das als absoluten Komparativ, und zwar absolut deshalb, weil er ja nicht in vergleichender Relation gebraucht wird, also nicht in jenem Sinne, dass Berg A größer sei als Berg B. Offenbar stellt man sich bei solch stark quantitativ ausgerichteten Adjektiven wie alt oder groß unter der Hand eine sehr hohe, fast superlativische Graduierung vor, gegen die dann der absolut gesetzte Komparativ als Abmilderung erscheint.

45

Ein weiteres Gedicht von Brecht, und zwar nochmals mit Baum und nochmals im Hinblick auf die Frage nach dem Gespräch darüber. Ihr erinnert euch? Was sind das für Zeiten, wo etwas so Unschuldigem wie dem Naturschönen etwas Böses zuwächst, weil es ein Schweigen über so viele Untaten einschließt - so Brechts Klage in den Zeiten des triumphierenden Hitler-Wahnsinns. Es ist wichtig, diesen klagenden Charakter festzuhaltenden, tritt doch häufig genug das Wettern übers ästhetische Allotria durchaus auch seinerseits unter nicht unerheblicher Lustentfaltung an den Tag. Dieser Schluss-mit-lustig-Furor, diese eigentümliche Aggression von Bußpredigern und Bilderstürmern.

Dass es aber gar nicht unbedingt um die Dimension des Ästhetischen gehen muss, zeigt das folgende Gedicht. Auf den ersten Blick eher unbedeutend, ging es auch mir zunächst als bloßer Beifang ins Netz. Ebenfalls in der dänischen Emigration geschrieben, steht es unterm Titel Frühling 1938 als erstes in einem Zyklus von drei Gedichten. Hier soll es allein um das erste gehen:

Frühling 1938
I
Heute, Ostersonntag früh
Ging ein plötzlicher Schneesturm über die Insel.
Zwischen den grünenden Hecken lag Schnee. Mein junger Sohn
Holte mich zu einem Aprikosenbäumchen an der Hausmauer
Von einem Vers weg, in dem ich auf diejenigen mit dem Finger deutete
Die einen Krieg vorbereiteten, der
Den Kontinent, diese Insel, mein Volk, meine Familie und mich
Vertilgen mag. Schweigend
Legten wir einen Sack
Über den frierenden Baum.

1938 fiel der Ostersonntag auf den 17. April. Am Sonntag zuvor war der Anschluss Österreichs ans Deutsche Reich vollzogen worden. Dass sich Hitlers Appetit indessen bereits auf die Tschechoslowakei richtete, war zwar zu Ostern noch höchst geheime Reichssache, lag aber auf der Hand. Dabei war Hitlers offizielle Rhetorik noch voll der Friedensbekundungen, wie man im Herbst desselben Jahres ihm das Sudetenland ja auch nicht anders als um des endgültigen Friedens Willen zusprechen wird. Brecht hingegen sieht bereits jetzt einen Krieg von kontinentalem Ausmaß heraufziehen.

Und nun die unter bedeutungsschwerem Schweigen vollzogene Rettung des Aprikosenbäumchens. Dabei können wir davon ausgehen, dass bei dem Gespräch, auf das hier so ausdrücklich verzichtet wird, es sich diesmal eher nicht um Bekundungen des Entzückens ob der erblühten Pracht gehandelt hätte. Nein, jetzt wäre so etwas angesagt gewesen, wie ein sich auf die Schultern klopfender Selbstzuspruch, wie doch ach so richtig und so wichtig man hier soeben noch zur Hilfe gekommen sei. An und für sich unschuldig, doch in Anbetracht der übermächtigen Kriegsdrohung - hätte es nicht etwas von Ersatzhandlung gehabt? Etwas von inmitten der Ohnmacht inszenierter Pseudomächtigkeit?

Allotria also auch hier, nun aber nicht in der ästhetischen Dimension, sondern in jener der instrumentellen Werktätigkeit, um das Wort wieder aufzunehmen, das Paulus dem Glauben zugeordnet hatte.

Wirklich nur instrumentell? Oder nicht mit einem guten Schuss von Sinn erhöhender Moral gleich mit dazu? Der Baumretter als Samariter im Kleinen, indessen der Krieg doch den ganzen Kontinent bedroht?

Wie dem auch sei, heute haben wir das Glück - soeben noch haben wir es -, in einer Zeit zu leben, die langweilig genug ist, um Gespräche über Bäume keineswegs zu verbieten, seien es nun solche der ästhetischen, der moralischen oder der gärtnerisch zweckmäßigen Art. Warum aber nur, so möchte ich in nochmaliger Anlehnung an Brecht gleich weiter fragen, geht es mir dann so auf die Nerven, wenn Eva-Maria sich schon wieder so ausgiebig über ihren Verein zur Rettung winterschlafbedürftiger Igel auslässt?

46

Heute morgen in der U-Bahn denke ich, mich trifft der Schlag: meine lange Blonde, vor der Tür stehend, die Hand an der mittleren Stange. Offenbar hat sie mich bereits gesehen, schaut jetzt aber nicht mal verlegen weg, sondern eiskalt scharf an mir vorbei.

Doch dann sehe ich, dass sie es doch nicht ist, wobei ich aber auch, ehrlich gesagt, gar nicht mehr so recht weiß, wie sie überhaupt aussah. Waren also doch die Augen gar nicht so doll mit dabei, bei dieser Angelegenheit.

Die Merkwürdigkeit, die es mit dem Küssen auf sich hat, angefangen von im Grunde gar nichts bis hinauf in alle Himmel. Ja, und im Falle man derweilen auch noch unterrum verbunden ist, nun aber schon geradezu beiläufig, so eine Art von untermalender Bassstimme, basso continuo, nicht mehr abgeben wollend als die taktgebende Grundlage für die sich abhebenden Melodien in den oberen Gefilden. Es noch einmal erlebt zu haben - es wäre so schön, täte es nur nicht so weh.

Claudio Monteverdi, *Marienvesper* - manchmal sieht man sich zur Frage versucht, ob nicht die Barockmusik im Wesentlichen eben dies ist: ein nicht enden wollender Schmuse-Bums. Dabei ja auch tatsächlich mit dem Effekt, dass, kaum verklungen, auch schon alles wieder weg ist und nichts zurückgeblieben, in der Erinnerung. Zwei Stunden, wie eine Sekunde nur.

Diese Stelle bei Proust, wo er seinen jungen Marcel von der Herzogin de Guermantes so rührend hilflos schwärmen lässt, wobei mit der Zeit die Schwärmerei zur Liebe wird, wenn man das denn so nennen kann, da er besagten Objektes doch stets nur aus der Ferne ansichtig wird. Marcel findet, man könne es so nennen und gibt dafür ein Kriterium an, das nun allerdings überzeugend genug ist:

Ich liebte Madame de Guermantes wirklich. Das größte Glück, das ich von Gott hätte erbitten können, wäre gewesen, dass er alle nur möglichen Katastrophen auf sie niedergehen lasse und dass sie ruiniert, allen Ansehens und aller Vorrechte, die mich von ihr trennten, beraubt, ohne Haus und Heim sowie ohne Bekannte, die sie überhaupt noch grüßten, zu mir komme, um bei mir Zuflucht zu suchen.

Eine fromme Bitte, die dem Temperament des angeflehten Gottes gar nicht mal so fremd gewesen wäre. Sie steht hier an der Stelle, wo gewöhnlicher Weise das Werk der Verführung einzusetzen hätte, im Falle es denn so etwas tatsächlich geben sollte. Vollends aber nun vor dem überirdischen Glanz einer solchen Herzogin - was schon sollte da die Geste des Verführers?

47

Ähnlich und doch ganz anders, nämlich bereits der Dynamik eines bestehenden Bündnisses zugehörend, sähe das eine gute Generation später bei Max Frisch beziehungsweise seiner Figur des Anatol Stiller aus:

Will Stiller denn wirklich, dass Julika erlöst werde, oder geht es ihm in erster Linie darum, ihr Erlöser zu sein?

Frage einer Yale-Studentin an den anwesenden Autor, der über die ungewohnte Frage so erfreut ist, dass er sie in seiner Erzählung festhält.

Montauk - Erzählung von Max Frisch aus dem Jahre 1974. Seit seinem Erscheinen mein Leib- und Seelenbuch, und zwar insbesondere in erotischen Krisen. Ein Buch, in dem immer nur die eine Hälfte drin steht, indessen die andere jeder Leser nach seiner Fasson hinzufügen wird.

Ein Buch zum immer wieder Sinken lassen.

Meine Ausgabe ist von 1993. Es ist mein zweites Exemplar, nachdem ich das erste, zerfleddert wie es war, irgendwo mitsamt der schönen Ledertasche hatte liegen lassen. Dies zweite sieht noch halbwegs manierlich aus. Offenbar sollte ich schon bald mit erotischen Krisen nicht mehr allzu viel zu tun haben.

Leben ist langweilig, ich mache Erfahrungen nur noch, wenn ich schreibe - auch so ein Satz. Der Autor steht kurz vor der Vollendung seines dreiundsechzigsten Jahres, kann in dem Moment allerdings noch nicht ahnen, dass sein New-York-Aufenthalt dieses Mal auf jenen amourösen Ausflug nach Montauk hinauslaufen wird, an dessen Ende sich freilich gezeigt haben wird, dass die Angelegenheit in all ihrer einverständigen Happiness nicht schwer genug wog, um zu mehr zu führen als einem abermaligen Anstoß zu erneuter literarischer Erfahrung.

Max Frisch, der Autor von Ich-Geschichten. Was ist eine Ich-Geschichte?

Dass du von deiner Rolle runter kommen willst? Zu dir selbst kommen willst? Ist es deshalb, dass nun jede Rolle als Rolle genau ins Auge zu fassen ist?

In Montauk lässt er sie im biographischen Rückblick passieren, eine nach der anderen: die Rolle als jugendlich armer Schlucker, abhängig von einem noblen Freund, die Rolle als erfolgreicher Architekt, die Rolle als ebenso berühmter wie stinkreicher Schriftsteller und immer wieder: die Rolle als Mann gegenüber Frau, und hier nun auch seine gegenwärtige Ablösung, wie sie sich ihm während dieses Schreibprozesses vollzieht.

Bezeichnend, dass er nach *Montauk* vom Biographischen genug haben wird. Diese Arbeit ist getan und zunehmend wird er sich jetzt politisieren: die Rolle als intellektueller Plagegeist der Schweiz, der heimatlich geliebten und mit entsprechender Wut gerüttelten. Ist halt doch immer wieder ein Unterschied ums Ganze, der zwischen heißer Wut und kaltem Hass.

Montauk war nicht nur Frischs Höhepunkt und Endpunkt in Sachen Ich-Geschichten und seinerzeit fraglos auch literarhistorisch ein Durchbruch. 1975 erschienen, ein Jahr zuvor erlebt und aufgeschrieben, Buch eines alternden Mannes und dabei doch, als wäre es wie für uns geschrieben, die damals Zwanzig- bis Dreißigjährigen.

Wir, die Achtundsechziger mit unserer Wut, unserem Protest, der bereits die absonderlichsten Formen hinter sich gebracht hatte, Formen des Versuchs sich auszudrücken und dabei weiß Gott nicht immer von purer Authentizität getragen. Genau danach aber meldete sich um so dringlicher jetzt das Bedürfnis an: Authentizität. So rückten nun auch unsere eigenen, wie es mit dem brandneuen Wort hieß, *Beziehungskisten* ins Spektrum der Reflexion. Mit Marx und Lenin ließ sich da ja nun nicht mehr weiterkommen, doch war 1973 Ingmar Bergmann, noch so ein alter Mann, mit seinen *Szenen einer Ehe* rausgekommen. Ein Film, wie ein Donnerschlag. Eine Initialzündung für den Rest des Jahrzehnts und womöglich war auch schon *Montauk* unter seinem Einfluss entstanden. Vergleichsweise jugendlich wird Woody Allen mit seinen Komödien *Stadtneurotiker* (1977) und *Manhattan* (1979) nachziehen. Dazwischen sein todernster und, wie ich finde, eher mißlungener Film, mit dem er sich ausdrücklich auf Bergman bezog: *Innenleben.*

In *Manhattan* ist übrigens die junge Meryl Streep als Woody's Ex zu sehen, wie sie jetzt mit einer Frau zusammen lebt und selbstverständlich soeben ein Buch geschrieben hat über ihre Scheiß-Ehe mit einem Scheiß-Typen und was für eine Scheiß-Tusse sie doch gewesen sei, in ihrer Scheiß-Rolle.

In der zweiten Hälfte der Siebziger konnte es scheinen, als gebe es unter den soeben Dreißigjährigen kaum eine oder einen, der nicht an einem solchen Text laboriert hätte. Wenn bei all diesem Verarbeitungseifer am Ende auch herauskommen konnte, dass Trennungen in vollem Einvernehmen beschlossen wurden oder doch zumindest, ohne darüber in Todfeindschaft zu verfallen, so galt das als welthistorische Novität. Dabei weniger uns selbst, als unseren Eltern, die von dergleichen ganz offenbar noch nie gehört hatten, um von meiner Großmutter zu schweigen, die sogar ja noch von einem schmucken Offizier zu erzählen wusste, der von einem gekränkten Ehemann im Duell erschossen worden war.

48

Eva-Maria, soeben aus Griechenland zurück, berichtet von einem Open-Air-Kino auf einer der Inseln, wo sie am ersten Tag *Casablanca* gesehen hat, am zweiten *Alexis Sorbas*, am dritten wäre es *Zwölf Uhr mittags* gewesen, aber da waren sie schon wieder auf der nächsten Insel, sie und ihre beiden Freundinnen.

Als wären wir mitten in den 1970er Jahren, sage ich, und denke dabei eher an das rucksackmäßige Insel-Hopping als an das damalige Off-Kino mit seinem Retro-Kult um den Schwarzweißfilm, indessen der Kulturtrinker - wir saßen zu dritt auf dem Ludwigkirchplatz - die interessante Frage aufwirft, welche weiteren Filme denn die dergestalt begonnene Kinowoche hätten komplettieren können. Eine Komödie jetzt, meine ich, komme aber mit *Herzflimmern* nicht durch, meiner eindeutigen Nummer Eins auf der entsprechenden Liste. Nein, Luis Malle nicht, zu feinsinnig und außerdem französisch. Man müsse, wenn schon, denn schon, bei den Hollywoodmythen bleiben, also Filmen, die buchstäblich jeden ergreifen könnten. Also, sage ich, wenn es irgendjemanden geben sollte, der sich von *Herzflimmern* nicht ergreifen lässt, so möge der sich doch bitte weinend aus diesem Bund stehlen.

Die Sache mit der Vorgabe *Hollywood* und dem Wenn-schon-denn-schon leuchtet mir hingegen ein. Der Kulturtrinker schlägt *Manche mögen's heiß* vor. Eva-Maria hält mit *Ein Herz und eine Krone* dagegen. Ja, aber einer von Billy Wilder müsse mit dabei sein, sagt der Kulturtrinker. Ja, aber auch einer mit Audrey Hepburn, sagt Eva-Maria. *Sabrina*, sage ich, sei sowohl von Wilder wie mit der Hepburn und dann auch noch dem Bogie obendrein. Doch ernte ich nichts als Spott. Konnte ich gar nichts drauf erwidern, wo ich doch selber so gut wie nichts mehr von diesem Streifen erinnern kann. Muss ja wirklich mal ein Flop gewesen sein, vom Billy Wilder.

Im übrigen meint Eva-Maria, dass wenn ich jetzt schon ein Todeskandidat sei, ich mir doch auch mal überlegen solle, nicht einen ersten Teil meines Manuskripts schon mal zu veröffentlichen. Wäre doch zu schade, wenn das alles erst posthum herauskäme, und ich solle das Manuskript doch mal dem Wolfgang geben, der wisse ganz sicher guten Rat. Wolfgang, so nämlich der Name des Kulturtrinkers, zeigte sich interessiert und ich versprach.

Ansonsten mal wieder über die bedrohten Igel, wobei Eva-Maria ihr Engagement neuerdings auch noch auf Bienenvölker auszudehnen scheint. Man soll da eine Protestnote unterschreiben, was ich natürlich auch mache, gibt es ja tatsächlich auch kaum mehr einen Schmetterling zu sehen. Alles, was mit blühendem Gewächs zu tun hat, ist bedroht. Fettlebe feiern allein die Mücken und die Wespen, jene Klientel also, die sich an die Menschen beziehungs-weise deren Teller hält. Man spricht von Kulturfolgern, was übrigens auch mal ein Thema für sich wäre.

Bei den Igeln kommen die Jungtiere übrigens erst gegen

Ende August zur Welt und haben dann noch zwei bis drei Monate, um sich soweit fett zu fressen, dass sie sich dem Winterschlaf überlassen können. Wenn ein Igel nicht bis November 600 Gramm auf die Waage bringt, bedarf er der Hilfe. Erst recht, wenn er bei Frost und Schnee in der Gegend umherirren sollte.

Ob wir wüssten, wer die nächsten beiden Verwandten des Igels seien. Wir wussten nicht, doch erwies sich die Antwort als schön genug, um sie hier wiederzugeben. Dabei kann ich euch gleich sagen, dass, wer es nicht weiß, durch Nachdenken niemals drauf kommen wird, obgleich hinterher natürlich mal wieder alles völlig klar und logisch sein wird. Wer jetzt noch ein bisschen herumrätseln will, möge das Buch sinken lassen, denn schon im nächsten Absatz werde ich die Lösung verraten.

Bei den nächsten beiden Verwandten des Igels handelt es sich nämlich - ich mache jetzt noch eine kleine Kunstpause und sozusagen einen Trommelwirbel für alle, die das Buch noch nicht haben sinken lassen, es aber eigentlich sinken lassen wollen - handelt es sich nämlich zum einen um den Maulwurf und zum anderen um die Fledermaus.

Nicht wahr, das liegt doch auf der Hand. Nachttiere alle drei, blind bis halb blind ebenfalls, dabei auch noch die Beine ziemlich kümmerlich, jedenfalls zur Flucht nicht wirklich taugend. Daraus folgt, dass man sich in Richtung Überlebensstrategie schon etwas Besonderes wird ausgedacht haben müssen, und so hat sich der eine das Stachelkleid zugelegt, der andere ist in die Unterwelt abgetaucht, der dritte gar in die Luft gegangen. Was für eine Familie!

49

Anruf vom Wolfgang, dem Kulturtrinker, der mein Manuskript gelesen hat, will sagen die erste Folge bis zur Nummer Dreissig, denn mehr habe ich ihm nicht gegeben, vorerst nicht, wo er doch unter der Einunddreißig schon selber seinen ersten Auftritt hat.

Über sein Lob will ich hinweggehen, weiß ich diesbezüglich doch nur allzu gut bescheid, besser vielleicht, als, wie zu befürchten, je einem Leser es aufgehen wird. Was mir hingegen im Dunkeln liegt, sind natürlich die Schwächen und Mängel. Und wie auch nicht? Denn wären sie mir selber aufgegangen, wäre ich auch schon längst dagegen vorgegangen. Das lässt sich ja gar nicht zählen, gegen wieviele Schwächen und Mängel man vorgegangen ist, bevor so ein Text endlich so weit steht, dass man glaubt, er sei jetzt ohne.

Ist er aber nicht, meint Wolfgang, denn was ihm hier sehr deutlich und geradezu lautstark fehle, sei meine Geschichte, also wo ich herkomme und wie ich reingeraten sei, in die Malaise, aus der sich heraus zu schreiben die Funktion meines Textes darstelle. Immer wieder glaube man, jetzt komme es und dann kommt's doch wieder nicht.

Um Gottes Willen, sage ich, für meinen Geschmack sei schon viel zu viel von meiner Person die Rede, während doch mein Ideal ganz umgekehrt darin liege, dieser besagten Person zwar die zentrierende Mitte des Ganzen zuzuweisen, sie aber selbst immer nur indirekt erscheinen zu lassen, so dass sie also weniger sich offenbaren als sich verraten würde im Reigen all der sie faszinierenden oder wie sonst auch immer sie affizierenden Gegenstände, wobei übrigens die französische Rede vom Sujet - italienisch *sogetto* - viel schöner sei als die deutsche vom Gegenstand als einem Objekt erkennender Bearbeitung.

Denn in Wahrheit sei es doch so, dass um so ernsthafter ein Autor, desto weiter er sich dem Material öffnen wird, auf dass nun dieses als das eigentliche Subjekt, also das, was eigentlich nach vorwärts drängt, ihn ergreife, um womöglich vollends ihn nach seiner Pfeife tanzen zu lassen.

Hm, meint Wolfgang, wenn das mal nicht eine bloße Sache der Selbsterfahrung sei: das Schreib-Ich als das Medium für den Rest vom ganzen Kerl.

50

Langsam frage ich mich, ob mir dieser Mann nicht gerade zur rechten Zeit über den Weg gelaufen ist, und in diesem Sinne sei nun doch auch ein Lob von ihm, ein einziges, nachgetragen, und sei's nur deshalb, um der Maxime vom Eigentlich-nein-aber-dann-doch abermals zu huldigen. Indem dieses Lob außerdem noch etwas mit Bäumen zu tun hat, mag das zwar langsam ins Komische umkippen, soll aber für dieses Mal durchgehen.

Wenn es, so nämlich Wolfgang, im Sprichwort den gebe, der vor lauter Bäumen den Wald nicht sieht, so würde das komplementäre Manko durch jenen anderen verkörpert, der auf dem Hügel stehend zwar die Wälder und Auen überblickt, dabei aber vor lauter Wald nicht einen einzigen Baum ausmachen kann. Bei meinem Text nun komme einem noch ein dritter in den Sinn, gegen den es hier nämlich immer wieder gehe, nämlich den, der vor lauter Bäumen über das Blümchen im Schatten hinweg rennt.

Für die von euch, die nochmal nachschauen wollen: unter der Nummer Vierundzwanzig hatte ich selber auf Goethes Gedicht vom gefundenen Waldblümchen angespielt, und zwar tatsächlich in schreibtechnisch programmatischer Absicht. Ich wollte es eigentlich bei dieser Anspielung belassen, harmlos wie sie war, doch indem es sich nun abermals gemeldet hat, sei nun auch dieses Lied hier ins Album nachgetragen.

Gefunden

Ich ging im Walde
So für mich hin
Und nichts zu suchen
Das war mein Sinn

Im Schatten sah ich
Ein Blümchen stehn,
Wie Sterne leuchtend,
Wie Äuglein schön.

Ich wollt es brechen,
Da sagt' es fein:
Soll ich zum Welken
Gebrochen sein?

Ich grubs mit allen
Den Würzlein aus,
Zum Garten trug ich's
Am hübschen Haus.

Und pflanzt' es wieder
Am stillen Ort;
Nun zweigt es immer
Und blüht so fort.

Dass ich persönlich auf Schnittblumen mit Widerwillen, wenn nicht gar mit Ekel reagiere, halte ich selber für eine Marotte, die keiner weiteren Betrachtung würdig wäre, es sei denn unter der Frage nach dem Phänomen der Idiosynkrasie, also jener Sorte von Überempfindlichkeit, die in all ihrer Absonderlichkeit sich auch noch selber undurchsichtig bleibt.

Ganz anders würde das allerdings aussehen, nähme man die Sache allegorisch und läse das gebrochene Blümchen als Metapher für etwa - ich greife zum ersten Beispiel, das mir einfällt - für ein aus seinem Zusammenhang gerissenes Zitat, dem nämlich leicht die Eigenschaft zukommen kann, auf der Stelle zu verwelken und tot umzufallen.

Was aber, wenn man es mit seinen Wurzeln ausgrübe, um es in den eigenen Garten zu verpflanzen? Gewiss, auch das kann schief gehen, doch wird uns immerhin im Falle dieses Waldblümchens gemeldet, es habe im stillen Winkel des Gartens sogar noch bessere Bedingungen gefunden, um dort fort zu blühen und zu zweigen.

Doch nicht nur von Seiten des Blümchens, auch von der des Gartens ließe sich Positives vermelden, hat er doch durch diesen Zufallsfund nicht nur einen Neuzugang erfahren, sondern auch noch einen, durch den die Grenzen gärtnerischer Planungskriterien durchbrochen und womöglich überstiegen wurden. Anders nämlich als der Waldgänger wäre der professionelle Gärtner gezielt auf die Suche nach jener ganz bestimmten Pflanzenart gegangen, die sich aus der Struktur der Gartenanlage heraus hatte konzipieren lassen, deren Eingliederung sich nun aber leicht als nur allzu stimmig, will sagen ohne jeden Effekt der Überraschung erweisen könnte.

Wenn hingegen Goethe sein Lied mit dem Partizip *Gefunden* überschreibt, fehlt hier aus gutem Grund jenes Ausrufezeichen, das bei einem nach gezielter Suche endlich geglücktem Fund fällig gewesen wäre, während es in diesem Fall doch ausdrücklich hieß, dass nichts zu suchen sein Sinn war. Es war die Intentionslosigkeit des Waldgängers, die ihn für Neues oder gar Grenzen Sprengendes offen hielt, und so war es auch am Blümchen gewesen, sich zu melden und auf sich aufmerksam zu machen, mit schönen Äuglein wie Sterne leuchtend.

Goethe hat dies Lied seiner Christiane zum fünfundzwanzigsten Jubiläum jener zwei, drei Tage im Juli 1788 gewidmet, da sie aufeinander getroffen und sich gefunden hatten, und insofern wäre seine Bedeutung natürlich eindeutig: die Blume als Christianes Herz, das nun keineswegs gebrochen wurde. Es wäre dies die historische Lesart: das Gedicht als ein Stück Autobiographie des Dichters. Dass es damit aber nicht sein Bewenden haben muss, hat Goethe selber immer wieder betont. Seine Gelegenheitsgedichte, wie er sie nannte, würden kraft Allegorisierung über den jeweiligen Anlass hinausweisen und auch ihm selber habe bei ihrer Verfassung stets ein Allgemeineres vorgeschwebt.

Soweit zur nachträglichen Rechtfertigung meiner Vorgehensweise, selbst in diesem Fall die Verse zunächst einmal egozentrisch und sozusagen vom eigenen Garten her ins Visier zu nehmen.

Was nun aber die damalige Sache um Christiane Vulpius betrifft, so war die Grenzen sprengend genug ausgefallen, bis hin zum öffentlichen Ärgernis, wenn nicht zum Skandal. Jedenfalls war es damit keineswegs so einfach über die

Bühne gegangen, wie sich das fünfundzwanzig Jahre später wird besingen lassen. Fast ein dreiviertel Jahr lang hatten die beiden ihre Geschichte geheim halten können, doch dann kam es raus, und jetzt war es zunächst einmal der Dichter, der sich umzupflanzen hatte, wollte er mit der Mutter seines zu erwartenden Kindes unter einem Dach leben. Sein schönes Haus am Frauenplan wird er verlassen müssen, um vor die Tore der Stadt zu ziehen, war es doch den Damen Weimars nicht zuzumuten, dass er ihnen von solch einer Person, mit dem Wort der Herzogin Luise, „sein Kind alle Tage vor der Nase herumtrage lasse".

Drei Jahre wird die Verbannung dauern, bis man sich soweit abgeregt haben wird, dass er am Frauenplan wieder einziehen darf, zusammen mit nicht nur der Geliebten und ihrem Kind (es ist allein ihres, denn amtlich als vaterlos eingetragen), sondern auch noch ihrem Anhang in Form von Tante und kleiner Halbschwester. Die beiden hatte Christiane nämlich vorher auch schon durchzufüttern gehabt, von ihrem kargen Lohn in der sogenannten Kunstblumenfabrik, die aber nach heutigem Sprachgebrauch besser als kunsthandwerkliche Manufaktur, wenn nicht gar als Atelier zu bezeichnen wäre.

Fraglos ist Goethes Jubiläumsgedicht um ein paar Grade zu niedlich ausgefallen. Genial ist es in seiner Schlichtheit, und liest man es wortwörtlich als Plädoyer für Topfpflanzen und gegen Schnittblumen, ist es allemal ergreifend genug. Nichts freilich hat das mehr zu tun mit den Turbulenzen im Findungsprozess einer ebenso heftigen wie gewiss nicht einfach ins Gleis zu kriegenden Liebe. Und schon gar nichts auch damit, dass Goethe in Christiane, seinem *kleinen Naturwesen*, einen Gegenpol zum Weimarer Hof gefunden hatte, ohne den er nach seiner italienischen Wiedergeburt wohl kaum hätte - wie soll man sagen? - wohl kaum hätte leben, wohl kaum hätte Goethe bleiben können.

Was ja überhaupt an seiner Biographie so fasziniert, ist der unglaubliche Instinkt, mit dem er bei all seiner Krisenanfälligkeit - von wegen Titan - sich selber zu behüten und seine Kreativität zu bewirtschaften wusste. Es könnte für einen älteren seriösen Herrn nicht die schlechteste Aufgabe sein, sich mit seinem Alterswerk zu beschäftigen. Faust II womöglich, von dem natürlich auch ich bisher so gut wie nichts gelesen habe.

Wir werden sehen.

Für diesmal aus politisch so aktuellem wie traurigem Anlass ein denkbar unbedeutendes Zitat aus dem ersten Teil des Faust, in der Tat ein Schattenblümchen, und zwar aus der österlichen Szene vor dem Tor jenes Sprüchlein eines biederen Bürgers über den Segen von Frieden und Friedenszeiten. Da es noch zu früh ist, meine Gedanken zu der gegenwärtigen sogenannten Flüchtlingskrise aus der arabischen Welt zu ordnen, und da ich bisher - ich muss es gestehen - all diese TV-Debatten zum Thema ignorierte, mag es hier im doppelten Sinn als Platzhalter für Künftiges stehen:

Nichts besseres weiß ich mir an Sonn und Feiertagen
Als ein Gespräch von Krieg und Kriegsgeschrei,
Wenn hinten, weit, in der Türkei
Die Völker auf einander schlagen.
Man steht am Fenster, trinkt sein Gläschen aus
Und sieht den Fluß hinab die bunten Schiffe gleiten;
Dann kehrt man Abends froh nach Haus,
Und segnet Fried' und Friedenszeiten.

So, wie gesagt, der bürgerliche Biedermann. Tatsächlich gehört ja der Frieden zu den ausgesprochen schnell verderblichen Gütern: kaum, dass sein Erlösungseffekt verbraucht ist, kippt er auch schon in Langeweile um. Soll sich ja auch so mancher nur deshalb bei der Fremdenlegion gemeldet haben, um nochmal erleben zu können, wie schön doch hinterher die Rückkehr ist. Auch Extrembergsteiger haben was davon, doch immerhin mit dem Vorzug, dass sie die Sache mit sich alleine ausmachen, will sagen, dass am Ende immer nur er selber es ist, der dort oben erfriert.

Ich neige dazu, solche Temperamente allesamt als

Teufelspaktler zu bezeichnen und bin in meiner Jugend keineswegs ganz davor gefeit gewesen. Heute scheinen sie mir doch allesamt vor der eigentlichen Aufgabe zu kapitulieren, nämlich aus dem Frieden mehr zu machen als nur die Abwesenheit von Bedrohung und Leid. Nicht die bloße Erlösung, sondern so etwas wie Erfüllung.

Ja und schon gar nicht jene Behaglichkeit beim Gespräch vom Krieg weit hinten in der Türkei. Es wird ja hier wie so eine Art von kontrastierender Würze eingesetzt. Wenn man dabei mit dem Gläschen in der Hand am Fenster steht, so deshalb, weil man noch keinen Fernseher hat. Man sollte sie ja tatsächlich einmal zählen, die Fälle von Mord- und Totschlag, die man heutzutage an so einem friedlichen TV-Sonntag sich servieren lassen kann.

Ein allerletztes Gedicht noch, dann höre ich auf damit, zumindest vorerst mal wieder. Aber was soll ich machen, wo es doch um einen Schmetterling geht. Ich fand es in Eva-Marias Küche auf einer Glückwunschkarte an der Türe ihres Kühlschranks hängen, angebracht mittels eines Magneten, der einen Marienkäfer darstellte. Hans Christian Andersen:

> *Leben ist nicht genug,*
> *sagte der Schmetterling.*
> *Sonnenschein, Freiheit*
> *und eine kleine Blume*
> *gehören auch dazu.*

Mit Blümchen also auch noch - wie sollte es nicht in mein Poesiealbum? Dann aber auch gleich nochmal den Satz des alternden Max Frisch mit hinterher, also den vom langweilig gewordenen Leben und von den Erfahrungen, die sich nur noch schreibender Weise machen lassen?

Das Fragezeichen bitte nicht zu übersehen. Diesmal ist es ganz besonders ernst gemeint.

Je älter ich werde, um so weniger halte ich mich aus, wenn ich nicht arbeite.

Auch aus *Montauk,* das ich inzwischen nochmals gelesen habe, sei's nun zum vierten oder fünften, doch jetzt wahrscheinlich zum letzten Male.

Schade eigentlich.

51

Der Kultur-Wolfgang turnusmäßig auf dem Ludwigkirchplatz, zum Weizenbier seine Enkelin hütend. Wie es denn so voran gehe, mit meinem ganz grundsätzlichen Werk über die Liebe. Antworte ihm, dass ich diesbezüglich die Feldforschung abgeschlossen habe und nun in die Phase der reflexiven Verarbeitung eingetreten sei.

Lacht er auf: „Uff die Neese jeflogen - wa?" Und da antworte ich doch glatt, dass lieber zwei Stunden verliebt und zwölf Monate leiden, als ein Jahr gar nichts.

Hatte jetzt mal wieder eine Reihe von schlechten und dumpfen Tagen - Apathie, Lethargie, Stumpfsinn - und indem es mir soeben wieder ein wenig heller geht, ergreife ich die Gelegenheit, um eben dies zu reflektieren, also die Schlechtigkeit der schlechten Tage. Das ist ja nun auch so was mit dem Alter, dass es damit immer schlimmer wird und immer krasser mit diesem auf und ab, von dem die Jugend freilich auch nicht frei war, um von der Pubertät zu schweigen, wo es doch so schlaff mit einem sein konnte, dass man sich nur aufs Bett legen wollte, und sonst gar nichts. Insofern könnte es in Sachen kreativer Elan durchaus sein, dass die im Alter krasser erfahrenen Schwankungen sogar damit zusammenhängen, dass es mit dem Flug nach oben höher hinausgeht, und zwar natürlich immer dann, wenn es was mit angesammelter Erfahrung zu tun hat. Man kann nun souveräner umgehen mit dem Material und höher sich von ihm hinauftragen lassen, wobei dann natürlich um so tiefer der anschließende Fall. Um unterm Stumpfsinn so richtig leiden zu können, muss man dessen Gegenteil kennen.

Dabei, und das ist eine Lektion, die ich immer wieder vergesse und jedes Mal wie neu zu lernen habe, dass wenn in einem kreativen Prozess sich so etwas wie eine Blockade einstellt, dies nicht nur als etwas Negatives anzusehen ist, nicht nur als der Schotterberg, den man im Schweiße seines Angesichts zu übersteigen oder aus dem Weg zu räumen hätte, sondern dass darin eine ganz wesentliche Botschaft liegt, eine unbedingt ernst zu nehmende, nämlich dass es hier tatsächlich mit einer Sache zu ihrem Ende gekommen ist.

Ja, es sind die Lieder von Liebe-Tod-und-Frühling, mit denen es sich nunmehr ausgesungen hat, fürs erste zumindest, und so bin ich im Grunde in einer ganz ähnlichen Situation wie damals, als ich in der Schublade des Hotelnachtschränkchens auf jenes Exemplar der Bibel stieß, aus dem mir der Schöpfungsbericht entgegen sprang. Einen unverhofft neuen Schub gab das damals ab, und tatsächlich gibt es ja kaum jemanden, der die erste Folge dieses meines Suchunternehmens gelesen hat, ohne mir nicht gleich sein Votum abzugeben, ob nun der erste Teil oder nicht doch der zweite ihm besser gefallen habe, wobei übrigens die Tendenz mit einer gewissen Deutlichkeit in Richtung des ersten geht, indessen ich selber eher zum zweiten neige. Insofern ist mir Eva-Maria mal wieder besonders lieb, die nämlich bei erster Lektüre spontan den zweiten kürte, um erst nach der Wiederholung sich zu überlegen, ob es nicht doch der erste sei.

Ist es nicht eigentümlich, wie in der Form der Sinfonie die Sünde des Stilbruchs zu einer Tugend erhoben wird, indem man das ganze in mehrere Sätze gliedert, um sie dann auch noch plakativ zu überschreiben, so dass es auf einmal das Normalste von der Welt ist, wenn auf den Trauermarsch ein Allegretto folgt? In diesem Sinne wäre auch ich jetzt hier mit meinem dritten Satz am Ende, wobei es allerdings sehr wenig wahrscheinlich ist, dass der nun zu findende vierte auch schon das auflösende Finale wird bringen können. Bestenfalls in einem alles - wie soll ich sagen? - einem alles umarmenden, alles umschlingenden fünften könnte es dann vielleicht sich finden lassen, dieses reizvolle, aber doch hoffentlich nicht nur reizvolle Thema, dem ein älterer Herr in täglicher Kontinuität sich dergestalt wird widmen können, dass von so etwas wie einem erfüllten Lebensabend zu sprechen wäre.

Wir werden sehen. Was derweilen die Suche nach dem nun zu erwartendem nächsten Satz betrifft, rät mir ein alter Freund, mein alter Telefonfreund und Ratgeber in allen Fragen des Herz-Ausschüttens, zu einem wie neu ansetzenden Brainstorming, also zu jener Methode der Ideenauffindung, wie sie 1939 von dem Werbefachmann Alex. F. Osborn in New York entwickelt wurde. Was, rufe ich aus, ein Reklamefuzzi! Ja, antwortet er, nirgendwo sonst wie in dieser Branche sei man dermaßen auf neue Ideen angewiesen.

Abermals: Wir werden sehen.

52

Heute, der 2. Juni 2017 und somit fünfzig Jahre also jetzt. Die ZEIT kam gestern mit einem ganzen Dossier heraus: „Das wahre Erbe von 68." Auf der Titelseite ein Riesenfoto von der sich einen Joint drehenden Uschi Obermaier, gleich daneben, doch sehr viel kleiner, das überberühmte von dem sterbend auf dem Pflaster liegenden Studenten.

Ich selbst war, soeben noch siebzehnjährig, zwei Monate zuvor nach West-Berlin gekommen, weil dieser Stadtstaat einem so spät erweckten Schüler, wie ich einen darstellte, die bildungspolitisch besseren Bedingungen bot, doch noch das Abitur hinzukriegen. Seither lasse ich auf den deutschen Föderalismus nichts kommen. Ich muss mir doch nur vorstellen, das bayrische *Ministerium für Unterricht und Kultus* hätte die ganze Republik im Griff gehabt.

Wie mir der Kalender zeigt, war 1967 der 2. Juni auf einen Freitag gefallen, und so wird es auch schon gleich am Tag danach gewesen sein, denn damals war der Samstag noch ein Schultag, dass wir in der Pause auf dem Schulhof unter dem großen Apfelbaum standen, indessen aus dem

Fenster des Lehrerzimmers dieses fürchterliche Gebrüll kam. Originalton Deutsche Wehrmacht, aber volles Rohr. Was war passiert? Unser tatsächlich etwas freigeistig veranlagte Mathe- und Physiklehrer, auch so einer aus der Flakhelfergeneration, hatte sich zusammen mit der frisch von der Uni gekommenen Deutschlehrerin auf die Seite der Studenten gestellt. Na, da musste man doch ausrasten, im Offizierskasino.

Von nun an werden diese beiden Kollegen das Lehrerzimmer möglichst meiden, zu welchem Zwecke sie sich auch schon den Raum für die geographischen Karten als vorläufige Ersatzbleibe ausgesucht haben. Gründungsmoment jener Merkwürdigkeit, die von nun an für eine ganze Ära die bundesdeutschen Gymnasien charakterisieren wird: zwei Lehrerzimmer, offiziell eines für Raucher, eines für Nichtraucher, wobei in Wahrheit Nichtraucher für *alt & rechts* stand, Raucher für *jung & links*. Wenn ich recht informiert bin, brauchte es tatsächlich seine guten zwanzig Jahre, bis sich das dahingehend transformiert hatte, dass es nun wirklich nur noch um Raucher und Nichtraucher ging. Weitere zwanzig Jahre später wird es gar keine Raucherzimmer mehr geben. Ich selber hatte 2008 damit aufgehört, will sagen zum letzten und nunmehr endgültigen Mal.

Nun hat sich Eva-Maria für eine absurde Summe ein Ticket ergattert und wird im Herbst mit dem Zug nach Hamburg fahren, denn für 2017 werden die Rolling Stones ihre Deutschland-Auftritte auf München, Düsseldorf und Hamburg beschränken. In meiner Eigenschaft als Berliner fühle ich mich tendenziell beleidigt.

1965, München, die Rolling Stones im Circus-Krone-Bau. Es gab Eintrittskarten für fünf, sieben und elf Mark, was aber noch durchaus im Rahmen von Kinopreisen lag, also im Fall von Cinemacolor auf der Breitleinwand mit Überlänge und einem Wagenrennen in der römischen Arena. Wir, meine Cousine und ich, hatten bereits für fünf gekauft, als Cousinchens Mutter, also meine flotte Tante, das Geld drauf legte und den Umtausch veranlasste: dritte Reihe. Soeben erschienen: *I can't get no satisfaction.*

Neue Zeiten waren angebrochen, und schon bald sollte sogar unsere Oma - ich erwähnte sie bereits, wo sie doch noch von einem schmucken Offizier zu erzählen wusste, der im Duell erschossen wurde -, sollte sie doch glatt in Hosen erscheinen, cremefarbenen. Kann aber auch sein, dass ich mich mit diesem *bald* vertue, und sich dies Ereignis in Wahrheit erst ein paar Jahre später eingestellt hat. Doch wie auch immer, wenn ich unsere Großmutter an dieser Stelle überhaupt anführe, so weil sie in jenem Jahr, da die *Stones* in die Stadt kamen, noch ohne weiteres im Stande war, ihre Zitter aus dem Schrank zu holen, um mit überhoher Stimme ihr Lieblingslied zum besten zu geben: *Den schönsten Platz, den ich auf Erden hab, das ist die Rasenbank am Elterngrab.*

Die Eigentümlichkeit meiner Generation: wir können heutzutage sogar noch unsere Enkel mitnehmen, wenn es zu den Stones geht, machen uns zumindest nicht lächerlich damit, auch wenn Mick Jagger jetzt nicht mehr zweiundzwanzig Jahre alt ist, sondern vierundsiebzig.

Immer wenn unsere Großmutter mir und meiner Cousine vom Schicksal ihrer Mutter erzählte, keine Ahnung wie sie hieß, aber sie war ja nun mal eine unserer vier Urgroßmütter, warteten wir nur auf den Moment, wo Oma den Zeigefinger hob, um uns zu bedeuten, dass es sich diesen Falls um eine Liebesheirat gehandelt habe.

Eigentlich war unsere Urgroßmutter nämlich bereits zwangsverlobt, und zwar mit einen Juwelier in Zürich, indessen sie sich in den größten Tunichtgut verliebt hatte, der in ihrem niederbayrischem Dorf aufzutreiben war. Wohl auch gerade deshalb wurde sie von ihrem Vater um so schneller nach Zürich überstellt, was aber unseren Urgroßvater, also diesen Tunichtgut, nicht davon abhalten konnte, unsere Urgroßmutter nächtlings mittels eines Ruderbootes über den See zu entführen, und eben dies war in der Erzählung unserer Oma der Moment, da sie den Zeigefinger erhob: *Das war eine Liebesheirat!*

In ihrem niederbayrischen Dorf war für die beiden nun natürlich keine Bleibe mehr, und so flohen sie nach München. Wenn du was ausgefressen hast, musst du in die große Stadt. Haben eine Gastwirtschaft dort aufgemacht, aber da der Urgroßvater nun mal ein Tunichtgut war, konnte das auf die Dauer natürlich nicht gut gehen. Will sagen: er als sein bester Gast am Stammtisch, dort, seine Frau die ganze Arbeit und dabei auch noch ein Kind nach dem anderen.

Sehr viel mehr weiß ich nicht, außer dass der Urgroßvater am Ende im Bayrischen Wald gelandet war, im einfachen Leben, Holzschuhe schnitzend, die er auf dem Markt verkaufte. Mein Vater zeigte sich schwer beeindruckt, wenn er von der glücklichen Armut erzählte, zu der es mit diesem seinem Großvater im Alter gekommen war.

Irrungen, Wirrungen - Roman von Theodor Fontane, den ich nachdrücklich zur Lektüre empfehle. Für Berliner sowieso Pflicht, da die Geschichte im Berlin der 1870er Jahre spielt, wo man noch vom Zoo aus über die weite Sumpflandschaft des Fenns bis hin zu den Bauernhöfen von Wilmersdorf sehen konnte. Ist ja auch heute noch deutlich zu erkennen, an der Wilhelmsaue, dieses Dorf in seiner ursprünglichen Struktur: eine Reihe rechts von der Aue, eine links, und das war's: Wilmersdorf.

Das Thema des Romans spielt in vielen Romanen der Zeit eine Rolle, wenn auch stets nur am Rande. Hier ist es ins Zentrum gerückt: die Sphäre der Dienstboten, Nähmamsells und Blumenverkäuferinnen. Jene Sphäre also, wo Frauen ihr eigenes Geld verdienten und wo das bürgerliche Sittengesetz schon immer nicht gegolten hatte. Ehre hat es hier nie gegeben und folglich war auch keine zu verlieren. Dies nun also auch die Sphäre, wo der junge Herr seine ersten erotischen Erfahrungen zu machen pflegte, bevor er standesgemäß seine Braut zum Altar führen wird, die ihrerseits erste Erfahrungen auf gar keinen Fall gemacht haben durfte. Das Blumenmädchen aber weiß von vornherein, dass Liebe eben Liebe ist und mit Ehe und Familiengründung überhaupt gar nichts zu tun hat.

Der Roman erschien 1887 zunächst in der Vossischen Zeitung und machte selbstverständlich Skandal, hatte Fontane sich doch auch noch herausgenommen, das Mädchen vom niederen Stand als die menschlich überlegenere darzustellen.

Bei Goethe im *Wilhelm Meister,* die Figur der Philine, als Schauspielerin nicht nur ebenfalls ökonomisch autark, sondern auch noch zum fahrenden Volk gehörend und damit von keiner üblen Nachrede behaftbar, was dann ja auch Grund genug gewesen war, das fahrende Volk in toto unter üble Nachrede zu stellen - diese Philine also und ihr Satz: wenn ich dich lieb habe, was geht's dich an.

Innerlich aufgeschrieben wie keinen anderen Satz aus diesem Roman, war mir freilich auch der Zusammenhang schon bald entfallen. Indem ich jetzt nochmals nachschlage, sehe ich einigermaßen ernüchternd, dass es die Situation war, wo der nach dem Überfall durch die Räuber verwundete Wilhelm versucht, die ihn pflegende Freundin von ihrer Mission zu entbinden, und nun eben diesen Satz zur Antwort bekommt.

Was man griechisch *Agape* und lateinisch *Karitas* nennt: Formen der Liebe, die es gar nicht so unbedingt darauf abgesehen haben, erwidert zu werden. In allen anderen Fällen sollte man von *Eros* sprechen, der seinerseits vom *Sexus* zu unterscheiden wäre, unbeschadet der Tatsache, dass wenn sie sich überlagern, der Sexus und der Eros, etwas ganz Besonderes dabei herauskommt. Aber gibt es irgend etwas, das sich zu zweit machen lässt und das nicht zu etwas ganz Besonderem würde, wenn es vom Eros überlagert wird? Ob man nun zusammen frühstückt oder spazieren geht oder in die Landschaft schaut oder was sonst noch alles macht. Es hat sogar welche gegeben, denen war danach, zusammen zu sterben.

Gegen den verhunzten Gebrauch in der heutigen Umgangssprache wäre am traditionellen Sinn des Eros-Begriffes festzuhalten. Wenn der bündnisstiftende Gott der Bibel von seinem Volk wiedergeliebt werden will und dabei ausdrücklich von sich selbst als einem eifersüchtigen Gott spricht, so ist dies Bündnis erotischer Natur. Würde mich wundern, wenn das im Judentum je anders gesehen worden sein sollte, wie jedenfalls der offizielle katholische Katechismus zu diesem Punkt keine Frage offen lässt, ja sogar das Sakrament der Ehe ausdrücklich auf den erotischen Charakter des Bündnisbegriffs im Alten Testament gründet.

Liebe und Tod, Liebestod - zentrales Thema in Richard Wagners *Tristan und Isolde*, doch habe ich persönlich es ganz so schrecklich tief nie empfinden können und wohl auch nicht wollen, obgleich ich doch in meinen frühen Studentenjahren nicht mehr weit davon entfernt war, das ganze Ding auswendig summen und brummen zu können. Universitär damals noch ganz vom Ringkampf mit Marx beziehungsweise seinem schlimmen Hauptwerk in Anspruch genommen, war mir das offenbar nicht anders zu ertragen, als indem ich Wagners dionysischen Wahnsinn dagegen hielt. Also ich meine jetzt nicht sachlich auf theoretischer Ebene, sondern ganz privat kompensatorisch, eine Art Ausgleichssport zur Studierstube. Ein Ausgleichsrausch, besser gesagt. Soviel Normalinski kann man ja gar nicht sein, um sich mit kapitalistischer Ökonomie zu befassen, ohne sich besaufen zu müssen.

Dabei fing der Tag übrigens mit dem Opernbesuch an, dem virtuellen, dank der Hifi-Anlage, die sich anzuschaffen soeben der letzte Schrei war. Ich frage mich, ob nicht überhaupt die eigentliche Zeit für kulturelle Rituale der frühe Morgen wäre, so wie auch im Kloster die Messe noch vor dem Frühstück. Andere beginnen den Tag im Schwimmbad oder machen einen Langlauf, indessen in meiner ehemaligen Stammkneipe einer einen Vers an die Klo-Wand geschrieben hatte, der in diesem Zusammenhang natürlich auch nicht fehlen darf: *A little fuck in the morning time / is better than a cup of Haferschleim.*

Nun, in meinem Fall also *Tristan und Isolde*, damals, circa zwei bis drei Stunden jeden Morgen, und auch damals schon zum Patience-Spiel, und dann erst ging es an den Marx und damit an das, was als Arbeit zu bezeichnen wohl selbst der Kultur-Wolfgang nicht umhin käme. Die Merkwürdigkeit dabei fiel mir erst später auf: *Das Kapital* ist von 1867, der *Tristan* von 1865. Ich lebte um gut hundert Jahre zurückversetzt und hatte zwei Werke zusammen gebracht, die seinerzeit nun wirklich nichts voneinander gewusst hatten.

Wäre ich dem Thema nur gewachsen, würden mich in Sachen Liebe ganz besonders jene Fälle interessieren, wo der Eros vom Glauben überlagert wird, es also ab ins Religiöse geht, in die Frage nach dem letzten Sinn, the *ultimate concern*, mit Paul Tillich zu reden.

Der kleine fromme Hund übrigens, von dem ich bereits erzählte, dieser hässliche, schnauzerartig gestruppte, der bei mir im Haus im zweiten Stock immer wieder mal so fürchterlich jaulte - er ist vor ein paar Wochen auf tragische Weise verunglückt. Wie mir berichtet wurde, war man gerade auf dem Weg zur U-Bahn, Herrchen mit Begleiterin und eben jenem Struppi, als Herrchen noch schnell in den Zeitungsladen nach gegenüber eilte, derweilen die Begleiterin auf der anderen Straßenseite zurückblieb, den Hund an der Leine. Anzunehmen, dass es auch diesen Falls nicht ohne jenes leise Winseln und Wimmern abging, diesem für die nicht ganz so schrecklichen Fälle vorgesehenen Klagelied. Vielleicht aber auch blieb es bei jenem erstarrten Blick, wie er bei versteinerter Haltung sich auf die Tür nach drüben richtete. Doch wie auch immer, als im Türrahmen des Zeitungskiosks der Herr sich wieder zeigte, riss sich das Tier los, schoss über die Straße und direkt unter ein Auto. Ist ja nun auch eine Art Liebestod, so etwas.

Dem verwaisten Herrchen aber will das Tierheim jetzt keinen weiteren Hund mehr überlassen, bei seinem Alter, heißt es, wäre das nicht zu verantworten. Eine Restriktion, die zu umgehen nun allerdings ein Kinderspiel wäre, doch hat er es mittlerweile selber eingesehen und will die Rolle gar nicht mehr übernehmen.

Das haben, zugegeben, die beiden nun doch nicht verdient, also Tristan und Isolde, dass man gleich von ihnen aus zu jenem gestruppten Geschöpf überginge, doch indem ich es mit diesen Zeilen eingestehe, will es mir auch schon aufgehen: Kurwenal war es, er war schuld an meinem assoziativen Sprung. Tristans Gefolgsmann, Diener, Knecht oder wie man das auch immer nennen mag, jedenfalls seinem Herrn so ergeben, wie man hündischer es sich nicht vorstellen kann, und wie ganz entsprechend schließlich auch sein Ende ausfällt: Tristan, seiner Wunde erlegen, nun auch Kurwenal vom Schwert getroffen, an der Seite seines Herren niedersinkend - das wäre, nebenbei bemerkt, ja auch mal eine Untersuchung wert, was sie nicht alles noch zu singen haben, während sie am Sterben sind, wobei Kurwenal es nun wirklich denkbar kurz macht, ganz wie es sich für seinen Stand gehört: *Tristan! Trauter! Schilt mich nicht, dass der Treue auch mitkommt. (Er stirbt)*

Und nun aber Isolde, zu ihrem Liebestod und damit dem Schluss des Werkes ansetzend, dabei in - so Wagners Regieanweisung - *verklärender* Weise sich mit dem aus dem Orchestergraben steigenden Schicksalsgewoge vereinend, langsam in ihm erlöschend beziehungsweise, und mit ihren eigenen Worten, sich in seinen *Düften süß verhauchend*.

Es muss so gegen Mitte der 1970er Jahre gewesen sein, als Klaus Heinrich in seinem Montagsseminar den aus der Liebe entsprungenen Lebenswillen in Puccinis *Tosca* gegen die von Wagner vorgeführte Vereinigung mit dem Tod ausspielte. Tatsächlich ist ja auch jenes von Max Frisch in den ligurischen Bergen notierte *Qui la belezza del mondo* ganz so, als gälte es dem Maler Mario Cavaradossi, kurz vor seiner Hinrichtung. In den Siebzigern, an der *Freien Universität*, war das nun freilich der denkbar abseitigste Stoff, um dergleichen zu demonstrieren, und doch mussten wir, die Teilnehmer an Klaus Heinrichs Montagsseminar, schon bald aus dem viel zu kleinen Institut in der Bolzmannstraße in einen der großen Räume des Fachbereichs für Wirtschafts- und Sozialwissenschaften umziehen.

So sechzig bis achtzig Teilnehmer werden wir schon gewesen sein, und mit Sicherheit kann ich bezeugen, dass ich unter ihnen der einzige war, der nicht nur in Religionsphilosophie, sondern auch in Volkswirtschaftslehre eingeschrieben war, und somit auch der einzige, der nun erleben musste, wie in einem jener Räume, wo es ansonsten um Buchhaltung, Statistik und lineare Algebra ging, im Falle wir uns nicht fortgeschrittener Weise mit der Krisentheorie aus dem dritten Band des Marxschen *Kapitals* herumschlugen, nun aber hier Klaus Heinrich stand, um auf seinem windigen Plattenspieler *Tristan* aufzulegen und sie damit ans Licht zu ziehen, meine kleine private Schweinerei, für die ich mich in diesen Räumen doch nichts als nur zu schämen gehabt hätte.

Oper! Ich bitte euch. So etwas scheiß Bürgerliches! Sich damit überhaupt nur abzugeben! Und das auch noch als einer, der sich zu den Linken zählt!

Nun aber, da es Klaus Heinrich war, und da auch sein Institut - unser Institut, mein Institut - erklärter Maßen unter der Flagge von Achtundsechzig segelte, verspürte ich zwar keine Scham, aber doch jene berühmte Peinlichkeit, wie sie von der falschen Sache am falschen Ort auszugehen pflegt. Nicht wahr? So, als wenn jetzt einer in der Kneipe zu beten anfinge oder umgekehrt sich während der heiligen Messe die Bierflasche aufmachte. Um es mit Klaus Heinrich und damit auch mit Freud zu sagen: soziale *Sphären*, in denen das Erlaubte und Erwartete, das Angemessene also, auf einem ganzen Kanon von Verboten aufruht, beziehungsweise, und viel krasser noch, auf Verdrängungen, von woher dann auch dies Gefühl des Peinlichen bei deren Aufhebung.

Apropos Bierflasche, und nun aber ganz am Rande bemerkt, doch als ein gutes Beispiel dafür, was nicht alles möglich ist, wurde christlicher Weise immerhin der Wein in die heilige Handlung integriert, ja sogar zum Sakrament erhoben. Aber das wäre nun wirklich ein Kapitel für sich.

Ach so, dies eine noch, und zwar zum Erscheinungsbild von so einem bewegten Studenten in der Sphäre des

Opernhauses seinerzeit. Viele, wie gesagt, waren wir ja nicht und insofern war es um so heldenhafter, wenn man sich auch diesen Falls nicht anders sehen lassen wollte als in Jeans und Pullover. Uns gegenüber die Phalanx der smokingmäßigen Herren und deren in Brokat gefassten Damen, die in Erwartung des abendlichen Ereignisses ganz offensichtlich den ganzen Tag beim Friseur zugebracht hatten. Heute hat man das ja nur noch bei Dingern, die sich Gala nennen und wo es höchst wahrscheinlich um irgendwas aus den niedersten Bereichen vom Fernsehen geht. Damals aber, bei vier Stunden Wagner mit zwei Pausen dazwischen, musste man diesen Blick schon aushalten können, um ihn am besten gleich zurückzugeben: Wer eigentlich von uns ist es, der hier fehl am Platz ist?

War schon alles ziemlich verrückt, damals noch.

53

Jetzt ist Helmut gestorben. Helmut M. oder auch der Radio-Helmut, da nämlich seinerzeit beim Rundfunk beschäftigt. Neunundachtzig ist er geworden, stand kurz vor seinem Neunzigsten, und ehrlich gesagt hatte ich schon längst nicht mehr damit gerechnet, dass er überhaupt noch lebt. Auch kann ich mir nicht erklären, wie meine Adresse in sein Verzeichnis geriet, über das mich jetzt die von seiner Tochter unterzeichnete Anzeige erreichte. Bis zum Adressenaustausch gingen unsere Kneipenbekanntschaften doch in der Regel nicht, ja man könnte sagen, dies sei geradezu ihr Definierendes gewesen. Wer da war, war da, wer weg war, war eben weg.

1927 in Nürnberg geboren, ist auch Helmut zu einem guten Teil mit dafür verantwortlich, dass sich mir mit der Zeit ein kleiner Mythos um diesen Jahrgang aufgebaut hat, um die also, die 1945 achtzehn wurden. Das ist doch überhaupt immer wieder die Frage: Wie war die Konstellation und von woher wehte der Wind, als du gerade achtzehn wurdest?

In Helmuts Fall war das besonders eindrucksvoll im Kontrast zu seinem älteren Bruder zu erfahren. Der lebte zwar nach wie vor in Nürnberg, war aber hin und wieder bei Helmut in Berlin zu Gast, bei welcher Gelegenheit er dann auch schon mal mit zu uns in die Kneipe kam. Da war er nun zwar in eine ihm völlig fremde Welt geraten, doch gab er sich stets redlich Mühe, wozu auch schon gehörte, dass er den Krawattenknoten drei Zentimeter nach unten zog und den obersten Hemdenknopf öffnete. Dass da nun aber auch Frauen mit am Tresen saßen, ganz ohne jede Herrenbegleitung - er konnte nicht umhin, ihnen eindeutige wenn nicht gar professionelle Motive zu unterstellen. Heute nicht mehr nachvollziehbar, aber so war das noch, mitten in den 1980er Jahren.

Sieben Jahre älter als Helmut, also vom Jahrgang 1920, also mit neunzehn in den Krieg gezogen, also irgendwann verletzt worden, wenn auch nicht so schlimm, dass er am Ende nicht doch wieder an der Front gestanden hätte, wo er schließlich in Gefangenschaft geriet, nämlich die amerikanische. Das waren die Rheinwiesen, eine schlimme Sache, bei dem Scheißwetter im Dreck zu liegen, doch war er schon nach einem Monat in ein ordentliches Lager überführt worden und nach einem weiteren halben Jahr überhaupt schon wieder raus.

Dagegen nun Helmut, der bei Kriegsende die Achtzehn noch nicht erreicht hatte und über den Reichsarbeitsdienst nie hinausgekommen war, in dessen Rahmen er irgendwo in Jugoslawien Gräben auszuheben hatte. Soll eher was mit Abenteuer zu tun gehabt haben, zumal sie ja eigentlich in der Schule hätten sitzen müssen. Wäre da nur nicht das ewige Gebrüll ihres Vormanns gewesen, dem sie allerdings ganz zum Ende irgendeinen, Genaueres erinnere ich nicht mehr, fiesen Streich gespielt hatten.

Um es kurz zu machen: der Bruder war ein Wehrmachtssoldat, Helmut aber bereits ein Achtundsechziger, wenn auch einer, dessen Rebellion schon zwanzig Jahre früher ihre ersten Blüten trieb.

Die unmittelbare Nachkriegszeit, dieses Zwischenreich in den Jahren 1945 bis 49. Helmut, wieder in Nürnberg, studierte Klavier, und während alle anderen dabei waren,

Kartoffeln zu organisieren, gab es für ihn und seine Freunde kein dringlicheres Problem, als wie man nach Leipzig gelangen könne, wo nämlich ein Schönberg-Quartett aufgeführt wurde, diese *kulturbolschewistische Judenmusik*. Allerdings hatte Helmut in puncto Kartoffeln eh kein wirkliches Problem, indem er nämlich für die Amerikaner Klavier spielte, nachts im Club, und folglich Dollars in der Tasche hatte, beziehungsweise die entsprechenden Zigaretten, die in diesen Jahren ja die eigentliche Währung darstellten.

Dazu die Anekdote vom grün-braunen Eintopf. Helmuts Mutter, protestantisch, wie man in Nürnberg ja ist, verstand sich nämlich auf die Zubereitung von genau sieben Gerichten, nicht mehr und nicht weniger als diese sieben, die unerbittlich den Tagen der Woche zugeordnet waren, wobei es nun mal den Dienstag getroffen hatte, dass dieser grün-braune Eintopf an der Reihe war. Keiner mochte ihn, der Vater nicht, der Bruder nicht, Helmut schon gar nicht und wahrscheinlich nicht einmal die Mutter. Doch lebt man ja bekanntlich nicht zum Spaß, sondern um seiner heiligen Pflicht und Schuldigkeit willen, und eben das ist es, was gar nicht gründlich genug einzuüben und durchzuexerzieren ist. Ja woraus zog denn das große Sparta all seine Disziplin und Kraft, wenn nicht aus seiner schwarzen Ekelsuppe?

Wir hatten das ja schon mal beim Fall vom Hartkäse im Klosterinternat und gerne nehme ich das Motiv wieder auf, indem ich den knapp zwanzigjährigen Helmut aus seinem Zimmer herunter kommen lasse, spät aufgestanden wie immer, wegen der Amerikaner im Club, während sie dort unten schon alle versammelt sind, der Vater, der Bruder, die Schwester, die Mutter, rund um den gedeckten Tisch, auf dem er auch schon steht, der Eintopf. Sagt Helmut auf Wiedersehen und er gehe jetzt zum Essen rüber ins Wirtshaus. Da ist dem Vater aber der Löffel aus der Hand gefallen. So alt nun schon geworden, aber sowas hatte er Zeit seines Lebens noch nicht gesehen.

Habe jetzt definitiv beschlossen, nicht auf Helmuts Trauerfeier zu gehen. Wir sind nicht gerade im Guten auseinander gegangen, was aber damit zusammenhing, dass im Laufe der 1990er Jahre allseits alles nichts als den Bach runter ging, will sagen runter in jene geistige Entropie, von der ich schon mal sprach. Irgendwann werde ich diesen Sinkflug doch noch mal etwas näher schildern müssen, exemplarisch vielleicht am Schicksal der *edition suhrkamp* oder auch solchen Zeitschriften wie dem *Kursbuch* oder dem *Freibeuter*, wo man ja buchstäblich zuschauen konnte, wie denen die Puste ausging. Dass auf der anderen Seite das aber auch etwas von Befreiung hatte, die Befreiung vom Engagement nämlich und damit auch dem Verantwortungsgefühl, das nämlich mit jedem wahren Engagement verbunden ist, wäre dabei die eigentliche und darstellerisch gewiss schwierigste Aufgabe.

Vorläufig aber möchte ich es bei der Mitteilung belassen, dass es im Laufe dieser Zeit natürlich auch bei uns am Tresen immer stiller wurde, so dass so gut wie keine einzige von jenen heißen Diskussionen mehr aufkam, wo jeder Beitrag unbedingt mit der Formel einzusetzen hatte, dass dies eine nun doch mal wirklich klar sei, was dann aber oft genug zur Folge hatte, dass man noch nachts im Bett verzweifelt nach weiteren Argumenten für seine These suchte, um im Falle der Vergeblichkeit sie am Ende doch noch in Frage zu stellen.

Nein, von sowas schließlich gar nichts mehr, und so kam es, dass ich mich Stück für Stück vom Tresen abwandte, um mich den Kartenspielern im hinteren Raum anzuschließen. Skat nun also wieder. Als Gymnasiast hatte ich es in dieser Disziplin schon einmal ziemlich weit gebracht, hatte nun aber, circa fünfundzwanzig Jahre später, alles nochmal neu zu lernen, was mich schon bald mit jener übermäßigen Leidenschaft erfüllte, wie es für solche Art der Ersatzbildung wohl nicht untypisch ist.

Helmut fing bald an, mich zunehmend ebenso unmöglich zu empfinden, wie umgekehrt ich ihn als langweilig mit seinen immer wieder selben Dönkes von anno dazumal. Doch ließ er sich eh immer seltener sehen und irgendwann ist er ganz weggeblieben. Seinen Fünfundsechzigsten haben wir noch gefeiert, das wäre also 1992 gewesen, von seinem Siebzigsten weiß ich nichts mehr. Kann gut sein, dass wir uns seit zwanzig Jahren nicht mehr sahen. Jetzt angelaufen zu kommen, verbietet die Scham.

54

Einmal hatte Helmut doch glatt dem Hitler in die Augen gesehen, aus ziemlich kurzer Distanz. Ein Kind noch, spielte er gerade zusammen mit andern auf dem Gelände des Reichsparteitags, beziehungsweise auf den Stufen der Tribüne, als sich die Autokolonne näherte und sich herausstellte, dass es der Führer war, gekommen, um zu proben. Merkwürdig, dass sich derweilen um die Kinder keiner groß geschert hat, aber das war ja auch zu meiner Zeit noch so, dass wir eh überall rum standen und zuschauten, und so konnte es offenbar auch geschehen, dass Helmut dem Hitler in die Augen sah. Von einem so eisigen Blau seien die gewesen, dass bis heute es ihn schaudern wolle.

Helmut und seine Anekdoten. Ein ganzes Buch ließe sich füllen, indessen ich mich jetzt zunächst mal auf die folgende aus der Zeit der gymnasialen Oberstufe beschränken will. Es muss so gegen Ende 1943 gewesen sein, als man sich durch die Kriegsereignisse veranlasst sah, auch unter den Lehrern jeden noch einigermaßen tauglichen an die Front zu schicken und dafür jene alten, die man 1933 davon gejagt hatte, wieder in den Dienst zurück zu rufen. So auch jenen Deutsch- und Geschichtslehrer, der ihnen von den alten Griechen erzählte und dabei andeutete, die hätten etwas ganz Besonderes erfunden, wovon er ihnen aber auf gar keinen Fall erzählen könne. Oder etwa doch? Ja, wirklich? Wollt ihr es wirklich wissen? Gut, dann schließt jetzt bitte mal die Fenster und du, hier, schau mal an der Tür, ob nicht jemand horcht. Nein? Keiner horchte und die Fenster waren geschlossen. Da hob der Lehrer die Hände zum Trichter an den Mund und flüsterte es ihnen zu: *De-mo-kra-tie.*

Schwer einzuschätzen, was der Mann dabei riskierte.

In jedem Fall musste er doch damit rechnen, dass sowas zuhause weiter erzählt wird.

Wie auch immer, wenn man Helmut so hörte, konnte man den Eindruck gewinnen, er habe 1943 weniger Faschismus auf dem Gymnasium gehabt als wir 1963. Ich übertreibe jetzt wahrscheinlich, doch hätte ich immerhin von einem katholischen Geistlichen zu berichten, der uns im Religionsunterricht darauf hinwies, dass die Juden einst dem Pontius Pilatus zugerufen hatten, Christi Blut möge über sie und ihre Kindeskinder kommen. Oder von jenem Geographielehrer, der uns in puncto Südafrika ins Heft diktierte, dass sobald man es mit Schwarzen zu tun habe, dich einzig die Apartheid retten könne. Demgegenüber wirkte der Englischlehrer schon fast harmlos, dessen Marotte darin bestand, genau zu wissen, wie wir - nichts selbstverständlicher als dieses wir - den Krieg hätten gewinnen können. Niemals nämlich hätte Hitler bei Dünkirchen die dreihundertfünfzigtausend englischen Soldaten laufen lassen dürfen, niemals. Das sei sein zentraler Fehler und der Anfang vom Ende gewesen, auf einen Frieden mit England zu setzen.

Ein Wort noch zu der Sache mit dem verweigerten Eintopf: sie steht ja tatsächlich prototypisch für die Art von Frechheiten, aus denen später Achtundsechzig gemacht wurde. Dabei hatten wir in Sachen Disziplin und Ekelsuppe mit inzwischen doch recht angezählten Autoritäten zu tun, Positionen, die schon von selber fallen wollten und eigentlich nur noch auf den letzten Stups warteten. Mit anderen Worten: es gab auf der Gegenseite durchaus auch schon mal so etwas, wie ein halb lächelndes Einverständnis. Ob das zu Helmuts Zeiten noch bis an die Grenze zum psychischen Muttermord gegangen war, muss dahingestellt bleiben. Ist mir heute unverzeihlich, mich beim komischen Reiz seiner Anekdote beruhigt und nicht näher nachgefragt zu haben.

Was man im Hinblick auf Helmuts Erlebnis der Nachkriegszeit ferner gar nicht überschätzen kann, ist die für diese Zeit typische Amerikafaszination, dabei vor allem der Jazz, also die von den Nazis geächtete *Negermusik*. Errol Garner, dem er auf dem Klavier zu folgen suchte, die selbstbewusste Art, mit der hier die geniale rechte Hand dem Regime der rigiden linken ständig dazwischen quatschte. Und überhaupt die Lebensart im Club: Jazz und Kaugummi, dabei so unglaublich lässig auf den Stuhl gefläzt, die Füße auf dem Tisch. Gegen ein solches Bild war Mutters Eintopf ja nun mal in die Verlierer-Ecke geraten.

Amerika als die verwirklichte Utopie auf Erden und insofern natürlich in den kommenden zwanzig Jahren die Enttäuschung um so größer, als im Laufe des sich verschärfenden Ost-West-Konflikts die Tendenz der US-Außenpolitik immer offensichtlicher wurde, sich in der Dritten Welt hinter jede noch so dreckige Diktatur zu stellen, um nur ja das Land nicht an die von Moskau unterstützten Rebellen fallen zu lassen.

Eine Geschichte, die ich hier nicht zu erzählen brauche, ebensowenig wie die, dass der Protest gegen diese Politik schon bald zu dem wurde, was es nunmehr zu lernen galt, und zwar abermals von Amerika. 1963 war Helmut in New York, hatte den Marsch der Bürgerrechtler auf Washington miterlebt, hatte Bob Dylan singen hören, vor allem aber auch Joan Baez: *We shall overcome*. Zwar ein fürchterlicher Kitsch, Helmut musste trotzdem weinen.

1964 war er unter den Journalisten, die vom Frankfurter Auschwitzprozess berichteten, indessen die US-Streitkräfte in Vietnam mit der Bombardierung des Nordens einsetzten. Die Einhelligkeit des Applauses von Seiten des Bonner Bundestags, die sozialdemokratische Opposition eingeschlossen, war damals noch die pure Selbstverständlichkeit. Umgekehrt: wer anders dachte, stand schon so gut wie nicht mehr auf dem Boden des Grundgesetzes. 1967, vierzigjährig und mittlerweile in West-Berlin gelandet, war Helmut unter den Gründungsmitgliedern des Republikanischen Clubs, der ja so eine Art von erwachsenem Honoratiorenableger des SDS darstellte, also des Sozialistischen Deutschen Studentenverbands. Der in den USA den Protest anführende Verband hieß übrigens auch SDS, was sich aber nicht von sozialistisch, sondern von *Students for a Democratic Society* herleitete.

Dabei wäre in Hinsicht auf Helmuts Bildungsroman natürlich auch Frankreich nicht zu vergessen. 1952, soeben fünfundzwanzig geworden, seine erste Reise nach Paris, zusammen mit der frisch gewonnenen Geliebten. Zuerst die Enttäuschung, dass das ja auch nur eine Stadt, dass das ja auch nur alles aus Häusern und Straßen gemacht ist, aber dann das Wunder im Existentialisten-Keller, wo doch glatt Juliette Greco sang, und zwar am besten gleich auf Texte von Jean-Paul Sartre. Und dann, *Le Dieu*, Sidney Bechet auf der Klarinette: *Petite Fleur*. Nicht zu vergessen das Hotel: Helmut hatte bei der Anmeldung all seinen Mut zusammen genommen und gefragt, ob sie die beiden Einzelzimmer nebeneinanderliegend haben könnten. Während seiner Gefährtin das Blut nur so ins Gesicht geschossen ist, hat der Portier mit der größten Sachlichkeit der Welt geantwortet, er habe da was, da wäre allerdings eine Verbindungstür dazwischen, ob sie das stören würde. Sowas, meinte Helmut, gab's halt nur in Paris.

Helmut, der Journalist und Kritiker. In seinen Anfängen noch ganz auf Musik spezialisiert, sollte es nicht allzu lange dauern, bis das Theater hinzukam, worauf man ihm die Musik auch schon bald wieder wegnahm, da er nämlich zu expertenhaft geworden war. Dass er aus dem Theater eher aus der Perspektive des interessierten Liebhabers berichtete, kam offenbar besser an. Wann genau er aufhörte, selber was zu schreiben, um im Rundfunk nur noch als Regisseur zu wirken, kann ich nicht mehr sagen, doch war es in jedem Fall politisch bedingt. Er war zu links geworden, um nicht zu sagen zu kommunistisch.

So ganz habe ich das nie begriffen, was das bei ihm war, mit der DDR als dem besseren deutschen Staat. *Der real existierende Sozialismus* - hatte das was vom Spatzen in der Hand? Vielleicht aber auch lag es schlicht nur daran, dass es Leipzig war, wo er zuerst Schönberg hatte hören können, indessen er noch Ende der 1960er Jahre in der West-Berliner

Philharmonie erlebte, wie es im Publikum zu Tätlichkeiten kam, nachdem unter Karl Böhm Strawinskys *Feuervogel* aufgeführt worden war. Wie auch immer, in jedem Fall hatte er gute Kontakte zur Ostberliner Künstler- beziehungsweise Theaterszene, mit der es freilich auch stets etwas halb Dissidentenhaftes und entsprechend auch nur halb Geduldetes auf sich hatte. Prototypisch lässt sich das an einer Figur wie Heiner Müller ablesen, der sich übrigens auch hin und wieder bei uns in der Kneipe sehen ließ, und zwar, denn er hatte das Privileg, noch vor dem Mauerfall. Danach, als man ihn gar in Bayreuth inszenieren ließ, war er zu berühmt für uns geworden.

Zuletzt noch jene Anekdote aus Helmuts früher Kindheit, und zwar so früh, dass er selber über keine Erinnerung verfügte, doch war es sein Vater, der sie immer wieder zum Besten gab, grad so, als sei's ein Wunder gewesen. Als man sich nämlich eines Tages aus disziplinarischen Gründen genötigt gesehen hatte, den kleinen Helmut in den Kohlenkeller zu sperren, musste man anschließend erleben, dass er gar nicht mehr raus wollte, indem er sich nämlich aus den Briketts ein Haus gebaut hatte, und hier sei es, wo er jetzt wohne und man möge ihm künftig das Essen doch auch bitte hier nach unten bringen.

Ja, meinte Helmut, das sei ein durchaus typischer Zug von ihm, dabei einer, auf den er alles andere als stolz sei und viel höhere Achtung habe er doch vor seiner jüngeren Schwester, die in solchen Situationen mit all ihrer Wut gegen die Tür gerannt sei und nur so dagegen getrommelt habe. Das habe doch Format gehabt, auch wenn sie damit summa summarum natürlich auf noch mehr Dresche gekommen sei. Aber das sei bei ihr eh so eine Sache gewesen, wo sie doch auch in sexueller Hinsicht sich schon sehr früh als recht aufgeweckt erwiesen habe, so dass sie, kaum in den Kindergarten gekommen, in all ihrer Arglosigkeit verkündet habe, sie wolle von allen Kindern den Po sehen. Oh, Gott, ist da ein Gewitter losgegangen. Und dann erst mit sechzehn, siebzehn - immer dieses Theater. Hat aber alles nichts gefruchtet, und hat sie am Ende doch im dritten Monat heiraten müssen, und zwar einen Mann, den sie eigentlich gar nicht gewollt hatte.

55

Jetzt wäre nur noch jene Enttäuschung nachzutragen, die ich Helmut gegenüber zu verantworten habe, indem ich das Radio-Feature platzen ließ, das er mit mir zusammen auf der Basis meiner zurückliegenden Arbeiten zusammenstellen wollte. Inhaltlich wäre es dabei im weitesten Sinne um Alltagskultur gegangen, ein in den 1980er Jahren enorm utopisch aufgeladenes Thema, von dem ich aber in den 90ern nichts mehr wissen wollte, wie ich dann überhaupt aufgehört hatte, etwas unter eigenem Namen zu publizieren, um stattdessen gegen entsprechende Bezahlung Betreuungsdienste bei der Verfassung sozialwissenschaftlicher Doktorarbeiten zu übernehmen.

Soviel also jetzt doch noch, um dem Wunsch vom Kultur-Wolfgang entgegen zu kommen, etwas mehr von meiner Geschichte zu erfahren: mein Schritt vom freiberuflichen Feuilletonisten zum akademischen Lektor. Meine Adresse sprach sich erstaunlich schnell herum, so dass ich gegen Ende sogar bei der Geburt einer Habilitationsschrift assistieren durfte, einer im übrigen hoffnungslos uninspirierten Fleißarbeit, für die der Kandidat insofern auf meine Hilfe angewiesen war, als das Deutsche nicht seine Muttersprache war.

Es wurde immer langweiliger, immer mühsamer, ja quälender, um nicht zu sagen widerlicher, und so war das Glück um so größer, als mein letzter Klient, eine in den Kreisen von Wirtschaft und Finanzen durchaus bekannte und geachtete Persönlichkeit, ein Mann, der nach meinen Begriffen auf den Doktortitel ebensogut hätte pfeifen können, doch was weiß unsereiner schon von den in jenen Sphären herrschenden Begriffen - um so größer, also, war mein Glück, als dieser mein letzter Klient, mir zur nachgerade fürstlichen Entlohnung auch noch einen Aktientip mit auf den Weg gab, dazu den Rat, vor einem Hebelprodukt nicht zurück-zuschrecken, also einem dieser Optionsscheine, mit denen zwar ein erheblich höheres Risiko verbunden sei, sich aber auch die Gewinnchancen geradezu potenzieren würden, wobei in diesem Fall, so wurde mir versichert, es kaum etwas zu zittern gebe. Nun, ich vertraute dem Ratgeber, und zwar in einem Maße, das er selber fraglos für unvernünftig gehalten hätte, und die Folge war, dass ich ab 2004, soeben fünfundfünfzig geworden, mich als Privatier wiederfand, der sich von jedem Zwang des Zuverdienstes enthoben sah.

Jetzt sollte erst mal Schluss sein mit der sauren Plage, und vorerst nichts weiter sollte es mehr geben als das Badmintonspiel am Vormittag und den Skat am Abend. Hinzu kam, dass aus dem Kreis der Badmintonspieler beziehungsweise Spielerinnen sich eine ausgesprochen kommode Beziehung auf dem Feld der geschlechtlichen Angelegenheiten ergeben hatte: Sie, als Gärtnerin beim städtischen Garten- und Grünflächenamt beschäftigt, von Gemüt so unkompliziert wie freilich auch schlicht, dabei glücklich verheiratet, will sagen sich mit ihrem Mann ebenso so gut verstehend, wie ihn liebend, nur dass eben sexuell der Ofen mittlerweile aus war. Für sie war der Donnerstag reserviert, wobei es hin und wieder natürlich auch schon mal zu einem spontanen Extraeinsatz hatte kommen können.

Ja, und dann jedes Wochenende die Fußballbundesliga, genauer die Live-Übertragungen in einer entsprechend ausgerichteten Charlottenburger Kneipe: ein zwar eher moderates Vergnügen, vergleichsweise schwache Reprise frühjugendlicher Begeisterung, nun am Köcheln gehalten durch die Einsätze im Wettbüro gleich um die Ecke und dabei einzig überschattet von dem leisen Kummer, dass der in besagter Kneipe den Ton angebende Altmännerstamm, eine allerdings ziemlich biedere und erstaunlich ihren Vätern nachgeratene Truppe, so gut wie über keinen meiner Späße lachen wollte.

Doch davon mal abgesehen - war es nicht ein Leben wie im Paradies? Und hat nicht auch schon Schiller gesagt, dass der Mensch nur da Mensch sei, wo er spielt? Nun, ja, da kommt's wohl auf die Dosis an. Ich jedenfalls musste in den folgenden Jahren erfahren, dass in zumindest meinem Fall solch ein Paradies auf nichts anderes hinauslief, als mich in tiefste Depression versinken zu lassen. Offenbar ist es um mich so bestellt, dass, wenn ich vom Baum der Erkenntnis nicht essen darf, mir kaum anderes bleibt, als mich an ihm aufzuhängen.

Und dies, liebe Freunde, ist genau der Punkt, der mich nun doch ein wenig mehr von meiner Geschichte hat erzählen lassen. Diese Sache mit dem Unglück im Paradies beunruhigt mich wirklich und wird fraglos noch des Näheren zu bedenken sein.

56

Ein Leben wie im Paradies - man sagt das so dahin, und so will ich es jetzt auch nachträglich nicht korrigieren, obgleich doch der Garten Eden kaum etwas mit Wettkampfspielen alla Skat oder Badminton zu tun gehabt haben dürfte, zumal, wenn man noch bedenkt, dass insbesondere unser Skatspiel kaum auch nur einmal ohne erhebliche Aggressionsentwicklung über die Runden gekommen wäre.

Aber was soll man machen, wenn dir einer sagt, du seist so blöd, dass dich die Schweine beißen, während in Wahrheit es doch er war, der nicht kapiert hatte, dass ich schon gleich nach dem ersten Stich die Strategie auf Schneider-frei umgestellt hatte. Hätte er es kapiert und wäre mitgezogen, wären wir auch höchst wahrscheinlich gar nicht Schneider geworden. Aber was soll's, hatte ich mir schon gedacht, solche Feinheiten kannst du halt mit dem zusammen nicht spielen und so hatte ich mich auch bereits dafür entschieden, gnädig drüber wegzusehen und meinen Mund zu halten, und dann ist's doch tatsächlich er, der zu kläffen anfängt und mit seinen Schweinen angeschissen kommt. Wenn mich irgendwas auf Hundert bringt, dann sowas, und dann heißt's hinterher wieder, der Alban sei's gewesen, der laut geworden ist. Von wegen paradiesisch, kann ich da nur sagen.

Und auch die andere Seite scheint mir nicht gerade ins Bild geglückter Harmonie zu passen, wenn nämlich die zuschauermäßige Teilnahme an Fußballspielen nicht ohne die stimulierende Wirkung von Wetteinsätzen auskommen konnte, indessen es doch dies eine im Garten Eden mit Sicherheit nicht gegeben hat, nämlich das Geld. Genauer besehen dürfte das einzig Paradiesische an meiner Auszeit darin gelegen haben, dass wenigstens meine Geliebte eine Gärtnerin war.

Was nun aber das tatsächliche Paradies betrifft, also das, wie es in der Bibel steht, so hat sich der Kultur-Wolfgang inzwischen nochmals mit meinem Manuskript befasst und gibt mir nun den Rat, meine Interpretation der Urgeschichte grundsätzlich zu überarbeiten und dabei stärker noch herauszustellen, wie sehr doch der Sündenfall für die schmerzliche Seite steht, die die Verabschiedung des Menschen aus dem Tierreich mit sich brachte, also seine Verabschiedung vom Glück der Tiere, ihrem Leben nicht nur ohne Scham und Schuld, sondern auch ohne Fron und Schufterei.

Nein, sage ich, nachträglich in einen Text eingreifen, den ich einmal als vollendet aus der Hand gelegt habe, wolle ich doch lieber nicht, als es vielmehr meine Intention sei, liegen gelassene Fäden immer mal wieder aufzunehmen, und da wäre ja zum Beispiel beim Schamgefühl auch noch einmal näher darauf einzugehen, dass auch Menschenkinder bis etwa zum dritten Lebensjahr diesen Affekt gar nicht kennen, sehr im Unterschied übrigens zur Wut, die so ein kleines Wesen dann auch schon mal dazu bringen kann, mitten im Supermarkt einen strampelnden Anfall aufs Parkett zu legen, wobei dann die Sache mit dem Sich-Schämen ganz der Mutter überlassen bleibt.

Ja, meint Wolfgang, das sei tatsächlich ein weites Feld mit diesem Anpassungsaffekt par excellence. Dass nun aber dessen Einführung in der Bibel mit der Vertreibung auf den Acker beziehungsweise der Verdammung zur Arbeit kombiniert wird - ob nicht darin das eigentlich Geniale liege? Der Acker als Sinnbild dafür, dass der Mensch im Schweiße seines Angesichts das Wesen ist, für das es keine natürliche Umwelt gibt, in der er sich so ungezwungen bewegen könnte wie der Fisch im Wasser oder der Vogel zwischen den Bäumen.

Denn das sei ja so etwas wie der erste Hauptsatz der Anthropologie: der Mensch, unangepasst an die Natur und gerade deshalb seine enorme Fähigkeit zur Anpassung an die jeweils gegebene Kultur, sei es nun die der Eskimos im Eis oder die der Nomaden in der Wüste. Die jeweilige Kultur sei die in langer Tradition geschriebene Software, die ihm den Instinkt ersetzt, und die von jedem Individuum immer wieder erst mal runtergeladen, erst mal eingeübt und verinnerlicht werden muss, wobei offenbar der Affekt der Scham kräftig mitwirkt, jener Affekt also, dem es keineswegs egal ist, was denn da die Leute denken.

Übrigens, fährt Wolfgang fort, meinte *cultura* im Lateinischen ursprünglich nichts anderes als den Ackerbau und erst relativ spät wird es Cicero sein, der sich das Späßchen macht, von der Philosophie als der *cultura animi* zu sprechen, dem Ackerbau der Seele. Laut Handwörterbuch soll erst von da an die Rede von der *cultura* den Weg in die höheren Gefilde genommen haben: die kulturell verfeinerte Seele sozusagen als der Weizen pur, ganz ohne Distel, ohne Dorn.

Ja, und so gesehen, ergänze ich, erscheine auch schon die zentrale Frage, ob denn Distel und Dorn sich wirklich einzig und immer nur zu schämen haben und ob Eva-Maria nicht doch auch ein wenig recht habe, wenn sie sich neuerdings dafür einsetzt, dass man zum Unkraut nicht mehr Unkraut, sondern *Spontangewächs* sagen soll.

Wolfgang lacht: „Nun übertreib mal nicht, zwischen dem Weizen haben Distel und Dorn nun wirklich nichts zu suchen."

Nein, sage ich, zwischen dem Weizen nicht, aber im Fall des Lustgartens stelle sich doch die Frage, wie weit sich das Wilde und Barbarische nicht ins kulturell Verfeinerte integrieren ließe, statt immer nur, wie zum Beispiel ein Onkel von mir es ständig tat, mit einem Riesending von einer Giftsprühflasche auf dem Rücken im Rasen herum zu kriechen. Und im übrigen, so schließlich meine Pointe, sei es unter allen Kulturgewächsen ausgerechnet die Rose, die aufs Beeindruckendste mit Dornen ausgestattet sei.

Ja, ergänzt Wolfgang, oben die Kultur, unten das Wilde und Barbarische.

Kultur und Arbeit: Kaum zwei Seiten brauchte die Bibel, um zum Begriff der Arbeit drei Varianten vorzuführen, nämlich außer der gegen den Schweiß auf dem Acker gehaltenen Gärtnerei im Lustgarten auch noch jenes kreative Schaffen, durch das Gott im Wechsel zwischen spontaner Hervorbringung und kritischer Reflexion die Welt im Stufengang erschuf. Dabei hatte der Autor des biblischen Berichts - fraglos ein Sprachkünstler von höchstem Rang - sich gewiss nicht lange nach einem Modell umsehen müssen, konnte er doch gleich auf die eigene Arbeitsweise zurückgreifen.

Nun weist mich Wolfgang darauf hin, dass in der zweiten, konkretisierenden Version des Schöpfungsberichts sich die Arbeitsweise abermals verändert hat, indem an die Stelle des per se schon wirkmächtigen Wortes nun das Modellieren mit dem angefeuchteten Erdboden tritt. Nicht mehr kraft der Formel vom Es-Werde, sondern mit seinen Händen *formte Gott den Menschen und blies in seine Nase den Lebensatem. So wurde der Mensch zu einem lebendigen Wesen.*

Der kreative Gott jetzt als Keramiker, der sich die Schaffung eines ebenbildlichen Gegenübers vorgenommen hat. Wolfgang verweist auf die hohe Kultur der Plastik, die es in Ägypten schon um 1300 v.Chr. - also acht bis neun Jahrhunderte vor der Schlussredaktion des Genesis-Textes - zu so etwas wie der Büste der Nofretete hatte bringen können, indessen die Venus von Willendorf gar dreißigtausend Jahre älter sei und dabei nicht einmal in Ton modelliert, vielmehr mit Steinwerkzeugen aus dem Kalkstein geschnitten. Unglaublich bei derartigen Rundungen.

Ferner hat Wolfgang natürlich völlig damit recht, dass, wenn die sechs in der Bibel verhängten Strafen - ihr erinnert euch und könnt sie selbstredend der Reihe nach aufsagen, zwei an die Adresse der Schlange, zwei an die von Eva, zwei an die von Adam - wenn diese sechs Strafen so etwas wie ein Kompendium der rechtfertigungsbedürftigen Übel in dieser Welt darstellen, man dann aber auch, siebtens, das Einschießen der Scham mit dazu zählen müßte, so wie es sich zwar nicht als Strafe, sondern als unmittelbare Folge aus dem Biss in die Frucht ergab. Dann aber auch, achtens, die babylonische Sprachverwirrung gleich noch mit dazu, die übrigens, so Wolfgang weiter, im Pfingstwunder partiell wieder zurückgenommen wurde, als sie sich plötzlich alle wieder verstehen konnten, wenigstens für eine Weile. Aber die Sprachverwirrung sei ja ebenfalls nicht, hier Wolfgang ganz mit mir im Einklang, als Strafe verhängt worden, als sie die Maßname eines mißgünstigen Konkurrenten darstelle: Jahwe, der hier gerade mal wieder seiner eher dämonischen Seite Zucker gebe beziehungsweise (und religionshistorisch gesprochen) auf sie zurückfalle.

Ferner findet Wolfgang, dass ich die ursprungsmythischen Implikationen der Paradiesgeschichte ein wenig allzu lässig behandle. Auch damit wird er wohl recht haben, war mir doch als langjährigem Hörer von Klaus Heinrichs Vorlesungen dieser Punkt nur allzu selbstverständlich. Ja und wer überhaupt, so mag ich wohl gedacht haben, fühlt und denkt denn heute noch ursprungsmythisch?

Evolutionstheoretisch gehen wir ja davon aus, dass das Entsprungene von höherer Entwicklungsstufe ist als der Ursprung, der Homo erectus höher als der Homo rudolfensis, der heidelbergensis höher als erectus, der Neandertaler schließlich eine Fortentwicklung des Heidelbergers, bis endlich Homo sapiens auftritt, um sie alle platt zu machen, denn Entwicklungsstufe ist hier natürlich auf den Kampf ums Überleben bezogen und keineswegs auf die Entwicklung von etwa so etwas wie größerer Herzensgüte. Was diese letztere betrifft, hat uns der Neandertaler vielleicht sogar etwas voraus gehabt, jedenfalls will es mir ganz so scheinen, wenn ich mir die Rekonstruktionen seiner Züge anschaue.

Doch Evolution hin, Evolution her, wenn einer sich mit

Mythen befasst, so Wolfgangs Einwand, müsse er auch mythologisch denken und dann liege nun mal alle Seinsfülle allein im Ursprung, gegen den sich das Entsprungene als von minderer und bloß abgeleiteter Qualität ausnehme. So dumm und primitiv solche Denke auch immer sei, aber so laufe das nunmal, und was nun Eva betreffe, so werde ihr in dieser Hinsicht gleich zweifach - ich bitte zu entschuldigen, aber so Wolfgangs Ausdruck - die Arschkarte zugeschoben: Nicht nur aus Adam entsprungen und damit von vergleichsweise defizitärer Natur, erhebe sie sich dann auch noch zu höchster Ursprungsfülle, wenn es um die erste Sünde geht. *Durch das Weib kam die Sünde in die Welt* - es ließe sich, meint Wolfgang, ein dickes kirchengeschichtliches Buch darüber schreiben.

57

War ein wirklich interessantes Gespräch mit ihm, wie sich ja überhaupt am Telefon viel intensiver und konzentrierter miteinander reden lässt, als wenn man sich gegenübersitzend ins Gesicht schaut. Umgekehrt: wer's allzu konzentriert und intensiv nicht mag, der wird auch das Telefon nicht mögen. Beim nächsten Mal muss ich Wolfgang unbedingt von jenem Möbelverkäufer aus meiner ehemaligen Stammkneipe erzählen, der, wenn er einem Ehepaar ein Sofa zu verkaufen hatte, sich einzig auf die Frau zu konzentrieren suchte, denn welches Teil schließlich erworben wurde - was schon, ich bitte euch, hätte der Alte da mitzureden gehabt?

So jedenfalls Nico, der Möbelverkäufer, und der war sowas von schwul, dass es von ihm hieß, er habe es erfunden. Auch hieß er eigentlich gar nicht Nico, hatte sich diesen Namen vielmehr selber zugelegt, indem sein eigentlicher nun aber wirklich daneben gewesen wäre. Ich kann mich nicht mehr recht erinnern, irgendwas in Richtung von Karl-Albrecht oder noch schlimmer. Und das bei Nicos Naturell, das ihn auch schon mal dazu bringen konnte, uns im Detail darzulegen, wie er sich heute mal wieder partout nicht habe entscheiden können, was er anziehen solle, das blaue oder das rote T-Shirt, aber dann habe er auf dem Kalender gesehen, dass ja Gründonnerstag sei, und da habe er sich an die Stirn geschlagen und gerufen, Mensch, Nico, dann zieh doch einfach das grüne an.

Eva-Maria natürlich gleich wieder in aufjubelnder Begeisterung, wie sie sich überhaupt ausgesprochen gut mit ihm verstand, auch wenn ihr selber irgendwelche Skrupel in Sachen Garderobe völlig fremd waren. Damals, als sie ihre blonden Haare noch lang trug, erschien sie nie anders als in weißer Jeans zu einem schwarzem Hemd von stets der gleichen Machart, nämlich aus recht feinem Stoff nach Herrenart geschnitten. Es war wirklich geradezu undenkbar, sie je einmal anders zu sehen als in dieser Schwarzweiß-beziehungsweise Weißschwarz-Kombination, wobei die blonden Haare auf dem schwarzen Hemd, das muss man schon sagen, ein echter Knüller waren.

Doch zurück zur biblischen Eva und zu jener Situation, wo sie zaudernd vor dem Baum stehend sich von der Schlange bequatschen lässt. Eine Passage von solcher Intensität, dass sie innerhalb der Urgeschichte tatsächlich mit guten Chancen für den ersten Platz kandidieren könnte. Indem nun schon soviel davon die Rede war, sei sie jetzt auch endlich im vollen Wortlaut (und sozusagen mit all ihren Wurzeln) hier an Ort und Stelle nachgetragen:

Die Schlange war schlauer als alle Tiere des Feldes, die Gott, der Herr, gemacht hatte. Sie sagte zu der Frau: Hat Gott wirklich gesagt: Ihr dürft von keinem Baum des Gartens essen? Die Frau entgegnete der Schlange: Von den Früchten der Bäume im Garten dürfen wir essen, nur von den Früchten des Baumes, der in der Mitte des Gartens steht, hat Gott gesagt: Davon dürft ihr nicht essen und daran dürft ihr nicht rühren, sonst werdet ihr sterben. Darauf sagte die Schlange zur Frau: Nein ihr werdet nicht sterben. Gott weiß vielmehr: Sobald ihr davon esst, gehen euch die Augen auf; ihr werdet wie Gott und erkennt Gut und Böse. Da sah die Frau, dass es köstlich wäre, von dem Baum zu essen, dass der Baum eine Augenweide war und dazu verlockte, klug zu werden. Sie nahm von seinen Früchten und aß; sie gab auch ihrem Mann, der bei ihr war, und auch er aß. Da gingen beiden die Augen auf und sie erkannten, dass sie nackt waren.

Ist es nicht merkwürdig, wie vertraut sich das ausnimmt? Während sie der Verführungsmacht des Baumes erliegt, war er derweilen wohl hinter der Zeitung verschwunden. Zu doof zur Sünde, ließe sich libertinen Geistes sagen.

58

Indem das Thema nun mal wieder auf dem Tisch ist, darf ich diesmal aber nicht vergessen, mein entsprechendes Lieblingsgemälde vorzustellen. Dabei wüßte ich selber gar nicht so genau zu sagen, warum nun gerade dieses, denn daran allein kann es doch nicht liegen, dass Hugo van der Goes (1435 - 1482) zu den wenigen Malern gehört, die sich darauf eingelassen haben, dass die Schlange ursprünglich sowohl noch über Beine verfügte wie auch über einen Kopf zum Reden. Doch wie bemerkenswert das auch immer ist, hat es auf der anderen Seite den Nachteil, dass die Kuriosität seines aus Echse und bösem Engel zusammengesetzten Mischwesens eine Aufmerksamkeit auf sich zieht, die gegenüber dem eigentlichen Zentrum, nämlich der Sünderin in ihrer gerade soeben noch unschuldigen Nacktheit, etwas Störendes hervorkehrt.

Dass Eva dabei ausgerechnet jenem Baum, von dem geschrieben steht, er sei ihr eine verlockende Augenweide gewesen, den Rücken zudreht, ist freilich nicht dem Maler anzukreiden. Es handelt sich um geradezu die Regel Nummer Eins der Renaissancemalerei, wenn nicht überhaupt der darstellenden christlichen Kunst. Eine Eva, die dem Baum zugewandt und damit dem Betrachter als Rückenakt erschienen wäre, scheint undenkbar gewesen zu sein. Ich jedenfalls warte bis heute noch darauf, dass mir die erste Ausnahme begegnen würde.

Schwer zu sagen, ob der Rückenakt als noch anstößiger empfunden worden wäre, als die frontale Darstellung es eh schon war, doch verlangt die Tradition des Heiligenbildes in jedem Fall das Statuarische, und dies allerdings wird durch Hugo van der Goes - ja, wie soll man sagen? - halb genügt er ihm, halb bricht er es auf, dynamisiert es in raffinierter Weise, indem hier nämlich ein bestimmter Augenblick inmitten des Geschehens festgehalten ist. Im Moment, als Eva in jene Frucht biss, die sie jetzt in der rechten Hand nach unten hält, war sie natürlich noch dem Baum zugewandt, um gleich anschließend mit der linken nach der zweiten Frucht zu greifen, auf dass sie nun im Begriffe ist, im großen Bogen nach rechts herum - nach links, wo Adam steht, ginge es ja nicht mehr wegen ihres Arms im Baum - nach rechts also sich abzudrehen, weg vom Baum und weg von jenem einflüsternden Mischwesen, einmal um ihre Achse dem Adam zu, der seinen Blick wer weiß wohin gerichtet hat. Für den Rückenakt sind wir gerade mal um einen Moment zu spät gekommen.

Doch nicht, dass ihr jetzt meint, ich würde Nico, den Möbelverkäufer, in irgendeiner Weise mit jener Echsenkreatur des Hugo van der Goes vergleichen wollen. Das heißt in einer Hinsicht eben doch, indem nämlich in Sachen Anstiftung und Verführung sie sich beide an die Frau hielten. Das aber wäre es denn auch schon gewesen, da nämlich ansonsten Nicos Problem gerade darin lag, nichts verkaufen zu wollen und verkaufen zu können, wovon er nicht selber überzeugt, um nicht zu sagen geradezu begeistert gewesen wäre.

Eine nicht unproblematische Eigenschaft für einen Verkäufer und in Nicos Fall eines Tages auch tatsächlich dazu führend, dass ihm gekündigt wurde. Der daraufhin von ihm eröffnete Laden für Kunsthandwerk und Produktdesign, als Studio deklariert, dürfte kaum jemals mehr als die Miete eingebracht haben. Doch kam für seinen Unterhalt derweilen sein Lebenspartner auf, ein Arrangement, getragen von dem für beide Seiten beruhigenden Gefühl, dass sich der Ausgehaltene wird revanchieren können, sobald ihm das zu erwartende Erbe zugefallen sein wird. Als es dann soweit war, erging es Nico freilich ganz ähnlich beziehungsweise noch viel schlimmer, als es später mir nach meinem finanziellen Glücksfall passieren sollte, hatte Nico es doch tatsächlich geschafft, sich binnen von drei, vier Jahren tot zu saufen. Mal wieder sahen wir uns alle auf dem Friedhof Wilmersdorf versammelt.

Hugo van der Goes - The Fall of Man

59

Nicos Identität - was verstehe ich schon davon und kann ich doch im Grunde nicht mehr dazu sagen, als dass man sich bei ihm irgend eine Art von persönlicher Verwandlung kaum hätte vorstellen können. Nichts von Wiedergeburt und zweitem Frühling, wo er doch so ganz seiner unabdingbar ersten Natur lebte. Und dann dieser plötzliche Verfall, dieser Schritt, um auch diese Formel nochmal aufzunehmen, von der scheinbar endlos verlängerten Jugend in die verfrühte Vergreisung.

Kaum einer, der so schön von schönen Frauen schwärmen konnte. Indem er sie nicht begehrte, konnte er sie um so besser verehren, und zwar vor allem, wenn sie im divinen Glanz vom Hollywood der 1940er Jahre erschienen. Esther Williams in *Die badende Venus*, Rita Hayworth in *Gilda*, zumal in jener Szene, wo sie singend - *put the blame on Mame* - ihren ellbogenlangen Handschuh auszieht. Nico und seine Handschuhfilme, sagte Dimitrij Grigorowitsch.

1947 in Berlin geboren, katholisch getauft und erzogen, weil mütterlicherseits aus Salzburg stammend, sollte es ihm später doch noch gelingen, unter seinen Ahnen eine jüdische oder halbjüdische Urgroßmutter ausfindig zu machen, an die seine Identität zu binden er endgültig beschließen wird, nachdem gegen Ende der siebziger Jahre sein Glaube, sein freilich stets eher locker gehaltener, an den großen Vorsitzenden Mao Tse-Tung eingebrochen war. Von nun an war Nico ein Jude, trug einen silbernen Davidstern am silbernen Halskettchen und gehörte sozusagen mit zu den Verfolgten des Naziregimes. Als ich einmal eine spöttische Bemerkung darüber fallen ließ, war es Eva-Maria, die mich sehr zu recht darauf hinwies, dass Nico auf Grund seiner Veranlagung fraglos ein Fall fürs Lager gewesen wäre, er aber ganz offenbar den gelben Stern als etwas Ehrbareres dem rosa Winkel vorzog.

Der Holocaust - während mir das durch den amerikanischen TV-Vierteiler von 1978 aufgekommene Wort noch nicht so recht über die Lippen wollte und ich lieber nach

wie vor (und immerhin in der Tradition Adornos) von
Auschwitz im generalisierten Sinn sprach, war die ebenfalls ganz neuerdings aufgekommene Rede von der Shoah
gerade so, als wäre sie für Nico erfunden worden. Das
war ja überhaupt so eine Sache bei ihm, sein Verhältnis zu
den Wörtern. Im guten wie im bösen Sinn hatten sie ihm
geradezu etwas noch Realitätsschwereres als die Realität
selber, und so sprach er auch das Wort von der Shoah nie
anders aus, als sei es an sich schon etwas geradezu Heiliges.
Mein Hinweis auf das dezidiert progressive Jüdische
Gemeindehaus in der Fasanenstraße, in dessen Bibliothek
die entsprechende Abteilung mit den trockenen Worten
Verfolgung und Vernichtung überschrieben ist, brachte mir
nichts als kopfschüttelnde Nichtbeachtung ein.

Nico starb 2006 im Alter von neunundfünfzig Jahren.
Als ich ihn zum letzten Mal sah, es muss drei, vier Wochen
vor seinem Tod gewesen sein, saß er völlig ungewohnter
Weise am sogenannten Einsiedlertisch, dem Stehtisch
rechts vom Tresen mit nur Platz für einen Hocker. Bereits
schwer angetrunken, war er ganz in der Betrachtung seines
sommerlich gebräunten linken Arms versunken, währenddessen eine dicke Träne über seine Wange lief. Auf meine
besorgte Nachfrage stellte sich heraus, dass sich ihm gerade
die Vision aufgedrängt hatte, wie man aus seiner Haut einen
Lampenschirm hätte machen können, „weißt du", sagte er,
„so einen mit Borte und Brokat, alles ganz im Schwulst von
so einem saugemütlichen Nazi-Wohnzimmer."

60

Dieses Thema also nun. Dabei hatte ich es doch schon mal
so schön abgewürgt und verschoben bis auf unbestimmt.
Ihr erinnert euch? Gleich zu Anfang, als es um alltags-
sprachliche Mythen ging, wie die vom Vaginalkrampf,
dem Scheintoten im Sarg, dem Schlafwandler auf dem
Dach oder auch nur jenem Professor, dem die Putzfrau
die Bibliothek auf den Kopf gestellt hatte - in diesem doch
eher humorigen Zusammenhang wollte ich nun wirklich

nicht auch noch mit sowas wie dem Lampenschirm ankommen.

Tatsächlich gab es in den 1950er Jahren kein Kind auf der Straße, das nicht von ihm gehört hätte. Das war so irgendwie im allgemeinen Wissenshintergrund, dem irgendwie von irgendwoher geflüsterten: wenn nicht zu Seife, dann seien sie zu Lampenschirmen verarbeitet worden, und im übrigen vergast und verbrannt.

Genauer gesagt, entweder vergast oder verbrannt, denn ich, und jetzt wirklich nur für meine Person gesprochen, hatte als Kind wie selbstverständlich angenommen, man habe sie lebendig verbrannt. Ein Tatbestand, den ich allerdings nicht direkt erinnern kann, sondern nur vermittelt über die Erinnerung an das Erleichterungserlebnis, als ich des besseren belehrt wurde.

Ich muss etwa zehn Jahre alt gewesen sein, als mich mein als tendenzieller Widerständler aus dem Krieg hervorgegangener Vater nach Dachau ins ehemalige Lager führte, das soeben noch, also 1959, von deutschen Flüchtlingen auf höchst vitale Weise bewohnt war: Fußball kickende Jungs auf dem Appellplatz, Mütter, die, aus dem Fenster gelehnt, nach ihnen krähten. Den Fenstern der Kommandatur, versteht sich, denn die Baracken der Häftlinge waren indiskutabel. Am Rande die ersten Ansätze zu einer Gedenkstätte. Kränze vor den drei oder vier Öfen und hier meine Erleichterung, meine Erleichterungsenttäuschung, als ich erfuhr, dass diese Schreckensdinger exklusiv für die Kremierung von Leichen bestimmt waren.

Nicht also wie im Fall der Hexe bei Hänsel und Gretel, nicht wie in der Bibel bei den drei Jünglingen in Nebukadnezars Feuerofen, nicht wie beim heiligen Laurentius, den der römische Hauptmann auf dem Rost hatte braten lassen, und auch nicht so, wie es höchst wahrscheinlich dereinst auch mir ergehen wird, nämlich in den Flammen des Fegefeuers, wenn nicht gar in denen von Hölle und ewiger Verdammnis.

Schließlich auch nicht so, wie es zuvor noch mit uns allen geschehen wird, nämlich im dritten Weltkrieg, der doch ebenso zweifelsfrei vor der Tür stand, wie bei uns auf dem

Schulhof die Frage allerdings kontrovers diskutiert wurde, was man davon noch mitbekommen wird, wenn der Russe die Atombombe über der Stadt wird gezündet haben.

Da wir am Stadtrand wohnten, hielt einer die Chance für durchaus gegeben, mit seinem Fahrrad noch davon zu kommen, also die Eversbuschstraße rechts hinauf und raus aus der Stadt, indessen ein anderer ihn einen Deppen nannte, weil es nämlich nichts Schlimmeres gebe als den langsamen Strahlentod, weshalb er, also dieser Gegenredner, ganz umgekehrt gerade mitten hinein wollte, die Eversbuschstraße links hinunter. Laut der schlesischen Putzfrau, bei uns zu Hause, und die war nun wirklich eine Kapazität in solchen Fragen, war das aber alles Quatsch, wo sie doch gerade im Kino in der tönenden Wochenschau gesagt haben, dass so eine Bombe von heute eine Kraft habe, die mit der von Hiroshima überhaupt gar nicht zu vergleichen sei. Nur noch einen kurzen grellen Blitz werde man sehen und dann aus.

Kommen wir zum Lampenschirm und der Sache mit der Seife, zwei sehr unterschiedlichen Erzählungen und dabei keineswegs völlig aus der Luft gegriffen, alle beide nicht.

Was die Seife betrifft, so hat es an der medizinischen Akademie in Danzig einen Professor namens Rudolf Spanner gegeben, der in den Jahren 1943-44 auf, wie es heißt, eigene Initiative an einem Verfahren zur Herstellung von Seife aus menschlichen Körpern arbeitete, wozu er sich Leichen aus Königsberger und Danziger Gefängnissen sowie dem Konzentrationslager Stutthof kommen ließ. Es soll zur Herstellung von einigen Dutzend Stücken Seife gekommen sein, die zu Reinigungszwecken innerhalb der Autopsieräume Verwendung fanden. In Danzig hängt heute an dieser Stelle eine Gedenktafel in polnischer, englischer, deutscher und russischer Sprache. Gerichtlich wurde Professor Spanner niemals belangt, kehrte vielmehr nach Kriegsende in seine Heimatstadt Köln zurück, wo er ab 1946 weiterhin akademisch wirkte.

Dabei ging die Vorstellung vom Vernichtungslager als

einer Seifenfabrik gar nicht mal allzu sehr an der Realität vorbei. Denn wenn es in Wahrheit auch pure Asche war, zu was die Opfer verarbeitet wurden, so geschah es nach dem Modell großindustrieller Produktion. So reibungslos wie diese, so diszipliniert wie diese, und zwar bis hinauf ins oberste Management. Das Symbol des Totenkopfs, das die SS doch tatsächlich auf der Mütze trug, wäre kaum besser ins Konkretere zu überführen als durch das Bild vom kalten Gemütes ausgeführten Genickschuss.

Nach den Berichten der Zeugen ward lustlos gefoltert, lustlos gemordet und darum vielleicht gerade so über alles Maß hinaus.

So Adorno bereits 1945, noch aus der amerikanischen Emigration, dabei seine Verwunderung über den Mangel an Sadismus mit dem Erschrecken eben darüber verbindend. Nach dem Eichmann-Prozess von 1961 wird dasselbe Erstaunen, dasselbe Erschrecken, Hannah Arendt zu ihrer Formel von der *Banalität des Bösen* führen.

Demgegenüber wäre der Lampenschirm nun allerdings von anderem Kaliber. Man muss ihn nur neben den siebenarmigen Leuchter halten, um ihn als Gegenstand eines satanischen Kultes wahrzunehmen, einer Teufelsmesse sozusagen. Die Erzählung von ihm geht auf den SS-Führer und Kommandanten des Lagers Buchenwald Karl Otto Koch zurück, der allerdings noch von der SS-Justiz selber zum Tode verurteilt und durch Erschießung hingerichtet wurde, wegen der ihm nachgewiesenen Fälle von Unterschlagung und Korruption. Dieser Kommandant Koch, dessen Frau Ilse es später zu schauriger Berühmtheit als der Hexe von Buchenwald bringen wird, war es also, der laut glaubwürdiger Zeugenaussage im Jahre 1941 die Herstellung einer solchen Lampe angeordnet und auch selber passende Stücke gegerbter tätowierter Menschenhaut ausgesucht haben soll. Ich zitiere aus der Webseite der Gedenkstätte Buchenwald:

Der Zeitpunkt läßt sich durch die Aussage Ackermanns noch präzisieren. Ackermann war nämlich, wie er 1950 vor Gericht als Zeuge aussagte, der Überbringer der Lampe. Der Lampenfuß sei aus einem menschlichen Fuß und Schienbein angefertigt worden; auf dem Schirm habe man Tätowierungen und sogar noch Brustwarzen gesehen. Anläßlich der Geburtstagsparty von Koch habe er von Lagerarzt Hoven den Auftrag erhalten, die Lampe in die Villa Koch zu bringen. Das tat er. Einer der Partygäste habe ihm später erzählt, die Präsentation der Lampe sei ein Riesenerfolg gewesen. Die Lampe sei sofort wieder verschwunden, nachdem die höhere SS-Führung davon erfahren habe.

Auch nach Kriegsende hat sich keine Spur mehr von ihr finden lassen. Ein von der US-Militärregierung anfangs noch gezeigtes Exponat, eine ganz normal scheinende Tischlampe mit Pergamentschirm, wurde bald wieder aus der Sammlung genommen und gilt seither als verschollen. Der Schirm einer in der DDR bis zuletzt im Museum für deutsche Geschichte gezeigten Nachttischlampe war bei seiner Überprüfung im Jahre 1992 - Originalton Laborbericht - nicht als von menschlicher Art zu identifizieren gewesen.

Weiter auf der Webseite der Gedenkstätte: Die Erzählung vom Lampenschirm aus Menschenhaut war Bestandteil der Nachkriegserzählung und wurde von der Presse, besonders im Umfeld der zwei gegen Ilse Koch 1947 und 1950 geführten Prozesse, stark aufgegriffen. Obwohl man Frau Koch in dieser Hinsicht keine konkrete Schuld nachweisen konnte, blieb die Lampenschirm-Geschichte lange Jahre fester Bestandteil der Buchenwald-Erzählung.

Und keineswegs nur der Buchenwald-Erzählung. Für uns, den Kindern der 1950er Jahre, war sie im Verbund mit der Seife aus Danzig zum Zentrum der allgemeinen Holocaust-Erzählung geworden. Und nicht nur uns Kindern. Ich muss doch nur an die Großmutter eines nahen Freundes denken, eine noch gar nicht mal so alte Dame, von der es hieß, sie sei seinerzeit von Hitlers Reden derart von Euphorie ergriffen worden, dass es bei ihr zu richtiggehenden Zuständen vor dem Radio habe kommen können, bis hin zu jenem vor versammelter Familie getätigten Ausruf, sie würde sich ohne weiteres dazu bereit erklären, dem Führer ein Kind zu schenken.

Diese Frau, die sich selbst übrigens für die Anständigkeit in Person hielt, konnte sich in jenen 1950er Jahren gar nicht genug über die Sache mit dem Lampenschirm ereifern und dabei sich vor Abscheu nur so schütteln, nämlich beim Gedanken an diesen Teufel von einem Heinrich Himmler, der die Ermordung von Millionen unschuldiger Menschen angeordnet hatte, und zwar, davon war sie nicht abzubringen, wenn nicht vollends hinterm Rücken des Führers, so doch gegen dessen eigentlichen Willen.

Von unserem Grundschullehrer habe ich bereits erzählt, diesem Bolschewistenfresser mit dem wohlerzogenen Hund. Bei dem sah das ganz ähnlich aus, nur dass in seinem Fall das auch noch mit einer ausgesprochenen Parteinahme für den Staat Israel verbunden war. Das war seine Art von Buße und Wiedergutmachung, indessen ihm der Krieg gegen die Sowjetunion nach wie vor heilig blieb und ja weiß Gott auch heilig bleiben durfte, wo doch gleich nach Kriegsende auch den Amerikanern die Augen aufgegangen waren, auf dass sie sich nicht nur vom Gegner zum Bündnispartner gewandelt, sondern sogar die Führungsrolle übernommen hatten, im Kampf gegen den bolschewistischen Antichristen.

Doch was erzähle ich von einer Oma, hier, und einem Lehrer, dort, wo es doch viel allgemeiner um geradezu das Zentrum des die Adenauer-Ära tragenden Mythos geht, nämlich um jenes zweiseitige Narrativ, bei dem die ebenso schaurigen wie übers Diffuse nie hinauskommenden KZ-Geschichten die Rückseite bildeten zur großen Erzählung von der sauberen Wehrmacht und ihrem ehrenhaften Kampf gegen die rote Armee.

Das war die Basis-Lüge der Bonner Republik. Die Lüge, von der aus sich alles vergiftete und ohne die sich auch das Spezifikum des bundesdeutschen Achtundsechzig nicht verstehen lässt. Auch sollte es noch weit über Adenauer hinaus dauern, genauer gesagt bis zum Mai 1985, bis diesem Spuk der letzte Atem ausging, nicht freilich ohne dass er, ganz stilgerecht, noch eine letzte Blüte hervorgebracht hätte, indem der frisch gewählte Kanzler Helmut Kohl meinte, er müsse einen amerikanischen Präsidenten auf einen deutschen Soldatenfriedhof schleppen, um dort die aktuelle Waffenbrüderschaft durch einen zeremoniellen

Händedruck zu besiegeln, und zwar vor Gräbern nicht nur von Soldaten, sondern auch von Angehörigen der SS. Es wird darauf zurückzukommen sein.

DRITTE FOLGE

(2019-2020)

61

Oktober auf dem Ludwigkirchplatz: Der Himmel blau, das Laub gelb, der Geruch von frischer Fäulnis; 21 Grad, jetzt um vierzehn Uhr, und die Sonne so, dass man ihr sich entgegen recken möchte. Das Gefühl, so könntest du es gern das ganze Jahr lang haben.

Rinderbäckchen in Rotweinsoße zu Kartoffelgratin, so in weißer Kreide auf der schwarzen Tafel vor dem *Kuchel-Eck*, nur dass ich mich jetzt nicht allein an einen Tisch setzen wollte, ohne etwas zum Lesen dabei zu haben. Schnell also noch rüber in die Buchhandlung: „Guten Tag, Herr Haupt, drüben gibt es heute Rinderbäckchen in Rotweinsoße, hätten Sie was Passendes dazu?"

Nach einigem Hin und Her war es dann etwas Kulturanthropologisches, ein reich bebilderter und überhaupt recht ambitiös aufgemachter Sammelband mit dem schlichten Titel *Das Böse*. Untertitel: *Was ist es und woher kommt es?* Die Beiträge von den denkbar unterschiedlichsten Autoren - der Menschheit Stimme, sozusagen, beziehungsweise deren versammeltes Stimmengewirr. Der Titel zwar nicht gerade passend zu einem Tag wie diesem, aber im kontrapunktischen Sinne denn doch nicht daneben, zumal als Alternative nur etwas Besinnliches über Bäume und Gärten in Frage gekommen wäre, was aber doch lieber später mal wieder.

Aber dann zeigte sich, dass mir nach Lektüre gar nicht war, als ich viel lieber nur einfach auf den Platz schauen wollte. Nur so dasitzen und ein Piazza-Gefühl entwickeln. Die einen gehen von rechts nach links, die anderen von links nach rechts; auch von vorne nach hinten geht noch was, wie ebenso auch umgekehrt. Allseits gemäßigte Fröhlichkeit, *allegro moderato*, abgesehen von einem kleinen Mädchen, das vor Freude nur so hüpft, wobei ein kleines Mädchen, das vor Freude nur so hüpft, einzig zu überbieten wäre durch zwei kleine Mädchen, die vor Freude nur so hüpfen.

Und schon bin ich wieder ganz wo anders, bei jener Szene nämlich, als ich von Freunden eingeladen, ewig her, auf dem Balkon des Hochhauses stand, um runter auf die Autos zu schauen, wie sie, kleinen Käfern gleich, auf ihren Bahnen liefen. Rechts neben mir ein anderer Gast mit seiner vier- oder fünfjährigen Tochter, die auf einem Schemel stehend gerade noch über die Brüstung schauen kann; eins weiter die Mutter mit dem kleinen Brüderchen - ein Säugling noch, den sie im Brusttuch trägt. Da wird der Vater an der Jacke gezupft. Seine Tochter:

„Papa!"

„Ja"

„Papa, gell, das Paulchen werfen wir jetzt nicht da runter."

Der Vater, nicht auch nur für eine Sekunde überrascht, mit der ruhigsten Stimme der Welt:

„Nein, das machen wir auf gar keinen Fall."

„Ah - gut" - ihre Erleichterung, ich schwör's euch, sie kam aus tiefstem Herzen.

Ja, so läuft das jetzt bei mir: kaum sehe ich ein Mädchen, das vor Freude hüpft, fliegt andernorts auch schon ein Säugling vom Balkon. Dabei müsst ihr jetzt nicht denken, es habe an dem soeben erstandenen Buch gelegen. Nein, umgekehrt wird ein Schuh draus, und dürfte ich nur deshalb auf dieses Buch verfallen sein, weil nun seit Monaten es bei mir so läuft.

Dabei wird doch durch diese Balkongeschichte nichts weiter vor Augen geführt, als dass solch ein spontaner Tötungswunsch noch längst mit einem Mordplan nichts zu tun hat. Psychisch so billig zu haben wie kaum etwas, ist er sogar noch nichtmal etwas Böses, als er sich, kaum auf der Welt, im Nu auch schon in sein glattes Gegenteil, in ein wirklich Gutes verwandelt haben kann: *Du sollst nicht verlangen nach deines Nächsten Platz an der Mutterbrust.*

Die Sache mit dem Nächsten und das Problem mit deinem Verlangen. In der Bibel taucht der Begriff des Nächsten ja tatsächlich zum ersten Mal im Rahmen der Zehn Gebote auf, dabei sehr wohl zu unterscheiden von dem des Fremden oder gar des Feindes. Fremde und Feinde sind keine Nächsten. Auch Frauen fallen nicht darunter, wie es außerdem ja auch noch so etwas wie Sklaven und Sklavinnen gibt, und die macht man bekanntlich aus besiegten Feinden. In den Zehn Geboten hat man zu guter Letzt alles beisammen, immer schön der Reihe nach:

Du sollst nicht nach dem Haus deines Nächsten verlangen. Du sollst nicht nach der Frau deines Nächsten verlangen, nach seinem Sklaven oder seiner Sklavin, seinem Rind oder seinem Esel oder nach irgendetwas, das deinem Nächsten gehört.

Der Nächste - das ist kein anderer als der mit all diesen Gütern gesegnete Nachbarpatriarch.

Könnte auch mal eine hübsche Aufgabe sein: ein Büchlein über die Zehn Gebote. In einem Durchgang durch die levitischen Variationen und näheren Ausführungen ließe sich so einiges zeigen, wobei das Ganze als eine Einführung in die philosophische Ethik für Jugendliche aufzuziehen wäre. Der Intention nach zumindest, während es im Grunde ein Buch für alle wäre, sollte doch - man kann hier Peter Sloterdijk nur zustimmen - ein philosophischer Text immer auch etwas von einem Kinderbuch haben.

62

Könnte, sollte, würde - noch bin ich nicht so weit, dass ich das hier anhängige Suchunternehmen abbrechen wollte, um mich einer einzigen Aufgabe zu unterstellen, einem wohldefinierten Thema, ein für alle Mal gesetzt. Nein, jetzt noch nicht, wo es doch nichts anderes als der offen gehaltene Suchmodus ist, durch den sich so etwas wie ein angemessener älterer Herr, will sagen ein unserer Zeit angemessener, überhaupt erst zu konstituieren hätte. Das ist nun mal die meiner Generation zugeteilte Aufgabe, dem kommenden Jahrzehnt die sogenannte Altersweisheit beizusteuern, wie auch immer ungefragter Weise, und vielleicht ist ja auch jener Schritt, den ich in den letzten Monaten hinter mich gebracht habe, in diesem Sinne zu verstehen.

Euch davon jetzt aber näher zu berichten fällt mir insofern nicht leicht, als mir der ganze Kram mittlerweile sowas von zum Hals raushängt, beziehungsweise sich mir, sobald ich nur dran denke, buchstäblich der Magen rumdrehen will. Ihr müsst nämlich wissen, dass die zuletzt behandelten Fragen zum Holocaust und insbesondere den diffusen Geschichten von Seife und Lampenschirm mich nicht hatten loslassen wollen, mich vielmehr in eine immer intensiver werdende Beschäftigung mit dieser Materie hineingezogen haben. Mit der Zeit nahm das etwas geradezu Fieberhaftes an, so dass ich parallel aufgeschlagen vor mir liegen hatte: Friedländers voluminöse Geschichte vom Dritten Reich und den Juden, Eberhard Jäckels Buch über Hitlers Weltanschauung, die Gesamtdarstellungen des NS sowohl von Martin Broszat wie von Hans Mommsen, Victor Klemperers Tagebücher, Primo Levis Erfahrungsbericht von seinem Jahr als Häftling in Auschwitz, Himmlers Geheimreden vor den Gruppenführern der SS, Hitlers Buch über seinen Kampf und und und …

Nicht zuletzt natürlich auch die vielen Doku-Filme, die ich mir derweilen hatte kommen lassen, wie zum Beispiel die enorm informative sechsteilige Folge der BBC - die Engländer scheinen es gegenwärtig am besten zu können - mit dem Titel Auschwitz. Wenn es mit dem Lesen nicht mehr weiter wollte, dann also damit, wobei solch ein Filmmaterial natürlich seinen eigenen Sog erzeugt: mit eigenen Augen es zu sehen, diese Propaganda-Auftritte, diese Kult-Veranstaltungen in Nürnberg, im Berliner Sportpalast oder auf dem Tempelhofer Feld.

Woher nur kam sie, diese meine Wissbegier? Diese buchstäbliche Fressgier nach Informationen, wobei das Wort von der Gier hier durchaus in der Tradition der mittelalterlichen Lehre von den Sieben Sünden beziehungsweise Lastern zu verstehen wäre, nämlich als ein übersteigertes Bedürfnis, um nicht zu sagen Verlangen, dessen Stillung sich auf die Dauer jedoch leicht als unbekömmlich erweisen kann, wenn du nicht gar, um es mit dem Christuswort zu sagen, Schaden an deiner Seele nehmen solltest. Von woher nur diese Sucht? Woher bezog sie ihre Energie? Und warum ausgerechnet jetzt?

Sollte es schlicht an jener unter Journalisten schon seit Jahrzehnten kursierenden Devise gelegen haben, wonach, wenn dir der Stoff ausgegangen ist und dir so gar nichts mehr einfallen will, du also nicht einmal mit Sex mehr weiterkommst und auch mit Tieren abgewirtschaftet hast, so doch Hitler immer gehe?

Eine Devise, deren Gültigkeit freilich seit einiger Zeit im Verfall begriffen scheint, und die allenfalls noch bei einer Tischrunde unter alten Achtundsechzigern funktionieren dürfte, nachdem man, versteht sich, mit all den Ferieninseln und sonstigen touristischen Angelegenheiten durch ist. Tatsächlich war das in letzter Zeit ja gar nicht zu vermeiden, dass bei welcher Geselligkeit auch immer irgendwann einmal der Punkt erreicht war, da ich nicht mehr anders konnte, als mit meiner Chose anzukommen.

Einmal, zum Beispiel, als soeben von Japan die Rede war, weil eine der Frauen bekundet hatte, dort unbedingt auf jenen ganz tollen Berg steigen zu wollen, was sie aber leider erst übernächstes Jahr angehen könne, da nächstes Jahr die Olympischen Sommerspiele in Tokio stattfinden werden und dann sei da ja wohl die Hölle los, war ich bums auch schon beim Berliner Olympiastadion und wie absurd vom Ende her gesehen es doch erscheine, wie die ganze westliche Welt noch 1936 in allem Frohsinn an Hitlers Ehrenloge vorbeidefilierte.

Schon wusste ein anderer noch einen drauf zu setzen, nämlich mit seiner Geschichte von der olympischen Delegation der USA, von deren Seite man dem Gastgeber soweit entgegen gekommen sei, dass man die beiden für das Finale der 4-mal-100-Meter-Staffel bereits aufgestellten jüdischen Sprinter am Vorabend des Starts doch noch aus dem Rennen genommen habe.

Ich bin der Sache natürlich gleich in den nächsten Tagen nachgegangen und gebe hier die Ergebnisse meiner Recherchen insofern gerne wieder, weil sie ein gutes Beispiel dafür darstellen, wie dieser ganze Themenkomplex einem

Knäuel aus unzähligen Fäden mit ebenso viel offenen Enden gleicht, wo, sobald du nur einen aufnimmst, du dich bis nach Unendlich verlierst, immer vom ersten Ach-nein zum nächsten Ach-so.

So wäre in Hinblick auf die amerikanische Olympia-Delegation schon mal als erstes zu ergänzen, dass im Vorfeld der Spiele gerade in den USA die Unterstützung für einen Boykott der Nazi Games besonders stark ausgefallen war, nämlich stark genug, um die Teilnahmebefürworter aus der entscheidenden Abstimmung im Nationalen Olympischen Komitee gerade mal mit einer Mehrheit von 58:56 Stimmen hervorgehen zu lassen. Wenn unter dieser Voraussetzung die nach Berlin entsandte Delegation aus Offiziellen zusammengesetzt gewesen sein sollte, die in puncto Antirassismus nicht gerade zu den ganz besonders engagierten gehörten, müsste das kaum wundern. Auf der anderen Seite hatte der amerikanische Trainer durch seine Auswechslung nichts weiter getan, als die beiden wirklich besten Sprinter ins Spiel zu bringen, nachdem sie trotz ihrer bereits absolvierten Einzelwettbewerbe nun doch noch fit genug schienen: Ralph Metcalfe und Jesse Owens - zwei Schwarze. War ja nun auch nicht gerade dem Führer die Stiefel geleckt.

Owens kam auf diese Weise zu seiner vierten Goldmedaille; nach den ersten beiden über hundert und zweihundert Meter und der dritten im Weitsprung, wurde er nun endgültig zum umjubelten Star der Spiele. Damals, also in diesem historischen Moment im August 1936, soll der Jubel des Berliner Publikums durchaus noch etwas von einer Demonstration der weltoffenen Stadt gegen den Provinzialismus der Nazis gehabt haben. Wenn man später, im Nachkriegsberlin, einen spezifisch berlinischen Widerstandsmythos daraus hat machen wollen, steht das auf einem anderen Blatt.

Richtig hingegen, dass Jesse Owens, nach New-York zurückgekehrt, auf dem Weg zur Siegesfeier nicht den Haupteingang des Walldorf-Astoria-Hotels benutzen durfte, sondern als Schwarzer den Weg zum Festsaal via

Dienstboteneingang und Lastenaufzug zu nehmen hatte, wie es ihm übrigens in den Südstaaten der USA nicht einmal erlaubt gewesen wäre, gegen Weiße in den Wettbewerb zu treten. Galt dort doch nach wie vor jenes Gesetz, das zwar Sport für Schwarze vorsah, aber nur in Wettbewerben für schwarze Vereine. Die Nazis konnten sich ohne weiteres daran orientieren: Sport für Juden ja, aber nur unter jüdischen Vereinen.

63

Denn das gab es 1936 noch durchaus, jüdisches Leben in jüdischen Vereinen, was vom Ende her gesehen ebenfalls merkwürdig anmuten mag, zumal unsere deutsche Erinnerungskultur, unsere mittlerweile so weltberühmte, gar nicht anders kann, als mit den Schreckensbildern der befreiten Lager von 1945 einzusetzen, um von da aus zurückzugehen, freilich meist vier Jahre nur, bis zum Juni 1941, als mit dem Überfall auf die Sowjetunion die Massenexekutionen zur Regel wurden. Es ist unsere Erinnerungskultur, die mit ihrem Blick vom Ende her über diesem Jahr 1941 einen Wolkenberg zusammenschiebt, hinter dem - beziehungsweise vor dem, vom Beginn her gesehen natürlich davor - sich ein ganzes Reich scheinbarer Absurditäten erstreckt.

So war zum Beispiel mir persönlich keineswegs klar gewesen, dass das im Oktober 1941 erlassene Ausreiseverbot für Juden eine Kehrtwendung ums Ganze darstellte, indem jenes Projekt, das man die Lösung der Judenfrage nannte, in den Jahren zuvor, also fast neun Jahre lang, noch darin bestanden hatte, möglichst alle aus dem Reich hinaus zu ekeln, sie durch beständig eskalierende Schikanen zur Emigration zu treiben, wobei das Problem der Betroffenen oft genug darin lag, irgendwo auf der Welt ein Land zu finden, das sich zur Aufnahme bereit erklärte. Eine Erfahrung, die nach dem Krieg wesentlich dazu beitragen sollte, dass es zur Gründung des Staates Israel auch tatsächlich wird kommen können.

Auswanderungsforcierung, so der SS-interne Terminus im Protokoll der Wannseekonferenz für das, was wir heute als die Phase der Verfolgung im Unterschied zu jener der Vernichtung bezeichnen. In diesem Sinne wäre es zwar völlig richtig, von jemandem zu sagen, er habe es 1940 gerade noch hinaus geschafft, wobei jedoch dieses „gerade noch", wie gesagt, nicht an den Grenzen der Nazis lag, als an denen der Welt, die sich gegen den ständig ansteigenden Fluchtdrang immer mehr schließen sollten, und zwar insbesondere seit der Pogromnacht vom November 1938. Hinzu kam der Umstand, dass die aufnehmenden Länder ihre Bereitschaft in der Regel vom Nachweis einer gewissen Höhe an mitgeführtem Vermögen abhängig machten. Auf Seiten der Nazis führte dies schließlich - „schließlich" im Rahmen der Verfolgungsphase - zur Gründung der *Reichszentrale für jüdische Auswanderungen*. Wie kurz zuvor schon in Wien, so nun auch in Berlin auf Weisung Görings am 11. Februar 1939 eingerichtet, sollte sie unter der Leitung Reinhardt Heydrichs nun insbesondere die Auswanderung ärmerer Juden befördern: finanziell wurden sie mit Mitteln ausgestattet, die man qua Sonderabgabe von ihren begüterteren Schicksalsgenossen eingezogen hatte. Fürsorge à la SS in den Jahren 1939 bis 41.

Nach dem ersten großen Schlag von 1933 gegen den politischen, den sogenannten marxistischen Gegner, also nicht nur gegen Kommunisten, sondern auch Sozialdemokraten und natürlich auch die linksliberale Presse (unter all ihnen selbstredend ein Gutteil jüdischer Intelligenz, wie ja bei allem, was moderner Weise angesagt war), nach der anschließend ausgerufenen Schönwetterperiode, gekrönt von den Olympischen Spielen 1936, sollte sich die strikt rassistisch ausgerichtete *nationalsozialistische Judenpolitik* zwar beständig verschärfen, allein nicht anders als über eine fein abgestufte Treppe, Schritt für Schritt hinab bis schließlich in jene Zonen, die jenseits aller Hetze und Propaganda unters Siegel der Geheimhaltung fallen mussten. Eine von oben verhängte Geheimhaltung, allein auf dem Gerüchteweg durchbrochen, mehr oder weniger vag, wie in den Tagebüchern des stets hellhörigen Victor Klemperer bestens dokumentiert.

Was nun die Situation der Juden vom Oktober 1941 betraf, war es im Rahmen des großdeutschen Reichs tatsächlich die übergroße Mehrheit, der bis zu diesem Zeitpunkt die Rettung ins Exil gelungen war. Eine gute halbe Million soll es gewesen sein, so dass zur Zeit des nunmehr erlassenen Ausreiseverbots nur noch 175.500 Juden im Reich lebten, auf die jetzt allerdings die Deportation in die Arbeits- und Vernichtungslager im Osten zukam, ebenso wie auf die sage und schreibe elf Millionen der nichtreichsdeutschen Juden, die im mittlerweile von den Nazis beherrschten Europa zu zählen waren. So jedenfalls nach den im Protokoll der Konferenz vom Januar 1942, der sogenannten Wannseekonferenz, aufgelisteten Zahlen, wobei man vorsorglich die 330.000 in „England" - gemeint war wohl Großbritannien - lebenden schon mal gleich mit dazu gezählt hatte.

Ein unglaubliches Dokument, dieses Protokoll, durch das die Agenda der Auswanderungsforcierung ersetzt wurde durch die der Deportation zum erklärten Zweck der *Vernichtung durch Arbeit*. Wer von euch sich mit dem Komplex von Verfolgung und Vernichtung noch nicht näher befasst hat, es nun aber tun will, dem sei geraten, fürs erste von diesem, übrigens von Adolf Eichmann geführten Protokoll auszugehen, von dessen dreißig nummerierten und als Geheime Reichssache gestempelten Ausfertigungen eine einzige erhalten geblieben ist, die nun als Ablichtung im Netz bereit steht. Für die sich gegenüber diesem Dokument unmittelbar aufdrängenden Fragen sollte man sich zunächst über den Artikel der Wikipedia - *Wannseekonferenz* - von den entsprechenden Links leiten lassen. Auf weitere Literatur wird man dann schon von selber stoßen, und das wird ja nicht gleich so ausarten müssen, wie das bei mir der Fall war.

Und dabei noch immer das Gefühl, nicht wirklich was zu wissen. So unglaublich komplex, wie das alles ist und entsprechend aufwendig, sich in die Situation jener Zeit zurückzuversetzen, sich in ihre Mentalität einzufühlen beziehungsweise einzuarbeiten - da reichen dir keine sieben Monate, das verlangt ein ganzes Forscherleben.

So das Resümee am Ende meines kleinen Trips. Wie ich immer wieder sage: nur der Stammtisch weiß alles, je weiter du dich auf den Weg zu den Experten machst, desto gründlicher vergeht dir das, und wenn dir dann zum Beispiel noch immer nicht nachvollziehbar sein sollte, wie um alles in der Welt der Wiener Kardinal Theodor Innitzer noch im März 1938 zu seinem mit *Heil Hitler* unterschriebenen Aufruf für ein Ja bei der Abstimmung zum Anschluss Österreichs hat kommen können, dann hast du nicht nur den Kardinal noch nicht hinreichend verstanden, sondern auch den NS noch nicht. Um jetzt mal von der deutschen Evangelischen Kirche zu schweigen und deren schon nahezu selbstverständlichen Loyalität zum *Dritten Reich*.

Ja und dann so etwas wie dieses Ende, dieser Untergang zum Schluss, dieses völlig sinnlose In-die-letzte-Schlacht-Werfen auch noch von Fünfzehnjährigen, derweilen ein jeder, der dafür plädierte, das nun nicht mehr Abwendbare endlich hinzunehmen und also die weiße Fahne zu hissen, allerhöchste Gefahr lief, an der nächsten Laterne zu enden. Allein was Hitlers Person betrifft, müsste man sich nicht groß wundern, verweist es doch auf einen Zug, der sich durch seine ganze Biographie zieht, nämlich seinen Glauben an die Kraft des so unbedingten wie unerschütterlichen Willens, also seines eigenen, dabei allerdings, und das ist der springende Punkt, die geladene Pistole stets in der Tasche: entweder du kriegst deinen Willen durch oder du gibst dir die Kugel, das war seine Version des Gelassenheitsgebets.

Entweder den totalen Sieg oder den Untergang total und auf gar keinen Fall irgendwas dazwischen, denn dazwischen, das war der Frieden von 1918 gewesen, und ohne den Ersten Weltkrieg verstehst du nichts vom Zweiten, nichts ohne diesen unglaublichen Freudentaumel vom August 1914 - *endlich Krieg!* -, nichts ohne das Wort des Kaisers über die Volksgemeinschaft, wie sie nun über alle Klassen hinweg sich so glücklich hergestellt habe, nichts ohne den Vertrag von Versailles am Ende. Vom Ersten Krieg aber verstehst du nichts, ohne die Reichsgründung von 1871 und wie schmählich die sich über das Schwarz-Rot-Gold von 1848 hinweggesetzt hatte, über jene Zeiten also, da es mit dem Lied vom *Deutschland, Deutschland über alles* noch etwas ausgesprochen Fortschrittliches auf sich gehabt hatte, indem es sich nämlich keineswegs gegen die Nachbarländer gerichtet hatte - noch nicht, damals noch -, als allein gegen die Fürstenherrschaft im zersplitterten eigenen Land. Es war die Unzahl der Duodezfürstentümer, gegen die das Wort vom *Deutschland* zur Revolutionsparole erhoben worden war, mit der starken Konnotation von Demokratie und nationaler Verfassung, wobei sogar auch noch dieses *über alles* in dem Sinn zu verstehen wäre, dass vor allem anderen man sich wünschte, dieses nichtexistente Deutschland möge endlich erstehen.

Es kommt halt immer auf den Kontext an.

Für die Liste der klugen Sätze ein starker Kandidat für die ganz oberen Plätze.

64

Muss ich doch nur hier bei mir im Haus an unsere letzte Versammlung der Mitbewohner denken, die der außerordentlichen Junihitze wegen nicht wie üblich in den Räumen der Verwaltung stattfand, sondern ein paar Stockwerke tiefer in einem von einer anderen Einrichtung zur Verfügung gestellten klimatisierten Sitzungszimmer. Ein weiß gestrichener und ansonsten schmucklos gehaltener Raum bis auf einen an zentraler Stelle mit kunstvollen Schnörkeln an die Wand gepinselten Spruch: *Erfolg scheint größtenteils darauf zu beruhen, dass man weiter macht, wenn andere schon aufgegeben haben. (William Feather)*
Ich natürlich gleich wieder bei Hitler, Durchhalten, Abschlachten-Lassen von Halbwüchsigen und der Frage, was denn das hier für ein Laden sei. Doch dann wurde mir erklärt, dass es sich um ein Zentrum für Palliativmedizin

handle, für jenen medizinischen Zweig also, wo es nicht mehr um das Kurieren der Patienten gehen kann, sondern allein noch sterbebegleitend um möglichst effiziente Maßnahmen zur Leidvermeidung.

„Na dann …" blieb mir nur noch zu sagen, dann sei das natürlich etwas anderes, wie ich auch, kaum wieder zu Hause, herausfinden sollte, dass es mit dem Verfasser dieses Spruchs ebenfalls etwas anderes auf sich hatte. William Feather war nämlich (den allerdings spärlichen Informationen im Netz zufolge) als erfolgreicher amerikanischer Zeitschriftenverleger einem ausgesprochen aufgeklärten Humanismus verpflichtet, was ja nun auch dem kompetitiven Charakter seines Spruchs eine eher sympathische Note verleihen würde.

Nicht unerwähnt will ich dabei lassen, dass einer der Teilnehmer unserer Versammlung ganz offenbar Anlass hatte, insofern einen Einwand gegenüber der Palliativmedizin vorzubringen, als sie die Tendenz habe, einen etwaigen Sterbewunsch des Patienten nicht zu akzeptieren und dergestalt tatsächlich Züge eines Durchhalteprogramms annehme. Ein merkwürdiges Gespräch, das sich da vor der Sitzungseröffnung unter uns doch nur sehr oberflächlich miteinander bekannten Mitbewohnern ergeben hatte. Habe mir am Ende einen Prospekt dieser medizinischen Einrichtung mitgenommen, die mir alles in allem doch einen recht guten Eindruck hinterlassen hatte.

Ansonsten, das sei jetzt doch noch nebenbei vermerkt, habe ich mich auf dieser Sitzung mit dem Vorschlag durchsetzen können, in unserem Hof beziehungsweise Hofgarten drei Exemplare der chinesischen *Buddleja davidii* zu setzen, vulgo als Schmetterlingsflieder bekannt, da die Blüten dieses Strauchs sowohl von allen Tagfaltern besonders geschätzt werden, wie sie auch an die des Flieders erinnern, obwohl in Wahrheit keinerlei Verwandtschaft zwischen den beiden Gewächsen besteht.

Dabei hatte es für diesen Beschluss ausnahmsweise mal keines größeren Durchsetzungsvermögens meinerseits bedurft. Man war wohl des Themas schon müde, nachdem ein anderer Mitbewohner, und zwar ein ziemlich einflussreicher beziehungsweise ranghoher, sich mit aller Entschiedenheit gegen den von dritter Seite geäußerten Wunsch nach einem Blumenbeet ausgesprochen hatte, indem er generell am bisherigen Prinzip vom grünen Park gegen das vom blühenden Garten festhalten wollte, welch letzteres er recht eindrucksvoll mit Attributen wie *spießig* und *Altersheim* zu belegen wusste. Dass ich ihm in diesem Fall hatte beistehen können, gegen zwei, drei weitere Teilnehmer, erwies sich als recht vorteilhaft, als es anschließend darum ging, dass sehr im Unterschied zu einem Blumenbeet ein blühender Strauch dem Prinzip des Parks doch gar nicht widerspräche. Nach einigem Hin und Her gab schließlich mein Hinweis auf die dramatische Notlage der Schmetterlinge den Ausschlag, wofür ich ohne weiters für einen Moment mal ganz so dastand, als sei ich die Mutter Eva-Maria vom entsprechenden Schutzverein.

65

Das Glück des aus dem deutschen Lager befreiten italienischen Zwangsarbeiters - ihr erinnert euch? Tonino Guerra, wie er einem Schmetterling zusah und dabei die Erfahrung machte, wie schön es doch sei, wenn man den gar nicht mehr aufessen will. Das Glück des interesselosen Wohlgefallens, gewiss, aber wohl mehr doch noch die Erfahrung des Übergangs von jenem Glück, das in der Erlösung vom Hunger lag, zu diesem anderen des kontemplativ erfüllten Augenblicks, und damit, drittens, das Glück, mit der Formel von Klaus Heinrich, das in der Erfahrung von Verwandlungsmacht liegt. Wenn auch in diesem Falle in Gestalt eines einfachen Zurück in die früheren Zeiten der Normalität, die nun allerdings - dies das Neue - in höchster Intensität erfahren werden.

Vielleicht sollte auch ich meinen anfänglichen Flirt mit der Schmetterlingsmetapher ernster nehmen, als mir selber klar war. Dass ich mich seinerzeit für ein paar Wochen unter

Wodka ins Bett gelegt hatte - war es nicht tatsächlich die Verpuppungsphase, aus der ein neues Wesen hervorgehen sollte? Und musste dieses Wesen nicht tatsächlich seine Kontakte zur Welt erst langsam tastend wieder herstellen, ganz so, als wären sie wie neuerdings?

Nicht wahr? Grad so wie bei einem kleinen Kind, das soeben zu laufen begonnen hat und nun bei allem und jedem, was es in die Finger kriegt, sich vor die Frage gestellt sieht, was nun damit: in den Mund stecken oder wieder wegwerfen?

Und ging es dann nicht tatsächlich kindlich genug weiter über die Geschichten von Nilpferden, Wasseraffen und derlei Attraktionen? Über die feierliche Bestattung eines Schmetterlings? Und dann tatsächlich so eine Art von geistiger Wiedergeburt über die Wiederbegegnung mit der biblischen Urgeschichte. Ja, und schließlich auch den Tod näher erfahren und an sich herangelassen, im Verbund mit einer Liebeserfahrung, grad so, als wär's die erste gewesen. Dabei war es sicherlich die letzte und damit hoffentlich ein ganz entscheidender Schritt hin in Richtung zu einem älteren seriösen Herrn.

Und nun also mein Nazi-Trip. Mittlerweile neige ich dazu, ihn als einen Entwicklungsschritt nun zwar nicht ins Reich eines mehr oder weniger seriösen Alters zu verstehen, als zunächst mal einen in das des Erwachsenseins. Ja, anders ließe es sich nicht bezeichnen, so wie sich hier meine Wissbegier mit einem Mal als von jeder Spur der alten Wut befreit präsentierte: nichts weiter mehr, als endlich wissen wollen, wie es wirklich war, und zwar möglichst kühlen Kopfes. Das heißt so wirklich kühl denn doch nicht, aber erheblich kühler schon, indem nämlich - *jetzt neu!* - dies Thema sich historisiert präsentierte: Wissenschaft contra Erinnerungskultur, eine Erfahrung, fast stärker noch als stark zuvor die Wut.

Das wäre nämlich auch mal ein Kapitel für sich, die Wut von uns Achtundsechzigern, gut durchmischt mit unserer eigentümlichen Freude an der deutschen Schuld, wo man die doch den Autoritäten der Elterngeneration so schön um die Ohren hauen konnte. Später, in den soeben von aller utopischen Vision entleerten neunziger Jahren, sollte dann ja eine Art von Shoa-Pietismus an ihre Stelle treten. Von der Wut auf die Täter zur Betroffenheit gegenüber den Opfern, wobei sich dieser Schritt allerdings auch nicht vorteilhafter auswirkte, jedenfalls nicht im Hinblick auf eine zu entwickelnde Faschismus-Theorie.

Der von Betroffenheit Ergriffene will sich in das anschaubare Schicksal einer leibhaften Person versenken, wobei er alles Weitere als störend empfindet, so wie auch der am Karfreitag vor dem Kreuz kniende Christ in seiner Zerknirschung - seiner womöglich gar nicht mal so unlustvollen - nichts Grundsätzliches vom System der Herrschafts- und Unterdrückungstechniken würde wissen wollen, kraft derer sich das Römische Imperium am Leben hielt.

Mit Betroffenheit und Wut - wie es die Redner sagen, wenn sie nach einem Terroranschlag vor den Kerzen und Blumen stehen. Bei allem Respekt: in Sachen erkenntnisleitendes Interesse hat man es bei diesen beiden Affekten mit zwei ausgesprochenen Verdunkelungs- oder Abdunkelungsmedien zu tun, wobei im Falle der Betroffenheit in ihrem Konkretismus fast noch mehr als in dem der Wut mit ihrer Tendenz zum kurzen Prozess.

Was nun unter Absehung meines rebellierenden Magens mein in der höheren Abteilung gelegenes theoretisches Interesse beträfe, so wäre das auch jetzt noch keineswegs erloschen. In diesem Sinne wäre zum Beispiel über das Wort vom *Zivilisationsbruch* näher nachzudenken. Dan Diner hat es geprägt, sogar Habermas hat es übernommen, und ich frage mich, wie es in Bezug zu bringen wäre sowohl zu diesem enormen Aufwand an organisatorischer Disziplin wie auch zu Himmlers Vorstellungen von der - er nahm dies Wort ja tatsächlich in den Mund - *Anständigkeit* des SS-Mannes. Seine Anständigkeit noch selbst beim Morden. Unnötige Grausamkeit sei undeutsch, wie ja auch die Deutschen - so der Diplomlandwirt Himmler im Originalton - „als einzige auf der Welt eine anständige Einstellung zum Tier haben." Nachzulesen in seiner Posener Rede vom 4.10.1943 vor dem Führungsstab der SS, dabei auf den Umstand anspielend, dass tatsächlich ausgerechnet die Nazis es waren, die das erste Tierschutzgesetz der Welt erlassen hatten.

Im übrigen wirft die Rede von der unnötigen Grausamkeit natürlich die nach der nötigen auf. Über das Projekt der *Vernichtung durch Arbeit* hinaus, wäre hier zum Beispiel an so einen Fall wie den des SS-Oberscharführers Wilhelm Boger zu denken, der in Auschwitz für die sogenannten Politischen zuständig war, für jene also, von denen man vorher noch etwas wissen wollte.

Der spezifische Moralkodex, unter dem die SS stand, wäre mal ein Buch für sich wert, wie natürlich auch dieser extreme Moralismus, dieser moralische Fundamentalismus innerhalb der Volksgemeinschaft, wie er sich um die Parole vom *du bist nichts, dein Volk ist alles* zentrierte. Die Idee eines glorreich triumphierenden Volkes, das sich aus lauter Nichtsen zusammensetzt, dabei die Nichtigkeit selbstredend bis in den Tod, den heldenhaften, denn es waren keineswegs immer nur die anderen, die hier ihr Leben zu lassen hatten. Bezeichnend auch, wenn man die der Hebung des Volkswohlstands gewidmeten Institutionen - auch die Entwicklung des *Volkswagens* gehörte bekanntlich dazu - unter die Losung *Kraft durch Freude* stellte: Freude ja, doch allein zum Zweck der Kraftgewinnung.

Dazu die berühmten deutschen Sekundärtugenden: diszipliniert und pflichtbewusst, immer pünktlich, den Scheitel stramm gezogen, die Schuhe blank gewienert: die Symbole der Anständigkeit schlechthin. Ja, so sollten wir es später gegen unsere ach so ordentlichen Eltern kehren, das sei natürlich alles ganz unerlässlich, um auch solch ein KZ so richtig ordentlich am Laufen zu halten.

Ja, und überhaupt (dabei nun gegen den Muff der Bonner Wirtschaftswunder-Republik gerichtet) Effizienz und reibungsloses Funktionieren - ja habt ihr denn noch irgendeine andere Norm im Kopf?

Das alles ergäbe einen Themenkomplex, der in einem etwaigen Ethikbuch nicht fehlen dürfte, jedenfalls in meinem nicht. Doch helfen solche Überlegungen jetzt alle nichts, wo es doch mein Magen ist, der die Mitarbeit aufkündigt. Mag sein, dass sich dies Widerstreben komplementär zu jener anfänglichen Wissbegier verhält, damit allerdings darauf verweisend, dass von Anfang an hier etwas nicht ganz gestimmt haben mag. Doch wie auch immer, ich muss jetzt abbrechen. Vorerst zumindest, wobei mir bei diesem einschränkendem Zusatz schon gleich wieder schlecht werden will.

Sagen wir am besten so: die Frage ist offen zu halten, was und wieviel an NS-Forschung unterm Aspekt von Aufklärung in ein Konzept von Bildung - sei's einer allgemeinmenschlichen, sei's einer spezifisch deutschen, sei's meiner ganz persönlichen - einzugehen hätte.

Im übrigen wäre es auch mal eine Frage für sich, warum es so schwer ist, aus diesem Thema wieder rauszukommen, sobald man einmal in es reingetreten ist.

66

Bezeichnend, dass ich während der ganzen sieben Monate meines Trips nicht ein einziges Mal Musik hörte. Und auch das Schwimmbad hat mich nicht gesehen, nicht ein einziges Mal. Bewegungsmäßig auf geradezu ein Wrack reduziert, werde ich mich langsam wieder fit trainieren müssen. Erste kleine Spaziergänge um den Block, derweilen ich mir ein Hörbuch vorlesen lassen könnte. Döblin vielleicht jetzt endlich mal. *Berlin Alexanderplatz?* Wir werden sehen.

Was wohl so ein professioneller NS-Forscher im Urlaub liest? Irgendwas mit *Wege zu sich selbst?*

Allein in der Philharmonie war ich denn doch das eine oder andre Mal. Blieb mir doch gar nichts anderes übrig, indem die Tickets längst erworben, wie stets im Herbst für die ganze kommende Saison. Neulich Beethoven, Opus

106, die Hammerklaviersonate, im Kammermusiksaal von Pierre-Laurent Aimard recht energisch dargeboten. Am Schluss dreht das Ding ja völlig durch. *Allegro rigoroso*, sage ich zu meiner Nachbarin und ständigen Konzertbegleiterin, meiner Konzertfreundin schon seit Jahrzehnten. Doch nein, meint sie, nicht *rigoroso*, sondern *risoluto* sei das überschrieben. Ich lasse mir vom übernächsten Nachbarn das Programmheft geben und tatsächlich: *Allegro risoluto*.

Nun so klingt das freilich auch, und soll, wie meine Freundin hinzuzufügen weiß, Franz Liszt der erste gewesen sein, der es gewagt hat, das Ding öffentlich aufzuführen, Jahrzehnte nach Beethovens Tod. Dreht sich der vor uns sitzende ältere Herr um, schmunzelnd bis in seine Augenfältchen: „Tatsächlich? Risoluto?" Ja, sag ich, und erklär's ihm noch ein bisschen näher: mit resoluter Heiterkeit.

Nach der Pause etwas ganz Modernes von einem gewissen Helmut Lachenmann: Peng, Wumm, Klong - enorme Effekte aus dem Kasten rausgeholt, aber doch jeder irgendwie für sich. Offenbar soll hier im hergebrachten Sinn gar nicht mehr komponiert, nicht mehr zusammengefügt werden. Am Schluss, noch bevor er sich verbeugt, der Blick des Pianisten in den Saal auf der Suche nach jemandem, und dann deutet er doch tatsächlich auf diesen alten Herrn direkt vor mir, und der steht auf und geht zum Podium: Professor Lachenmann, der Komponist, dem ich gerade noch das *Allegro risoluto* erklären wollte.

Damit nicht genug, bin nun ich es, dem von der Freundin erklärt wird, dass ich dabei insofern auch noch daneben lag, als der italienische Ausdruck auf Musik bezogen schon zu Beethovens Zeit keineswegs mehr im Wortsinn von heiter oder fröhlich zu verstehen gewesen sei, sondern nur noch als schlichte Tempoangabe. *Allegro*: etwas weniger schnell als das *Presto*. Peinlich, peinlich; *spirituoso* sagt man im Italienischen zu einem, wenn er in nicht allzu erhellter Weise einen auf geistreich hat machen wollen.

Dafür will ich es jetzt aber wissen, will sie endlich verstehen, die Hammerklaviersonate, wenigstens im Rahmen

214

des mir Möglichen. Höre sie seit gut zwei Wochen jeden Tag einmal bei stets wechselnden Interpreten: Brendel, Pollini, Schiff, Levit, Richter, Barenboim, und zwar zuerst dem jungen, dann dem späten Barenboim (bisher ist es noch immer der junge, der gewinnen will), woraufhin alles nochmal von vorn, aber jetzt mit Brendel am Anfang und offenem Ausgang zum Schluss.

Sich dem zu unterziehen hat schon fast etwas von einer Heldentat und nur langsam, langsam finde ich mich rein, also in dieses Allegro, indessen das Adagio, mit dem Wort meiner Großmutter, immer wenn es ihr bei Tisch besonders schmeckte, noch der dümmste Kerl essen könnte.

Vielleicht wäre es aber auch gar keine schlechte Idee, alle Resolutheit jetzt mal einfach fahren zu lassen und mich auf dieses Adagio zu beschränken, ja mich überhaupt mal für eine Weile an die langsamen Sätze zu halten. Auch in den Sinfonien: Bruckner Acht, Mahler Fünf, Beethoven Neun - nur das ganz einfach Schöne, nichts als Herzensschmaus und Seelenweide.

Wäre tatsächlich mal eine Erfahrung für sich, eine ganze Staffel von langsamen Sätzen, wobei man dann allerdings aufpassen müsste, dass es nicht irgendwann schon wieder so weit mit dir kommt, dass du dich der NS-Forschung in die Arme werfen willst, und zwar diesmal aus geradezu ästhetischem Beweggrund: Der Zweite Weltkrieg als *Finale risoluto e fortissimo*.

Mag sein, dass bei der Konstitution meines Übereifers, dem natürlich mehrfach determinierten - viele Bäche ergeben einen Fluss - auch davon etwas mit hineingespielt hat, also ich meine als Gegenreaktion auf ein wenig allzu viel an Poesie und Poesiealbum unterm Zeichen des Astes mit der Blüte dran, dem Schmetterling oben drüber und dem Schattenblümchen unten drunter. Und eben dagegen nun der Nervenkitzel, die Thrill-Seite am NS beziehungsweise an der auf ihn bezogenen Gelehrsamkeit? Wäre es nicht wie bei jenem Gespräch über Krieg und Kriegsgeschrei, wenn nun zwar nicht weit hinten, in der Türkei, sondern tief unten, in der Geschichte, die Völker aufeinander schlagen, derweilen du in der warmen Bude sitzend dein Gläschen leerst und Frieden und Friedenszeiten segnest? Ihr erinnert euch? Der Philister aus der österlichen Szene vor dem Tor in Goethes *Faust*.

Auch dies ein Komplex, der in einem Ethikbuch nicht fehlen dürfte, jedenfalls in meinem nicht. Und indem ich schon mal dabei bin, sei nun auch noch kurz jene Geschichte zu Protokoll gegeben, wie ich einmal, lange ist's her, bei einer angehenden Psychologin eingeladen war, die seinerzeit noch der Meinung anhing, sie würde dem von ihr betreuten schizophrenen Klienten etwas Gutes tun, wenn sie ihn in ihr traditionelles Osterfrühstück unter Freunden integrierte. Und so war es gekommen, dass ich ihn bei Tisch als Gegenüber hatte, diesen Klienten, von dem mir zuvor diskret bedeutet worden war, dass er bei sich zuhause in einem Terrarium Schlangen züchte und im übrigen einst, in der Pubertät, seinen Vater erstochen habe.

Ja, richtiggehend erstochen - tot, aus, Ende. Also ich muss sagen, das hatte schon etwas eigentümlich Intensives, dieses Osterfrühstück, die Merkwürdigkeit eingeschlossen, dass man sich in der Konversation um größtmögliche Belanglosigkeit geradezu bemühte.

Soweit diese Geschichte, allein um sie, wie gesagt, schon mal zu Protokoll gegeben zu haben. Näheres vielleicht später mal, wenn besser disponiert. Einzig dies eine sei hier nochmals aufgenommen und euch als Frage weitergegeben: Hattet ihr jemals in eurem Leben persönlichen Kontakt mit einem leibhaftigen Mörder? Wenn ja, wie oft und in welchem proportionalen Verhältnis verhalten sich diese Fälle zur Anzahl eurer Begegnungen mit dieser Spezies Mensch via Film, Fernsehen und Lektüre?

67

Seit ewigen Zeiten mal wieder an einem Kneipentresen gelandet, einem mir zwar völlig unvertrauten, doch verlangte der Rotwein zum Ochsenschwanz-Ragout, zu dem der Kultur-Wolfgang zu sich nachhause geladen hatte, nach ein wenig Bier zur Nachspülung, und so war mir egal welcher Tresen recht, zumal spätnachts so leicht eine geöffnete Kneipe gar nicht mehr zu finden ist, jedenfalls in unserem Dreh nicht mehr.

Auf dem Hocker neben mir so eine richtige Tresen-Maus, eine von denen, die hier immer sitzen, seit dreißig Jahren, an dieser Stelle, auf diesem Hocker. „Juten Morjen, ik bin die Silvie" - es war nämlich gerade zwei Uhr geworden und das ist ja unter Freiberuflern, Rentnern und sonstigen vom Diktat der Uhr Verschonten doch der eigentliche und sozusagen natürliche Punkt, wo so ein Tag zu seinem Ende und somit zum nächsten Morgen kommt.

Die Silvie also nun. Sind selbstredend gleich ins reichlich Intime geraten: Altersbeschwerden, eine Pille gegen dies, eine Pille gegen das und die Creme gegen jenen Hefepilz, der zwar bei jedem Menschen im Gesicht haust, der aber bei altersbedingtem Nachlassen der Resistenzkraft leicht anfangen kann, sich allzu wohl zu fühlen, was zu Rötungen und Schuppenbildungen führt. Gegen meine bewährte Creme empfiehlt sie eine andere, die nicht einmal die Hälfte kostet.

Schließlich zeige ich ihr noch das Teil, das mir an der Innenseite des Oberarms zu wachsen im Begriffe ist, und sie hat prompt einen Namen dafür, und zwar einen, der mich ausgesprochen beruhigt: Stielwarze. Ach so, na gut, dann halt eine Stielwarze. Offenbar sind wir gleichen Alters. Nein, stellt sich heraus, sie ist fast zehn Jahre jünger und diesen Sommer sechzig geworden. „Ach Gott, wie süß," sage ich, „dann bist du wahrscheinlich noch Jungfrau." Nein, sagt sie, sie sei Steinbock, und aber sowas von.

Kein Scherz, sondern Missverständnis meines Scherzes, der ja nun tatsächlich ein bisschen daneben war, zumal bei gegenwärtig herrschender Humorlage. Doch dürfte von der neuerlichen Wiederkehr der Prüderie bei so einer wie Silvie bisher noch kaum etwas angekommen sein, nicht bei ihr, als einer von denen, die, mit Eva-Maria zu reden, so patent und bodenständig sind, dass sie auch schon mal einen Witz reißen können, bei dem noch so mancher Mann rot würde.

Nun, solch einer kam zwar gestern nicht von ihr, doch hatte sie mir immerhin ihre hohe Meinung von dem Schauspieler Sean Connery nicht anders verdeutlichen wollen als mit der Floskel, dass gegebenen Falls sie diesen Herrn „ja ooch nich von der Bettkante jestoßen hätte."

Zuvor, zum Ochsenschwanz, zu dem Wolfgang außer mir und Eva-Maria nur noch eine Ex-Geliebte sowie einen alten, gar auf Schulzeiten zurückgehenden Freund geladen hatte, war ich mit dem strikten Vorsatz angetreten, auf gar keinen Fall auch nur ein Wort über Hitler, Auschwitz oder Durchhalten fallen zu lassen, wofür dann aber Wolfgang es war, der irgendwann mit dem Dreißigjährigen Krieg ankam, wo er doch soeben Kehlmanns jüngsten Roman liest, rund um die Figur des Eulenspiegel, nun aber in diese Zeit versetzt. Wolfgang, erstaunlicher Weise höchst beeindruckt: diese prunkende Sinnlichkeit der Sprache. Ob wir gewusst hätten, dass nachdem im Jahre 1631 die kaiserlich katholischen Truppen das protestantische Magdeburg eingenommen hatten, von den 35.000 Einwohnern der Stadt 20.000 zu Tode gekommen seien. Wir hatten nicht gewusst.

Coda alla vaccinara - Ochsenschwanz nach Kuhhirtinnen Art, ausgesprochen römische Spezialität, von Wolfgang dergestalt dargeboten, dass er damit sogar der Osteria *La Carbonara* auf Roms *Campo de Fiori* Konkurrenz machen könnte. Auf mein Lob - „hätte ich dir gar nicht zugetraut" - winkt er ab. Halt ein gutes Rezept, und dann nichts weiter als mit strikter Disziplin sich dran gehalten.

Ja, sage ich, gegen ein italienisches Rezept sei sogar das Messbuch der katholischen Kirche die reinste Beliebigkeit, nur dass, wollte man es ganz stilecht halten, solch ein Rezept gar nicht schriftlich fixiert werden dürfe, sondern unbedingt in mündlicher Weise auf dich gekommen zu sein habe, und zwar von deiner Großmutter, die es ihrerseits auf ihre Großmutter zurückführen könne. Denn für eine wahre italienische Küche zähle allein die Oma, will sagen die eigene, indessen etwaige abweichende Rezepturen von Seiten anderer Omas natürlich der reinste Quatsch seien.

Darauf Eva-Marias Einwand, ich würde hier schon wieder Geschichten aus den achtziger Jahren erzählen, indessen doch sehr fraglich sei, ob die heutige Internet-Generation noch ebenso ticke. Blieb mir natürlich nichts, als ihr zuzustimmen, wo das doch bei mir nun mal so ist und ich da gar nichts dagegen machen kann: die achtziger Jahre. Biografisch meine dreißiger Jahre, die Zeit, wo das Leben noch so richtig lebte, und zwar nirgendwo auf der ganzen Welt mehr als im gegenkulturell bewegten West-Berlin, wiewohl das klassische Aroma unserer wohngemeinschaftsmäßigen Pasta-Soße auf den Umstand zurückzuführen war, dass jeder der fünf Mitbewohner sein Lieblingsgewürz in den Topf mit hinein gekippt hatte.

Eva-Maria übrigens in einem knallroten Kleid, wobei erstens Kleid und zweitens rot. Ja, sie wisse auch nicht, aber ihre Mutter habe gerne Rot getragen, sie selber bisher nie, denn sie sei doch auch so schon anstrengend genug, da müsse sie nicht auch noch Rot tragen. Eine Bemerkung, die Wolfgang zum Anlass nahm, aus seiner Schulzeit zu berichten, wie er, nachdem Joyce gelesen, zum Entsetzen seines Lehrers in einem Aufsatz, einem sogenannten Stimmungsbild, unbedingt das Wort *ochsenblutrot* habe unterbringen müssen, und damit nicht genug, *rotzgrün* obendrein.

Eva-Maria: Hätte er doch statt den *Ulysses* mal lieber *Vom Winde verweht* gelesen. Da werde nämlich der Teint der Scarlett O'Hara als magnolienweiß beschrieben.

Kaum minder spaßig Wolfgangs Ex-Geliebte, indem anlässlich irgendeiner Gelegenheit auf gegenwärtiges Spießbürgertum schimpfend, sei's das aus Finsterwalde, sei's das aus Lichterfelde. Habe mir's als Scherzfrage abgespeichert: Was ist das Gegenteil von Finsterwalde?

Von Seiten Wolfgangs altem Schulfreund hingegen der Bericht von einem gemeinsamen Klassenkameraden, mit dem es jetzt dergestalt in die Demenz gegangen sei, dass er es fertig gebracht habe, sich mit einer Daunendecke in die Badewanne zu legen, um dann das heiße Wasser aufzudrehen. Wolfgang: das Erschreckende daran, wie gut es sich nachvollziehen lasse. Ja, dies schon. Anders steht's damit, das Wort *Demenz* im Verbund mit dem Wort *Klassenkamerad* gehört haben zu müssen. Also ich meine jetzt nicht mehr aus dem Mund des Vaters, sondern in einem solchen Kreis.

Wolfgangs Schulfreund überschwänglich über Fellinis Filmkunst, wobei vor allem *Achteinhalb*. Noch einer also. Ich habe in diesem Fall ja nie mitmachen können, selbst nach dem dritten Versuch noch nicht. Verfilmte Träume - das ist so was von beliebig und kann das eigentliche Aroma doch nicht rüberbringen, mal davon abgesehen, dass Mastroianni für dieses Mal ja nun wirklich fehlbesetzt war. Und überhaupt stellt sich hier doch wieder mal die Frage, ob das nun wirklich ein Film über das Öde sei oder nicht doch ein öder Film. Die Faszination dürfte jedenfalls ganz aus dem Visuellen kommen, gewissen fotographischen Gags, die mir unzugänglich bleiben, sieht man mal von der übergroßen Geste ab, mit der das seinerzeit ins Schwarz-Weiß zurückgegangen war und dabei allerdings nicht nur in so ein gewöhnliches aus Opas Kino, als vielmehr in ein ausgesprochen schwarzes Schwarz, dem sich ein ausgesprochen weißes Weiß entgegensetzte.

Schade, dass mir das erst jetzt kommt und ich es nicht an Ort und Stelle habe unterbringen können. War doch alles in allem ein recht netter Abend, wozu entsprechend auch keine weitere Erinnerung. So eine Art von kollektiv kommunikativem Grooming. Am Ende hatte Wolfgang - Kultur hin, Kultur her - richtiggehend einen sitzen.

Ach so, dies eine noch: ganz zum Schluss, Wolfgang und ich alleine übrig geblieben, kommen wir auf die Bibel und die Gebote zu sprechen. *Liebe deinen Nächsten wie dich selbst* - Wolfgangs Hinweis, dass dieses Gebot wortwörtlich (und hier hätte ich jede Wette verloren) bereits im Alten Testament auftaucht, so dass Christus es nur hat zitieren, nur hat hervorholen und doppelt unterstreichen müssen.

Unter Leviticus 19,18 könnt ihr es nachlesen. Kurioser

Weise heißt es dort ein paar Zeilen vorher noch, man solle einem Blinden kein Hindernis in den Weg stellen und einem Tauben keine Schmähworte ins Gesicht sagen. Böse-Buben-Streiche, so dass jetzt grad noch fehlt, man solle einer Katze keine Blechbüchse an den Schwanz binden: liebe deinen Nächsten wie dich selbst. In diesem Sinne wäre das Gebot allerdings nichts weiter als eine Variante der sogenannten Goldenen Regel: *Was du nicht willst, das man dir tu, das füg auch keinem anderen zu.* Eine Maxime, für die wir in heutiger Sprache zwar den Begriff des Mitgefühls, nicht aber den der Liebe zu bemühen hätten. Empathie, das auf Selbstwahrnehmung gegründete Einfühlungsvermögen: *Quäle nie ein Tier zum Scherz, denn es fühlt wie du den Schmerz.* Sieht es nicht ganz so aus, als habe man ebendies sagen wollen, es aber noch nicht anders vermocht als unter einer gewissen Überanstrengung des Begriffs der Liebe? Eine Frage und damit abermals ein Faden, der weiterzuverfolgen wäre, irgendwann einmal.

68

Anruf eines Journalisten, der für ein mir bisher unbekanntes Literaturmagazin schreibt und durch Empfehlung von Herrn Haupt, unserem Buchhändler am Ludwigkirchplatz, auf die erste Folge meines Unternehmens aufmerksam geworden ist. Zuerst sei er skeptisch gewesen, habe den Ansatz für wenig aussichtsreich, um nicht zu sagen für zum Scheitern verurteilt gehalten, möchte nun aber, nachdem er auch die zweite Folge gelesen hat, mich für ein Interview gewinnen, wobei er offenbar davon ausgeht, dass ich auch die dritte Folge schon so gut wie in der Scheune habe. Antworte ihm, dass der Zeitpunkt soeben gar nicht günstig sei, da ich mich in den letzten Monaten mit nichts als dem NS beschäftigt hätte, was mich in Richtung Humor und Esprit so ziemlich auf den Hund gebracht habe, beziehungsweise - denn nichts gegen Hitlers Schäferhündin - auf den Level eines Obersturmbannführers.

„Hahaha, ohje - Sie sind gut, dieser hier war aber schon mal gar nicht so schlecht."

Um es kurz zu machen: einem regelrechten Interview wollte ich mich nicht stellen, doch haben wir uns gestern Abend auf dem Ludwigkirchplatz getroffen, auf dem sich tatsächlich auch jetzt noch, in den letzten Tagen des Oktobers, draußen sitzen ließ. Ein lockeres Gespräch zum Kennenlernen sollte es werden, wenn dann am Ende doch eher so etwas wie ein Interview dabei herauskam, so deshalb, weil der junge Mann sich enorm vorbereitet zeigte, um nun tatsächlich auch etwas wissen zu wollen: einer, der Fragen stellt und dann auch noch zuhört.

Ging damit los, ob ich mir bewusst sei, dass in der zweiten Folge meines Unternehmens das Wort Baum neunundvierzigmal falle, (zweiunddreißig mal im Singular, fünfzehnmal im Plural, zweimal im Diminutiv, nämlich in Gestalt von Brechts Aprikosenbäumchen), und erreichte einen ersten Höhepunkt bei der Frage, welchen Grad an epistemischer Vernunft ich diesem ganzen Wirrwarr, diesem via assoziativer Egozentrik angerichteten Durcheinander beimessen würde.

Um Gottes Willen, sage ich, er möge doch bitte nicht vergessen, dass es sich hier um einen therapeutischen Prozess handle, einen selbsttherapeutisch verschlungenen Weg vom geistigen Tod zum erneuten Leben. Die Geschichte einer wiederholten Pubertät sei es, eine Coming-of-Age, genauer Returning-of-Life Story. Hier müsse doch einer zusehen, wie er seine Siebensachen erst mal wieder zusammenkriege. Die Geschichte einer Wiedergeburt sei es und somit, ungeachtet des Alters des Protagonisten, etwas von dem, was sogar im Englischen unter dem Terminus *Bildungsroman* firmiere.

Darauf er: „The Bildungsroman and the Leitmotiv, letzteres gar soweit eingeenglischt, dass auch durchaus klein geschrieben und mit einem f am Ende: *the leitmotif.*".

Ja, was den Bildungsroman und derlei Angelegenheiten betrifft, kannte er sich aus, der junge Mann, was freilich kein Wunder bei einem, der für ein Literaturmagazin schreibt, und so tauchte denn auch mitten in seinem nun folgenden und für diesmal nur dürftig in eine Frage verpackten Kurzessay das Wort von der *Konstitutionsgeschichte des ästhetischen Subjekts* auf.

Wie lang ist's her, dass ich es nicht mehr hörte? Der junge Mann ist Jahrgang 1970, hat an der FU studiert, auch Klaus Heinrich noch gehört und wird nächstes Jahr - nicht zu fassen! - fünfzig Jahre alt. Ich hätte ihm höchstens fünfunddreißig gegeben, aber derlei Schnitzer gehören wohl auch mit dazu, also zum Konstitutionsprozess eines älteren Herrn.

Im übrigen hatte er natürlich Recht mit seinem Hinweis, dass unter dem Begriff des Bildungsromans in der Regel ein retrospektiv nachgezeichneter Entwicklungsprozess zu verstehen sei, hingegen mein Unternehmen sich im ergebnisoffenen Präsens bewege und damit tatsächlich eher etwas von der Coming-of-Age-Tradition habe, durchaus passend zum Wort von der sich wiederholenden Pubertät. Dabei habe Goethe gegenüber Eckermann selbstredend das im Auge gehabt, was wir heute als Adoleszenz bezeichnen und keinesfalls jene vorausgegangene Zombie-Phase, in der schlurfender Weise noch weiter nichts zum Ausdruck gelange als der erlittene Verlust von Kindheit.

Sein Hinweis, dass in meinem Nachruf auf den Radio-Helmut das Wort vom Bildungsroman ja auch tatsächlich einmal falle, und dass jene knappen biographischen Skizzen zu eben jenem Helmut sich doch ebenfalls auf geistige Entwicklungsprozesse beziehen würden, wie auch die zu Dimitrij Grigorowitsch, dem im Grunde doch so religiös veranlagten Nihilisten, oder Nico, dem schwulen Ästhetizisten, egal, ob die am Ende nun in Schicksalsgeschichten umschlügen oder nicht. Ferner: meine wiederholte Bezugnahme auf Goethes Leben und hier nun die Frage, ob ich nicht auch der Meinung sei, dass sich diesbezüglich schon so etwas wie die Bildung eines Strangs andeute, im Falle es sich nicht bereits um eine Aufgabe handeln sollte, die über mich gekommen sei, nämlich so etwas wie einen biographischen Goethe-Essay zu schreiben, so etwas in Richtung Kunst und Leben.

Ja, mit dieser Formel hatte er es gesagt: eine Aufgabe, die über dich kommt.

Antworte ihm, dass das Endziel dieses Unternehmens tatsächlich im Auffinden einer Aufgabe liege, genauer eines Themas, das reizvoll genug wäre, um einen älteren Herrn in alltäglicher Muße dergestalt zu beschäftigen, dass von so etwas wie einem erfüllten Lebensabend gesprochen werden könnte, dass ich es aber für eher unwahrscheinlich halte, ausgerechnet unter den Bücherbergen der sogenannten Goethe-Forschung fündig zu werden, ja es sogar gut möglich sei, dass ich mich jüngst auch deshalb so ausgiebig auf den NS eingelassen habe, um derlei von mir abzuwenden.

Nun ja, antwortet er, sich auf einen Gegenstand wie den NS einzulassen bedeute natürlich, sich in geradezu selbstauslöschender Weise vom Material einnehmen oder - „haha" - besetzen zu lassen, und ob das nicht auch etwas mit meiner missglückten Liebesgeschichte zu tun haben könnte.

Wer weiß, sage ich, bedanke mich aber in jedem Fall schon mal für dieses Wort: *Selbstauslöschung.*

Ansonsten gab ich mit dürren Worten meine dürre Einsicht wieder, dass nämlich in Sachen Faschismustheorie die Empathie gegenüber den Opfern ebensowenig weiter helfe wie die Wut auf die Täter, eine adäquate Theorie, und zwar adäquat gerade auch im Hinblick auf Aufklärung, hingegen so etwas wie ein Aufbringen von Empathie gegenüber den Tätern verlange, und dass dies der Punkt gewesen sei, da irgendwann buchstäblich meine Physis zu streiken begonnen habe, so dass mir nun höchst wahrscheinlich für den Rest meiner Tage wird verschlossen bleiben müssen, welche Variante nationalsozialistischer Frömmigkeit in Heinrich Himmlers Herzen waltete.

Ich musste diesen letzten Satz mit einer gewissen Entschiedenheit hervorgebracht haben, mit dem also, was unser alter Freund Dimitrij Grigorowitsch den Basta-Operator zu nennen pflegte: so, und damit Schluss, ich gedenke nicht, auch nur ein einziges weiteres Wort darüber zu verlieren. Jedenfalls nahm mir daraufhin der junge Mann genau das ab, was mir diesen Falls noch immer so schwer fallen will, nämlich den Themenwechsel.

Nun musste er dazu nur auf seinen mitgebrachten Zettel

schauen, um mich dann allerdings mit einer Reihe von Fragen zu konfrontieren, von denen ich mich allesamt einigermaßen überfordert fühlte: Der Apostel Paulus und die Verschränkung von Glaube und Liebe? Gottfried Benn und der Begriff von Geist als Gegenglück? Ja, du meine Güte! Habe ihn gebeten, er möge mich doch mal lieber nach meiner bisher mir selber als merkwürdig erschienenen Aversion gegen Schnittblumen fragen, wozu mir nämlich mittlerweile doch etwas hochgestiegen sei, nämlich eine Szene aus meiner Kindheit.

Hat er dann auch tatsächlich gar nicht uninteressant gefunden, meine Geschichte von der Frühlingswiese, eher gelb als grün bei all der aufgeblühten Primelpracht, woraufhin meine Ernte so reichlich, dass zuhause alle aufzutreibenden Vasen nicht ausreichen wollten, weshalb aus der Küche noch die eine oder andere Milchkanne oder sonst noch irgendein Gefäß zweckentfremdet werden musste. Ja, und dann sollte mir das alles elendiglich verfaulen, indem ich nämlich versäumt hatte, das Wasser auszuwechseln. Ein mir bis heute unvergesslicher Gestank, dem ich mich um so mehr ausgesetzt sah, als die Putzfrau die väterliche Anweisung strikt befolgte, mir bei der Entsorgung auf gar keinen Fall behilflich zu sein.

Hat es sich kurz notiert, der junge Mann, um dann aber auch schon gleich wieder mit den nächsten Fragen anzukommen, bis hin zu der, ob ich denn tatsächlich die Frauen für die besseren Menschen halten würde. Das dürfte dann der Punkt gewesen sein, ihm grundsätzlich klar zu machen, dass er unmöglich erwarten könne, mich im Real-Life-Modus ebenso geistesgegenwärtig und eloquent, dabei womöglich auch noch differenziert und abgewogen anzutreffen, wie das auf dem Papier ja hin und wieder mal den Anschein haben mag.

„Hören Sie", sage ich, „so geistreich wie dieser Text-Alban bin ich keineswegs; der quasselt einen vor sich hin, indessen ich mir einen Bruch daran gehoben habe." Ist ihm natürlich nicht unvertraut. Am meisten müsse man daran arbeiten, dass es hinterher so aussehe, als habe man nicht daran gearbeitet. *Was dann nachher so schön fliegt* - ein Wort von Peter Rühmkorf über die mühselige Puzzelei beim Verfassen von Gedichten.

„Tut mir leid", entgegne ich, Rühmkorf sei bei mir ein nur sehr schwach erkundetes Feld, wie ich ja überhaupt in Sachen Lyrik ziemlich unterbelichtet sei. Auf meine durchaus ernst gemeinte Frage, ob er mir diesbezüglich nicht Nachhilfestunden geben wolle, kam jedoch nichts als ein lächelndes Kopfschütteln. Ich solle doch bloß nicht irgendwas erzwingen wollen. Für einen wie mich, der von den Sozialwissenschaften her komme, sei es doch ganz natürlich, wenn er sich auf dem Feld der Lyrik nie anders bewegen sollte als in Gestalt des Reisenden in einem fremden Land. Das gehöre nun mal zur Sache mit dazu, wie auch der Umstand, dass ich mir schon in der Jugend als Gegenpol zum Marxschen *Kapital* nicht die Poesie, sondern die Musik ausgesucht hätte, und dann auch noch Wagner, und damit nicht genug auch noch *Tristan und Isolde.*

„Ja", sage ich, „allerdings hatte ich anschließend einen Sprung ins absolute Gegenteil gemacht."

„Ins Gegenteil?"

„Ja, zu Mozart."

„Von Wagner zu Mozart?"

„Ja," sage ich, „auf *Tristan* folgte der *Figaro, Le Nozze di Figaro"*

Der junge Mann schüttelt den Kopf. Darüber, meint er, sollte ich aber auch mal was schreiben. Tja, sage ich, sollte ich vielleicht. Lieber aber wäre mir, es würde mir von einem erklärt, der mehr davon versteht.

Seine Frage, warum wir Wagnerianer immer von dem Tristan sprächen, wo das Werk doch *Tristan und Isolde* heiße. Ich hatte noch nie darüber nachgedacht, war nun aber mit der Antwort relativ schnell bei der Hand: kein Protagonist sei mir jemals sowas von egal gewesen wie dieser Tristan und dass, wenn schon einer von den beiden, dann doch die Isolde die bei weitem interessantere sei. Nur dass bei der Rede von dem musikalischen Ereignis namens *Tristan* kein Mensch an die Person des Helden denke, vielmehr an das,

was da im Orchester los ist, also jenen Trip, jenen Sturm,
der durch die beiden hindurch und über sie hinweg rausche
und dabei sie als Personen zum Verschwinden bringe. Er:
Hurrikan *Tristan*? Ja, sage ich, und verweise darauf, dass es
früher in der Meteorologie der Brauch gewesen sei, Stürme
durchgehend weiblich zu benennen, man jetzt aber von
Sturm zu Sturm beständig zwischen weiblich und männlich
wechsle. Er: wobei es vor zwei Jahren Irma gewesen sei, die
von sich reden gemacht habe, und zuvor Katrina - bis dato
die beiden verheerendsten Katastrophen in der Geschichte
der USA. Ich: „Immer diese Weiber".

69

Thomas Mann: An irgendeinem Punkt waren wir auf Hans
Castorp gekommen. Es wird wohl mein Hinweis gewesen
sein, dass wenn mein literarischer Ich-Erzähler sich zwar
in der Regel um einiges geistesgegenwärtiger präsentiere,
als mir das realiter gegeben, es allerdings auch schon mal
umgekehrt vorkommen kann, dass er zwecks Produktion
eines A-ha-Erlebnisses oder wie sonst auch immer gearte-
ten Geistesblitzes eine Stufe naiver ansetzt, als es meinem
eigenen Bewußtseinsstand entspricht. Da lag natürlich der
Hinweis auf Hans Castorp nahe, in dem Thomas Mann
sich bekanntlich selber in der Volksausgabe wiedergegeben
hat, dabei leicht ironisiert durch die Stimme eines älteren
und lebensweiseren, ja bereits einer anderen historischen
Epoche angehörenden Erzählers, der im Übrigen - so der
junge Mann fortführend erklärend - niemals Hans Castorps
Perspektive verlasse und damit als personaler Erzähler tendenziell schon fast zum Ich-Erzähler werde.

Ja, sagte ich, tatsächlich sei mir *Der Zauberberg* einst
sehr wichtig gewesen, ja, und tatsächlich auch zu Ende
gelesen, mit Sicherheit sogar zweimal, die erste Hälfte
aber öfter, viel öfter sogar. Die mir am nächsten stehende
Figur Thomas Manns, so fuhr ich fort, dürfte aber vielleicht doch die Tony Buddenbrook sein, ihre Art, sich aus
den Bruchstücken ihrer spärlichen Lebenserfahrung eine

persönliche Metaphorik heraus zu brechen und sich eine Art von Privatsprache zusammenzubrauen, die, wie kognitiv beschränkt auch immer, nicht ohne expressive Kraft sei. In Tony's Dumm-Gansigkeit liege doch auch etwas eigentümlich Lebendiges.

Ja, meint er, wobei die Sache mit der Gans vielleicht sogar der Hit in ihrem Repertoire.

Ja, antworte ich, und zwar in der wiedergängerischen Formel, dass sie doch schließlich keine Gans und kein dummes Ding mehr sei, jetzt, wo sie das Leben kennen gelernt habe. Schritt für Schritt gehe es so hinan mit ihr, ab in Richtung Altersweisheit.

Er: „Wie jetzt? Hinauf oder hinab?"

Ich: „Ja, das wäre wohl die Frage."

Gegen Ende fröhlicher Schlagabtausch in Richtung erinnerlicher Floskeln aus *Buddenbrooks*, angefangen bei Herrn Grünlichs ganz ungemein putzenden Rosen, über Christians auf der linken Seite zu kurz geratene Nerven, den Pastor, den man Tränen-Trieschke nannte, weil er bei jeder Predigt einmal in selbige auszubrechen pflegte, bis hin zu dem Festreden haltenden Speicherarbeiter - wie hieß er gleich noch wieder? - dieser Platt sprechende Mann mit seiner Grube, in die wir alle fahren, und dem Moder, zu dem wir alle werden müssen.

Widerspruch bekam ich, als ich von Lilo zu schwärmen anfing, also von Liselotte Pulver als Tony in der Verfilmung von 1959. Aber das bin ich ja gewohnt. Als ich einst in unserer ehemaligen Stammkneipe die Lilo in einem Atemzug mit Audrey Hepburn nannte, wollte Nico, der allerdings ausgewiesene Diven-Experte, einzig die Hühner lachen hören.

Nun ja, zugegeben, der alte Ufa-Infantilismus, Papas Kino und so weiter. Wenn nicht zwischen Schmollmund und Trotzkopf, dann dieses laute Herauslachen eines wahren Herzchens mit Tendenz zum Pferde Stehlen, dabei ewig kindlich bleibend. Es ist, wohlgemerkt, Lilos Spiel, das ich hier vor Augen habe, wie weit es auch die literarische Tony treffen würde, wäre eine andere Frage. Deren Hang zu theatralisch übersteigerten Gefühlsbekundungen konnte Lilo jedenfalls mit links aufgreifen, um komödiantisch nochmals einen drauf zu setzen, mit ihren weit aufgerissenen Augen. Darüber hinaus hat sie aber auch noch ein paar ganz realistische Szenen, wo sich zeigt, dass auch eine mit derart feinen Untertönen arbeitende Erzählung durch ihre filmische Umsetzung keineswegs immer nur verflacht werden muss.

Die Szene, zum Beispiel, wo sie tränenüberströmt im Nachthemd die Treppe runter kommt, um ihren schicksalsschweren Eintrag im Familienbuch zu machen, also unter Entsagung ihrer Liebe, unter Abschwörung ihres Travemünder Gelöbnisses, nun ihre Verlobung mit Herrn Grünlich zu besiegeln. Es ist zum Herz Zerreißen und doch ist damit alles wieder eingerenkt und ins rechte Lot zurückgekehrt, denn eine richtige Buddenbrook kann man nun mal nicht abgeben, ohne zur Erbringung von Opfern bereit zu sein, und zwar weiß Gott welch schweren.

Oder nehmen wir die Szene, wo sie zusammen mit Grünlich und Bankier Kesselmeyer beim Frühstück sitzt, wobei es um so etwas schrecklich Unverständliches wie Finanzen und Kredite geht, beziehungsweise um Grünlichs Behauptung, Tony würde ihn mit ihrem Hang zum Luxus ruinieren, worüber der Bankier sich aber nichts als totlachen will, während sie nun gar nicht weiß, ob das jetzt wirklich was zum Mitlachen oder nicht doch eher was zum Heulen sei. Das ist schon grandios, wie sie das rüberbringt, die Lilo.

Frage mich, ob ich nicht vielleicht doch den Roman nochmal lesen sollte. Später mal, denn jetzt würde mich eher mal so jemand wie dieser Peter Rühmkorf interessieren, von dem ich hin und wieder schon mal sagen hörte, er stehe in puncto Lyrik ganz oben auf der Liste. Dabei hat er auch eine Autobiographie verfasst, die mir der junge Mann immerhin empfehlen wollte: *Die Zeiten, die ihr kennt.* Eine Art von Midlife-Crisis bedingter Zwischenbilanz, 1971 vom Einundvierzigjährigen verfasst, wobei er noch nebenher ein Tagebuch führte, das er dreißig Jahre später auch selber noch veröffentlichen wird und das gleich im Anschluss zu lesen mir der junge Mann ebenfalls empfahl. Was Thomas Mann anbelangt, habe Rühmkorf übrigens die Romane zwar abgelehnt, die Erzählungen aber hoch geschätzt. Dann würden wir ja gut zusammen passen, sage ich, denn bei mir sei's eher umgekehrt.

70

Ein nicht ganz uninteressanter Nachtrag von Seiten des jungen Mannes in Richtung Mallorca und Ferienhäuser auf Ferieninseln beziehungsweise das ewige Problem unserer Geselligkeiten, ein gemeinsames Thema zu finden. Diesbezüglich wusste der junge Mann nämlich von einer kürzlichen Einladung zu berichten, wo es just das Thema Mallorca war, das die beiden ihm zur Rechten sitzenden Herren dazu gebracht hatte, sich der allgemeinen Konversation zu entziehen, indem sie über das Stichwort Mountain-Bike im Nu auch schon bei der Frage waren, wie man ein solches, nachdem man es einmal auseinander genommen habe, nun auch wieder zusammen kriege. Zwei ausgesprochene Experten, und das, so der junge Mann weiter, sei doch überhaupt das Verhängnis, unter dem heute alle Konversation stehe: die Expertenkultur.

Ich denke, wir werden uns nicht zum letzten Mal gesehen haben, der junge Mann und ich, und auch dass ihm die Passage über das Krokodil zunächst nicht hat aufgehen wollen, ist im Grunde nicht verwunderlich. Ihr erinnert euch? Ob es nicht merkwürdig sei, so hatte ich bei meiner Erörterung (siehe Nummer 10) der Hypothese vom Wasseraffen als dem Urahnen des Homo sapiens gefragt, dass in dem Maß, wie Wasser für uns mit Wellness zu tun habe, der Schrecken mit dem Krokodil?

Tatsächlich ist uns diese Kreatur als Inbegriff des Schreckens derart selbstverständlich, dass dessen Hinterfragung nicht anders als kontraintuitiv ausfallen muss, wie doch überhaupt gilt, dass je selbstverständlicher etwas ist, desto sonderbarer uns dessen Hinterfragung vorkommen muss. Dabei muss man doch nur an unser Verhältnis zum Bären denken, den wir höchst realitätswidrig gar als teddymäßig süß und putzig empfinden. Nun hat es Bären in unserer afrikanischen Urheimat tatsächlich nie gegeben, indessen wir die Bedrohung durch das Krokodil ganz offenbar in den Genen haben: die europäische Figur des Drachens als eines geflügelten Krokodils. Ja, wusste der junge Mann nunmehr aufzulachen, man müsste ja nur mal eine Krokodildame nach ihren Empfindungen gegenüber einem besonders prächtigen Exemplar von einer solchen Kaiman-Fresse fragen.

Was meinen in Muße zu erfüllenden Lebensabend betrifft, meinte er noch, dass hier doch einzig die Verfassung einer Kindheitsbiographie in Frage komme, wobei sonderlich seriös so etwas allerdings nicht ausfallen müsse, denn wenn Kinder eines nicht seien, dann seriös. Ja, sage ich, und gerade darin könnte der Reiz liegen, doch sei ich für so etwas nun wirklich noch nicht alt genug, und da wollte er mir gar nicht widersprechen, denn so richtig solle sich das erst gegen Achtzig einstellen, dass dir über deine frühen Jahre das Licht aufgeht, wobei er eine schreibende Tante habe, die sich darüber beklage, dass es ab dem vierzehnten Jahr dann auch schon wieder wie ausgeknipst sei. Nun ja, sage ich, die Zombie-Phase halt.

Ob ich tatsächlich die Frauen für die besseren Menschen halten würde - er hatte es gut gemeint, wollte mir die Gelegenheit geben, eine Probe meiner Schlagfertigkeit zu liefern. Eine Verwechslung, wie gesagt, mit dem Schreib-Alban, indessen doch mir, also jetzt mir for *myself* und ganz real-life-mäßig, bisher noch immer nichts Rechtes darauf hat einfallen wollen, was mich natürlich mal wieder ärgert bis in den Schlaf hinein.

Dabei, und das fällt mir erst jetzt auf, war ich es doch selber, der das Gespräch gegen Ende auf Tony Buddenbrook gebracht hatte, ausgerechnet auf sie. Sollte es just diese seine

Frage gewesen sein, die von mir zunächst abgewürgt, dann aber maulwurfsmäßig weiter gewühlt hatte, um schließlich mit einem Male doch wieder oben aus dem Haufen zu gucken? Mit anderen Worten: die Frage, warum Tony trotzalledem so liebenswert erscheinen will, würde ich keineswegs abwehren, sie mir vielmehr mit nachhause nehmen, in meinen Garten, um sie dort zu hüten und zu pflegen und dabei so gut wie möglich offen zu halten.

Klothilde? Natürlich hätte ich auch auf sie verweisen können, und ja, vielleicht hätte darin sogar der Ansatz zu einer substantiellen Antwort liegen können. Klothilde Buddenbrook, die Cousine aus der verarmten Nebenlinie, die arme Thilda, aus deren Mund kaum je ein Wort zu hören ist, wobei sie es gar schafft - und das ist nun wirklich so eine Sache bei den Frauen, dass, ob im Guten, ob im Bösen, ob egal in was auch immer, sie es ohne weiteres schaffen, die Angelegenheit um eine gute Stufe intensiver hinzukriegen, wobei nun also jene Klothilde es gar schafft, ihrer fundamentalen Lebenslangeweile noch einen drauf zu setzen, indem sie sich mit einem Buch beschäftigt, das den Titel trägt: *Blind, taub, stumm und dennoch glückselig*.

Vielleicht hätte ich antworten sollen, dass ich Frauen zwar nicht für besser, doch literarisch gesehen häufig, wenn nicht gar meist, für interessanter halte. Und dann hätte ich auch gleich auf eine meiner liebsten TV-Serien hinweisen können, nämlich die *Desperate Housewifes*. Die erste Staffel, versteht sich. Wer sich die zweite auch noch antut, statt sich der erste noch ein zweites oder drittes Mal hinzugeben, ist selber schuld.

Das Wort *desperate* steht hier übrigens im Sinn von inständiger Hoffnung oder dringlicher Bedürftigkeit, so wie etwa ein Durstiger sagen kann, er sei *desperate for a drink*. Und gewiss, liebe Freundinnen und Freunde, ihr habt ja recht, selbst die erste Staffel ist auch nur Glotze und damit nicht frei von den üblichen Schwächen, wie sie bei den herrschenden Produktionsbedingungen ja wohl auch unvermeidlich sind. Stichwort: *Kulturindustrie* und natürlich die Sache mit den viel zu vielen Köchen, und mag ja sein, dass heutzutage auch mir der Brei längst nicht mehr so schmecken würde, wie das vor gut zehn Jahren noch der Fall war.

Jetzt nicht mehr, im Stande meiner geistigen Wiedererweckung, indessen ich seinerzeit bereits derart in der Tinte saß, beziehungsweise in der Krise, dass auch nicht eine einzige Folge über den Schirm gegangen wäre, ohne dass nicht linker Hand die Wodkaflasche gestanden hätte. Links, wohlgemerkt, denn mit der rechten Hand machte ich mir Notizen, war es doch in erster Linie - Wodka hin, Wodka her - ein Sprachkurs, dem ich mich hier unterzog. Will sagen, dass ich es mit der amerikanischen Originalfassung zu tun hatte, bei zugeschalteten Untertiteln, und zwar, soweit mein Verständnis nur in etwa reichte, den englischen, zum wortwörtlichen Mitlesen und zum Rausschreiben der Vokabeln und Redewendungen. Der zweimonatige New-York-Aufenthalt, der mir bevorstand, hatte mir doch sehr deutlich zum Bewusstsein kommen lassen, in welch jämmerlichen Zustand mein Englisch inzwischen geraten war.

Aber jetzt mal von dieser poesiefernen Motivationslage abgesehen, werdet ihr mir zugestehen müssen, dass man es bei der ersten Staffel der *Desperate Housewifes* doch noch mit einem gewissen realistischen Kern zu tun hat, kraft dessen die Figuren in ihrer Überzeichnung zu wirklichen Karikaturen werden, also nicht nur zu witzigen, sondern dabei auch noch treffenden. Dies zumal bei dieser enormen Schauspieler-Crew sowohl im Hinblick auf die vier Freundinnen wie auf deren ganzes vorstädtisches Umfeld in all seiner Vielfalt, seiner wiederum insbesondere weiblichen. Man denke nur an Mrs. Huber von gleich nebenan oder gar deren Schwester. Oder die verkniffene Mutter von Gaby's minderjährigem Geliebten. Und dann zu Besuch: Susan's hippiemäßig ausgeflippte Mutter, und das dann auch noch im Kontrast zur adoleszentären Vernünftigkeit von Susan's Tochter. Von der guten alten McCluskey gar nicht erst zu reden. Mag ja sein, dass das eigentlich Geniale an dieser Produktion im Casting lag, darin allerdings ohne jeden Zweifel.

Was demgegenüber die Crime- und Whodunit-Seite der Story betrifft, werdet ihr mir ferner zugestehen müssen, dass die in der ersten Staffel doch noch etwas von persiflierender Gebrochenheit hat, einer schon fast wundersam funktionierenden. Man müsste mal etwas genauer auf den konterkarierenden Charakter der Filmmusik achten, wie ich mich überhaupt frage, ob ich mich nicht vielleicht auch in diesem Rahmen, hier, irgendwann mal tatsächlich näher auf dieses heitere Produkt einlassen sollte, was ja auch den willkommenen Effekt hätte, dass ich es mir nochmals, wie Eva-Maria sagen würde, reinziehen könnte, nun aber unter einem ernsthafter motivierten Einsatz von Blatt und Papier.

„Ein Buch mit dem Bleistift lesen" - Ausdruck von Thomas Mann für jene wachsame Rezeption, wie sie sich allein um der eigenen Produktion willen ergibt, und vielleicht sollte ich doch das Fernsehen lieber Fernsehen sein lassen und mich stattdessen mit Thomas Mann mal wieder etwas eingehender beschäftigen, nun, da sein Name sich abermals gemeldet hat. Es scheint da irgendwas ans Licht zu wollen. Und vielleicht ist es diesmal ja sogar eher die Person des Dichters, dieses wahren Komponisten unter den Erzählern, die mir mittlerweile doch etwas näher gerückt ist, als das noch zu Studentenzeiten der Fall war, da ich ganz auf sein Werk fixiert war. Will sagen auf die Romane, wie bereits gesagt, und weniger auf jene dem sogenannten Künstler-Bürger-Problem gewidmeten Erzählungen. Hatten doch wir, zu unserer Zeit, mit unserer im bürgerlichen Sinne zu konstatierenden Missratenheit weiß Gott keine Außenseiterprobleme, und insofern auch das nicht nötig, was Adorno im Hinblick auf Thomas Mann leicht spöttisch als dessen Künstlermetaphysik bezeichnete.

Dessen Bild also vom Künstler, als einem Wesen wie von einem anderen Stern, das nun aber kraft eines teuflischen Schicksalsspruchs mitten hinein in das Bürgertum des Neunzehnten Jahrhunderts versetzt worden war. Demgegenüber Adorno, wenn er noch in jedem Kind jene Spur von Künstlertum, wenn nicht gar von Genialität aufleuchten sah, die wieder auszutreiben oder weg zu dressieren die erste Aufgabe aller bürgerlichen Erziehung darstelle. Es wird darauf zurückzukommen sein.

71

Thomas Mann als Schüler, Tommy, der Lübecker Gymnasiast und dass er es doch tatsächlich geschafft hatte, dreimal sitzen zu bleiben, bis er die weitere Verfolgung dieser Angelegenheit aufgab. Immerhin: er geht mit dem mittleren Schulabschluss, dem sogenannten Einjährigen, weil mit dem Privileg eines verkürzten Militärdiensts verbunden, nämlich auf ein Jahr statt deren drei, wie damals noch fürs normale Fußvolk verbindlich. Vor allem aber geht er mit dem einen oder anderen bereits hervorgebrachten Stückchen in puncto Dichtung und Essayistik. Anderthalb Jahrzehnte später wird sich die Mutter in einem Brief erinnern:

Seltsam, wie ich gegen Tommy's Versuche geeifert habe! Es müssen damals sehr große Enttäuschungen über seine Schulstudien mir den Glauben an seine Begabung völlig genommen haben; oder, um ihn mehr Lerneifer gewinnen zu lassen, wollte ich seinen Dichterdrang hemmen - genug, fest steht daß Sie schon damals geahnt haben, was in dem kleinen „faulen" Tommy steckte.

Der Adressat dieses Briefes, Ludwig Ewers, war zu jener Zeit, da er es bereits geahnt hatte, der Schulfreund von Tommy's großem, nämlich vier Jahre älteren Bruder Heinrich.

Ludwig Ewers und Heinrich Mann - die beiden hatten es vorgemacht: nach vorzeitigem Schulabbruch die Aufnahme einer Buchhandelslehre, dabei Heinrich schon nach einem Jahr ins Verlagsvolontariat überwechselnd, und zwar just zu Samuel Fischer in Berlin. Mit einundzwanzig sitzt er an seinem ersten Roman: *In einer Familie*. Ein Jahr später vollendet, erscheint er 1894 bei Dr. Eugen Albert & Co in München. Heinrich ist dreiundzwanzig Jahre alt. Derweilen hatte sich in Lübeck der achtzehnjährige Untersekundaner Thomas als Herausgeber und Chefredakteur einer Zeitschrift mit dem kraftvollen Titel *Frühlingssturm* hervorgetan. Untertitel:

Monatsschrift für Kunst, Litteratur und Philosophie. Nicht zu knapp für eine Schülerzeitung. Und dann auch noch von einem, der zwar im Alter eines Primaners ist, jedoch drei Klassen tiefer an seinem mittleren Schulabschluss laboriert. Ich habe gestern einiges hin und her gerechnet, dabei auch alle möglichen Biographien und Kommentare hinzugezogen, in denen sich aber auch nur jeder das seine zusammenreimt, bis ich dank Hermann Kurzke endlich dahinter kam, dass die Grundschule damals nur die ersten drei Klassen umfasste, auf dass es schon in der vierten mit der gymnasialen Sexta weiterging, worauf die Quinta und die Quarta folgten. In Sachen Zahlensymbolik hatte das ja was: die hohe Zahl als etwas Minderes, das langsam abzuarbeiten war, bis man schließlich in der Oberprima angekommen war.

Die Schulzeit bis zum Abitur betrug zwölf Jahre, drei in der Grundschule, neun auf dem Gymnasium. Tommy's erste Repetition war in der Quarta fällig, nach unserer Rechnung also der sechsten Klasse, er ist zwölf Jahre alt. Die zweite Ehrenrunde gleich darauf in Untertertia, worauf die nächste Klasse dann doch mal wieder in der vorgesehenen Weise. Für dieses Mal, dem Jahr, in dem der Vater stirbt, einundfünfzigjährig an Blasenkrebs, am 13. Oktober 1891. Die Mutter hat soeben ihr vierzigstes Jahr vollendet, Brüderchen Viktor, der Nachkömmling, ist noch in den Windeln, Carla ist zehn Jahre alt, Julia dreizehn, Tommy sechzehn und der zwanzigjährige Heinrich geht, wie gesagt, in Berlin bei Samuel Fischer seinen literarischen Neigungen nach. Dem sei freilich, so hatte der Vater es nunmehr testamentarisch verfügt, entschieden entgegenzutreten:

Zu gründlicher, erfolgreicher Tätigkeit in dieser Richtung fehlen ihm m.E. die Vorbedingnisse: genügendes Studium und umfassende Kenntnisse. Der Hintergrund seiner Neigungen ist träumerisches Sichgehenlassen und Rücksichtslosigkeit gegen andere, vielleicht aus Mangel an Nachdenken. Mein zweiter Sohn - also Tommy - ist ruhigen Vorstellungen zugänglich, er hat ein gutes Gemüth und wird sich in einen praktischen Beruf hineinfinden. Von ihm darf ich erwarten, dass er seiner Mutter eine Stütze sein wird.

Von wegen, kann man da nur sagen. In Sachen Schule wird Tommy schon im folgenden Jahr seinen dritten Schiffbruch bauen, in Untersekunda, um im Wiederholungsjahr dann als Herausgeber jener subversiven Schülerzeitung mit dem großartigen Namen ans Licht zu treten.

Es gibt Situationen, die sich auszumalen man seine Phantasie kaum überanstrengen muss. Senator Mann, nicht nur Getreidegroßhändler, sondern auch der Finanzminister der hanseatischen Stadtrepublik und in dieser Funktion als „euer Wohlweisheit" anzusprechen, wird mit allem offiziellen Pomp zu Grabe getragen. Ein rechtlicher Vormund ist eingesetzt, und zwar nicht nur über den Kindern, sondern in finanzieller Hinsicht auch der Witwe. Die Firma wird liquidiert, die Grundstücke verkauft, das Vermögen fest angelegt. Die Zinsen fließen der Witwe zu, auf die Substanz hat sie keinen Zugriff. Wir sind nicht reich, sagt sie, aber wohlhabend. Eine alleinstehende Frau, musisch talentiert, Halbbrasilianerin mit leicht getöntem Teint und in jedem Fall zwei missratenen Söhnen. Wie wird man in Lübeck mit ihr umgehen? Wie sich der Ton ihr gegenüber verändern, der verwitweten, der entmachteten Frau Senator? Schon heißt es von Hauptpastor Ranke, er spreche rundheraus von einer verrotteten Familie.

Es dauert anderthalb Jahre, und sie ist nach München umgezogen, nach München-Schwabing, im Mai 1893, mit ihrem kleinsten Söhnchen und den beiden Töchtern. Tommy muss noch ein Jahr bleiben, die Untersekunda wiederholen, um wenigstens mit dem mittleren Abschluss abzugehen. Heinrich macht sich ab nach Italien, die Mutter gewährt ihm eine bescheidene, aber auch nicht allzu bescheidene Rente. Im Testament, wie gesagt, hatte es anders gestanden. Seine Hoffnung, so hatte der Senator geschlossen, werde in Erfüllung gehen, wenn seine Frau nur nicht schwach sich zeige.

Ja, *schwach* - so hatte er geschrieben, doch zeigt sich nun, dass viel eher als von mütterlicher Schwäche von selbstbewusstem Trotz zu reden wäre. In ihrer neu gewählten

Rolle als eine Salonnière im Schwabinger Boheme-Milieu steht der Senatorin nichts besser zu Gesicht, als dass ihr Ältester einen gedruckten Roman vorzuweisen hat. Für die Drucklegung von Heinrichs adoleszentärem Erstling schießt sie fünfhundert Mark vor, eine Summe, der zumindest fünf, vielleicht gar acht Monatslöhne eines Arbeiters entsprechen. Der Bleisatz war eine aufwendige Sache, damals, doch meinte Heinrich später, dass mehr als zweihundert Mark der Verleger wohl kaum habe aufwenden müssen.

Derweilen also Tommy in Lübeck die Untersekunda wiederholend, Ostern 1893 bis Ostern 1894, das Jahr, in dem er achtzehn wird. Im übrigen keine weiteren Vorkommnisse. Das ist jetzt so im *Fin de Siècle*. Deshalb ja auch schien dieser *Frühlingssturm* so dringend angesagt, wie er sich allerdings auch als ausgesprochen kurzatmig erweisen wird. Allein mit gutem Willen und der Bereitschaft, einen auf den Heinrich Heine des Vormärz zu machen, kann sowas nicht gelingen. Dem Heft vom Mai 1893 folgte noch eines im Juni, ein Doppelheft wegen der anstehenden Sommerferien, und das sollte es dann auch schon gewesen sein.

Vom zweiten Heft ist ein Exemplar erhalten, vom ersten haben wir nicht mehr als ein paar Zitate und indirekte Angaben aus zweiter Hand. Im Geleitwort des leicht pseudonymisiert als Paul Thomas auftretenden Herausgebers - Paul ist Tommy's zweiter Vorname - beschreibt der Verfasser, wie er neulich nach Schulschluss, seinen Cäsar unterm Arm, ziel- und gedankenlos durch die Gassen schlenderte, um schließlich irgendwie - das dezidierte *irgendwie* des Flaneurs - hinter eines der Stadttore zu gelangen, bis hin zu einer Bank am Rande einer umfangreichen Grasfläche. Es war ein sehr warmer Tag und alles sah *durstig und müde* aus. *Zolldick* lag überall der *Staub - staubige Stille, Stumpfsinn, blödsinnige Schlaffheit*, das waren so die Worte, die nun folgten und zu folgen hatten, bis mit einem Mal ein Rauschen einsetzt, ein Säuseln, das plötzlich sich zum Sturm erhebt. Ein Erlebnis, das den Berichterstatter, kaum dass er wieder zuhause ist, dazu bringt, seinen Cäsar in die Ecke zu schleudern, um zur Feder zu greifen:

Unser würdiges Lübeck ist eine gute Stadt. O, eine ganz vorzügliche Stadt! Doch will es mich oftmals bedünken, als gliche sie jenem Grasplatz, bedeckt mit Staub, und bedürfe des Frühlingssturms, der kraftvoll das Leben herauswühlt aus der erstickenden Hülle. Denn das Leben ist da! Gewiß, das merkt man an einzelnen grünen Halmen, die sich frisch aus der Staubschicht erheben, voll Jugendkraft und Kampfesmut, voll vorurteilsfreien Anschauungen und strahlenden Idealen! [...] Frühlingssturm! Ja, wie der Frühlingssturm in die verstaubte Natur, so wollen wir hineinfahren mit Worten und Gedanken in die Fülle von Gehirnverstaubtheit und Ignoranz und bornierten, aufgeblasenen Philistertums, die sich uns entgegenstellt. Das will unser Blatt, das will „Der Frühlingssturm"!

So also mit achtzehn Jahren beziehungsweise, jetzt im Mai, soeben siebzehn noch. Es wird, wie gesagt, nicht lange halten, ja man kann sagen, dass alles, was Thomas Mann in der Folge schreiben wird, in den sieben Jahren bis zu *Buddenbrooks*, den neun bis zum *Tonio Kröger*, den achtzehn bis zum *Tod in Venedig* sich gegen diesen frühen Versuch in Sachen jugendkräftigen Kampfesmuts kraft strahlender Ideale richten wird. Der Vormärz war der Vormärz, aus der *Décadence* kommst du nicht heraus, ohne deren Schwerkraft erst mal erkannt und anerkannt zu haben.

72

Décadence - aus dem Französischen, weil ursprünglich in Paris als affirmative Selbstbezeichnung einer literarischen Bewegung in Schwang gekommen. Thomas Manns im Selbstkommentar gegebene Formel für die im Laufe von vier Generationen verfallende Familie Buddenbrook: *Enttüchtigung und Überfeinerung.*

Ja, es ist ein *und*, das hier zwischen den beiden Schlagworten steht und keineswegs ein *durch*, wie ich es zu erinnern die notorische Tendenz habe, indem nämlich die Überfeinerung wie selbstverständlich als die Ursache der

Enttüchtigung ansehend. Das aber ist eben Thomas Mann, dass ihm die Frage durchaus offen ist, ob nicht ebenso gut sich die Überfeinerung als eine Folge der Enttüchtigung ergeben kann: Wer nicht mehr mithalten kann, wird auf sich selbst zurückgeworfen und erlangt gegenüber dem Getriebe jenen Blick von außen, der dem praktisch Involvierten verschlossen bleiben muss. Dabei ist die Rede vom Verfall natürlich im ironischen Sinn zu verstehen. Zwar fernab all dessen, was man einst an kraftstrotzendem Geniekult hatte, ist sich die Überfeinerung doch durchaus ihrer selbst bewusst als einer fortgeschrittenen Form differenzierter Sensibilität.

Fortschritt und Verfall: kein Fortschritt, ohne dass nicht etwas verfallen, kein Verfall, ohne dass nicht etwas fortschreiten würde.

Fin de Siècle, 1880 bis 1900, sofern man sich auf runde Zahlen fixieren will. In Wahrheit jedoch kann es keine Frage sein, dass die Epoche bis hin zum Donnerschlag vom August 1914 reichte. 1880 bis 1914, die *Belle Epoque*, noch so ein Wort. *Frühe Moderne*, ein weiteres.

Die Karriere der Rede von den Nerven und deren Schwäche: *Neurasthenie, die Nervenschwäche (von neuron: Nerv und asthenès: schwach)*. In den oberen Kreisen hat man das jetzt, so wie ja auch im Fall von Thomas Buddenbrook alias Senator Mann, der zwar Schopenhauer zu lesen in der Lage ist, derweilen ihm aber geschäftlich nichts mehr so recht glücken will. In Sachen Wirtschaftswachstum triumphieren jetzt ganz andere: die Aufsteiger, die Neureichen, die Parvenüs, ganz so wie die der Tony so verhassten Hagenströms. *Vom Bürger zum Bourgeois*, die Formel dazu.

Bei Thomas Mann, in der Erzählung *Tristan* von 1901, unmittelbar nach *Buddenbrooks* verfasst, ist es der Herr Klöterjahn, der ein Prachtstück von einem solchen Bourgeois abgibt, indessen der ihm entgegen gesetzte Poet allerdings Detlev Spinell heißt. Und ist es doch auch tatsächlich nichts Rechtes mit ihm, bei all seiner Überfeinerung, so dass das einzig Sympathische an ihm darin besteht - in der Literaturwissenschaft scheint man sich auf diese Formel geeinigt zu haben -, dass er nicht so ist wie dieser Klöterjahn.

Was beiden gleichermaßen fehlt ist die Seite des Citoyens. Nur dass der Bourgeois offenbar ganz gut damit zurande kommt, während man auf der Seite des Künstlers ernstlich mit einem Problem zu tun hat: erst recht zu den Nervösen zählend, ist er nichts weiterem überlassen als seiner Sensitivität und eben so gar nichts von jugendkräftigem Kampfesmut, nichts von Sturm und nichts von Drang, nichts von brausendem Geniewesen. Was aber dann mit ihm? Und wohin vor allem?

Ja, das war die Frage.

Dabei hatte die *Décadence* im Grunde bereits mit Richard Wagner eingesetzt. Nietzsche hat es gesehen und in diesem Sinn das Wort beziehungsweise die Parole vom Französischen ins Deutsche gebracht: Wagner und seine, so Nietzsche, *Nervenkunst*. In Deutschland mit Wagner, in Frankreich mit Baudelaire, dem im übrigen begeisterten Wagnerianer.

Wagner und Baudelaire: zwei ehemalige Revolutionäre im frustrierten Post-Achtundvierzig, dabei Wagner gar im Schweizer Exil, weil in Deutschland steckbrieflich gesucht. Erst als 1864 Bayerns hinreichend dekadenter Ludwig II den Thron besteigt, wird sich das ändern, und dann allerdings ums Ganze. Dabei wird München nach der Entmündigung des Königs, 1886, erst recht zum Magneten für Künstler aus dem ganzen Reich werden, nun unter Ludwigs Onkel, dem nicht minder mäzenatisch gesinnten Prinzregenten Luitpold, der sich jetzt auch insbesondere den bildenden Künstlern zugewandt zeigt, und zwar all jenen, die nicht unbedingt den Alten Fritz oder sonst einen Wilhelm im Zentrum ihres Gemäldes haben mussten.

Im übrigen sind es vor allem Wien und Berlin, wo nun nebst den Künsten auch die beiden neuen Wissenschaften beginnen, es zunehmend ernst zu meinen, die Psychologie und die Soziologie, wobei die Protagonisten, wie es sich für Wissenschaftler gehört, an Jahren schon etwas fortgeschrittener sind, als sie gegen 1900 mit ihren ersten Werken hervortreten: Sigmund Freud, geboren 1856, Georg Simmel, 1858, Max Weber, 1864. Seine Aufsatzsammlung mit dem Titel *Die protestantische Ethik und der Geist des Kapitalismus* erscheint 1905, vier Jahre nach dem Roman aus der Hand des fünfundzwanzigjährigen Lübecker Heimat- und Familienkundlers.

Das *Fin de Siècle* in seiner Spannung zwischen der überfeinerten Décadence von 1890 und der überheroischen Kriegsbegeisterung von 1914 - das wäre wohl ein Thema. Im Zentrum nebst München, Wien, Berlin natürlich vor allem Paris, doch auch über London bis nach Moskau sich erstreckend - ein ganzer mentaler Kontinent, den es zu erforschen gälte. Wäre ich ein paar Jahrzehnte jünger, ich würde es angehen.

73

„Von Heinrich Himmler zu Thomas Mann - na, da kann man dir doch nur gratulieren. Das hat ja wirklich was von Frühling und von blauen Lüften, die geflossen kommen."

Mein alter Freund mal wieder. Ihr kennt ihn schon, meinen Telefonfreund für alle Fragen des Herz-Ausschüttens, und obwohl er gleich nebenan in Schöneberg wohnt, sehen wir uns nur noch selten, hören aber um so mehr voneinander, so wie auch diesmal, als ich ihm von meiner neusten Wendung berichtete. Ja und dann, nachdem er mich mit den blauen Lüften wohl eher auf den Arm hatte nehmen wollen, zumal jetzt mitten im Dezember, kam gleich die Ermahnung, dass ich mich dann aber auch an den *Betrachtungen eines Unpolitischen* nicht vorbei mogeln dürfe, wie ich überhaupt bei meinem auf- und abspringenden Umgang mit fahrenden Zügen achtgeben müsse, dass alles in allem die Fahrtrichtung dann doch nach vorwärts gehe.

Ja, da hat er natürlich recht, obgleich mir eher die Vorstellung von einer Clusterbildung käme, von zunehmenden Vernetzungen in Richtung Erfahrung und Reflexion, was dann oft genug doch etwas von einem

Kreuz-und-quer-und-wieder-Zurück annehmen kann, dabei die Sache eher anhebend als vorwärts treibend: die Knüpfung eines hauchdünnen Netzes, das sich so langsam in die Lüfte hebt. Vorwärts ist Wissenschaft, hinauf ist Geist. Wenn der Essay - so Adornos Formel in seinem Essay über den Essay - das Geliebte und Gehasste reflektiert, so wäre er zwar ebenso wie das wissenschaftliche Denken dem Anspruch auf Wahrheit verpflichtet, hätte aber zudem auch etwas Expressives und damit Kunstartiges: je stärker die affektive Besetzung des Stoffs, desto kräftiger kämen dir die Reflexionen, wie man so sagt, von ganzer Seele, ginge es doch immer auch um so etwas wie Selbsthinterfragung beziehungsweise Selbstverständigung. Wirklich so liebenswert, das Geliebte? Wirklich so hassenswert, das Gehasste? Und überhaupt: Wer bin ich? Wer will ich sein? Wer kann ich werden? So, in diese Richtung bis hin zu der berühmten Frage: Was ist der Mensch?

Wie nun aber wir heute in Bezug auf jene im letzten Kriegsjahr von 1918 erschienen *Betrachtungen eines Unpolitischen?*

Ich gehe mal davon aus, dass die meisten von euch nicht wissen, was es damit auf sich hat, wie ja überhaupt Thomas Manns Essayistik wahrscheinlich kaum mehr gelesen wird, und schon gar nicht jene aus der Zeit des Ersten Weltkriegs. Tatsächlich habe auch ich dieses Buch nie angefasst und weiß allein vom Hörensagen, dass es reichlich mit nunmehr ausbrechendem Bruderzwist zu tun hatte, da sich doch Heinrich Mann ausgesprochen dem französischen Roman, sprich Zola, verpflichtet fühlte, den aber Thomas mittlerweile als *Zivilisationsliteratur* abtat, um den russischen Roman, sprich Tolstoi, dagegen zu halten und damit *Dichtung* gegen bloße *Literatur, Kultur* gegen bloße *Zivilisation.* Dabei habe die mittlerweile in deutscher Sprache vor sich gegangene Vereinigung des russischen Romans mit Schopenhauer, Wagner und Nietzsche endgültig jenes geistige Ereignis hervorgebracht, das als *Deutschtum* zu bezeichnen ein zentrales Anliegen des jüngeren bis mittleren Thomas Mann darstellt. Eine geradezu religiöse Angelegenheit, diese

Sorte eines Tums, eines Seelentums, als dessen erwählten Repräsentanten und obersten Propheten er sich selber ansah.

Deutschtum - eine Angelegenheit, von der er in Anbetracht der im August 1914 über ihn hereinbrechenden Ereignisse überzeugt ist, dass sie nun auch kriegerisch zu verteidigen sei, und zwar insbesondere gegen Frankreich, zu welchem Zwecke der Überfall auf das neutrale Belgien ebenso unerlässlich gewesen sei wie der gegen Großbritannien gerichtete uneingeschränkte U-Boot-Krieg mit seinen unzähligen Ertrunkenen.

So in etwa soll es bei diesen Betrachtungen zugegangen sein. Der rasende Irrsinn, gewiss, doch handelt es sich ja nun nicht um irgendeinen, der sich hier verrannt hatte. Auch er, muss man hinzufügen, wäre doch in Sachen damaliger Kriegsbegeisterung eine ganze Liste weiterer illustrer Namen gleich mit anzuhängen, und zwar quer durch Europa.

Ich habe mir diese ominösen *Betrachtungen* jetzt jedenfalls schon mal bestellt, zweibändig, weil mit einem dicken Kommentar versehen, von Hermann Kurzke, der gegenwärtig wohl den großen alten Herrn der Thomas-Mann-Forschung abgibt, im Falle man dieses Etikett einem vom Jahrgang 1943 noch wird anhängen können.

Also ich meine im Vergleich zu jenen Päpsten aus meinen ersten Universitätsjahren. Professor Soundso, Goethes Stellvertreter auf Erden - der Hohepriester eines Bildungskultes, in imaginären Purpur gehüllt, wie den Eingeweihten sehr wohl sichtbar. Dabei waren diese Eminenzen dann meist noch so gestrickt, dass ihnen Namen wie die von Marx oder Freud schon per se nach artfremder Verschwörung klangen. Zwei Juden halt, wie es ja überhaupt um diese beiden neumodischen Wissenschaften, Soziologie und Psychologie, etwas Artfremdes hatte. Ist ja schon erstaunlich, wie lange sich das halten konnte, bis dann endlich die Farbeier flogen.

Als Augenzeuge habe ich es ja nie erlebt, allein dass im großen Hörsaal sogar des Fachbereichs für

Wirtschaftswissenschaften noch für eine ganze Weile zwei fette Farbkleckse an der Wand prangten, ein knallroter und ein tiefblauer. Nun hatte der Betriebswirt Professor B. als schlichte Buchhalterseele zwar weiß Gott nichts von einer Eminenz, dafür aber um so mehr von einer mit Unerschütterlichkeit begabten Autorität. Bei der Anfertigung der Wurfgeschosse sollen übrigens die Genossen vom Fachbereich Chemie ebenso behilflich gewesen sein wie in der vorhergegangenen Phase auch schon, als es freilich noch um Stinkbomben gegangen war. Man sieht: wenn man nicht einfach zu faulem Gemüse greifen wollte, hatte das eine durchaus akademische Note.

74

Als Thomas Mann im August 1900 das Manuskript von *Buddenbrooks* versiegelte, um es nach Berlin an Samuel Fischers Verlag zu senden, waren seit seinem fünfundzwanzigsten Geburtstag gerade mal zwei Monate vergangen. Drei Jahre hat er daran gearbeitet, hat es schließlich einer umfassenden Schlussredaktion unterzogen, so dass wir getrost von einem Werk aus der Hand eines Fünfundzwanzigjährigen sprechen können. Die Aufnahme durch die Kritik war durchaus freundlich, von einem literarischen Weltwunder zu sprechen ist keinem eingefallen. Offenbar hatte es nicht zuletzt an jenem Neunzehnten Jahrhundert gelegen, dass es sich nunmehr derart in die Tasche hat stecken lassen von fast einem Jüngling noch. Ach, möchte man ausrufen, könnte man es mit dem Zwanzigsten Jahrhundert doch nur ebenso machen.

Moritz Heimann, Fischers Lektor, ist der erste Leser. In seinem Gutachten, nachzulesen in Peter de Mendelssohns Thomas-Mann-Biographie, kommt er schon gleich im zweiten Satz auf Tony Buddenbrook zu sprechen:

Ein Hauptvorzug des Romans ist die Wahrheit der Charaktere und ihre scharfe, sehr entschiedene, zuweilen ironische, aber auch dann im Dichterischen bleibende Zeichnung. Insbesondere ist, beispielsweise, die Gestalt der Tony bewundernswert; und am meisten dadurch, daß das Dumme ihres Charakters nichts von ihrem Wesen Verschiedenes, sondern identisch mit ihm ist.

So einfach ließe sich das also sagen? Doof aber mit sich selbst identisch?

Also ich würde sagen *doof* ja, aber *identisch* doch eher mit sowohl einem Ja wie einem Nein, einem kleinen Nein zumindest. Aber zunächst ein Wort zur Rede vom Charakter, die nämlich seinerzeit noch stark etwas von der Sphäre des Theaters hatte, etwas von Charaktermaske und von dem also, was wir heute als Rollenfach bezeichnen würden: jugendlicher Liebhaber, naive Liebhaberin und so weiter, wobei Tony nun also ganz ausgesprochen in der Rolle der Hochwohlgeborenen.

Tony's Familiensinn, in dem sie so sehr aufgeht, dass schon von einem Familienglauben zu sprechen wäre, einem Glauben mit ihr selbst in der Rolle der heiligen - nun ja, Jungfrau denn doch nicht, aber den Status der Hohenpriesterin wird man ihr in jedem Fall zuerkennen müssen. Als Prinzessin geboren, als Hüterin eines Totenkultes endend, und, ja, dies alles von ganzem Herzen, wäre da nur nicht diese eine kleine Episode gewesen, in der auch sie sich einmal für ein paar Wochen als naive Liebhaberin hatte erfahren dürfen. Das allerdings war jenseits der Stadtmauern gewesen und noch dazu am Strand des weiten Meeres.

Morten Schwarzkopf, der aber nur so heißt, während er in Wahrheit „so blond wie nur möglich ist": *Dem Scheibenhonig können Sie vertrauen, Fräulein Buddenbrook. Das ist reines Naturprodukt. Da weiß man doch, was man verschluckt. Sie müssen ordentlich essen, wissen Sie! Diese Luft hier, die zehrt, die beschleunigt den Stoffwechsel. Wenn Sie nicht genug zu sich nehmen, so fallen Sie ab.*

So der Studiosus der Medizin aus Göttingen, für die Dauer der Ferien im Travemünder Elternhaus weilend, in das Tony soeben als Pensionsgast eingezogen ist. Sie soll sich die Sache mit Grünlichs Antrag, über den bisher allein ihre Eltern so glücklich sind, in Ruhe überlegen, und nun sind es diese Worte, mit denen die Romanze ihres Lebens beginnt.

Man schreibt das Jahr 1845 und so zeigt sich der junge Mann auch jetzt schon für Großes gerüstet, sieht sich auf Schritt und Tritt zu kritischen Äußerungen veranlasst, gegen die Obrigkeit, den König von Preußen, die Adligen, Pfaffen und Junker, ganz zu schweigen von den vor vier Jahren erlassenen Bundesgesetzen über die Universitäten und die Presse, durch die man aber letztlich die Wahrheit doch nicht werde unterdrücken können. Ja, und sogar E.T.A. Hoffmann - Tony liest ihn - sei zwar ganz hübsch, aber eher was für Damen, indessen Männer heute etwas anderes lesen müssten. Außerdem hat er in Göttingen auf seiner Bude ein vollständiges Knochengerippe stehen, soweit ganz wie es sich für einen Medizinstudenten gehört, nur dass er dem eine alte Polizistenuniform angezogen hat. *Finden Sie das nicht ausgezeichnet? Aber sagen Sie es um Gottes willen nicht meinem Vater!*

Als sie auf der Promenade einer Gruppe Lübecker Bürger begegnen, verabschiedet er sich, will sich von Tony nicht einmal kurz vorstellen lassen: *Nein, ach nein, ich danke sehr. Ich gehöre doch wohl kaum dazu, wissen Sie. Ich setze mich da hinten auf die Steine.*

Ja, manchmal, im Leben, bleibt einem eben nichts, als auf den Steinen zu sitzen - eine Formel, die aus Tony's Sprache ihr Leben lang nicht mehr wegzudenken sein wird, ebenso wie der Scheibenhonig, bei dem man weiß, was man verschluckt. Ja und das eine oder andere Mal wird sie sogar Gelegenheit haben, an die unerhörten Bundesgesetze gegen die Pressefreiheit zu erinnern. Es wird stets etwas von der Vergegenwärtigung des von ihr erbrachten Opfers haben, etwas von Wehmut einerseits, aber doch auch von Stolz auf die vollbrachte Leistung am Altar der Familie.

Denn es war ihre Leistung, und die Worte im Brief ihres Vaters, mit denen er auf die Mitteilung ihrer Verlobungsabsicht mit dem jungen Schwarzkopf reagierte, waren im Grunde nur allzu sehr auch ihre eigenen:

Da ich das, was Du mir von einer anderweitigen Neigung schreibst, nicht ernst nehmen kann, so bitte ich Dich, (...) alles noch einmal bei Dir selbst mit Ernst zu erwägen. (...) Wir sind, meine liebe Tochter, nicht dafür geboren, was wir mit kurzsichtigen Augen für unser eigenes, kleines, persönliches Glück halten, denn wir sind nicht lose, unabhängige und für sich bestehende Einzelwesen, sondern wie Glieder in einer Kette, und wir wären, so wie wir sind, nicht denkbar ohne die Reihe derjenigen, die uns vorangingen und uns die Wege wiesen, indem sie ihrerseits mit Strenge und ohne nach Rechts oder Links zu blicken, einer erprobten und ehrwürdigen Überlieferung folgten. Dein Weg, wie mich dünkt, liegt seit längeren Wochen klar und scharf abgegrenzt vor Dir, und Du müßtest nicht meine Tochter sein, nicht die Enkelin Deines in Gott ruhenden Großvaters und überhaupt nicht ein würdig Glied unserer Familie, wenn Du ernstlich im Sinne hättest, Du allein, mit Trotz und Flattersinn Deine eignen, unordentlichen Pfade zu gehen. Dies, meine liebe Antonie, bitte ich Dich, in Deinem Herzen zu bewegen.

Man kann es gar nicht oft genug erinnern und immer wieder unterstreichen: es gab Frauen genug, die auch in diesen Zeiten nicht erst ihren Vater fragen mussten. So etwa das Blumenmädchen Anna, Thomas Buddenbrooks Geliebte in den anderthalb Jahren vor dessen standesgemäßer Heirat; oder die Schauspielerin Demoiselle Meyer-de la Grange, deren Brilliantbrosche ein Geschenk von Konsul Döhlmann ist; oder die alleinstehende Dame Aline Puvogel mit ihren beiden hübschen Kindern; oder Fräulein Stüwing mit ihrem Laden, die es sogar geschafft hatte, von einem richtigen Buddenbrook geheiratet zu werden, woraufhin jedoch keineswegs sie in die Familie aufgenommen, als umgekehrt er aus ihr verstoßen wurde, der arme Onkel Gotthold.

Blumenmädchen, Schauspielerinnen, Ladenbesitzerinnen, vom Dienstpersonal gar nicht erst zu reden, wie etwa der Köchin Trina mit neuerdings ihrem Schlachtergesellen - alles Randfiguren, die auch in diesem Roman hin und wieder erscheinen, doch so gut wie nie zu Wort kommen. Alles Leute, die ihr Paarungsverhalten auf Eros und Sexus gründen und es also halten wie das liebe Vieh.

Ich sage das jetzt mal so grosso modo und einzig im Gedanken daran, dass im Tierreich so etwas wie die

Institution des Geldes natürlich nicht denkbar ist, was aber nicht heißen soll, dass sich nicht auch hier die erotische Dimension mit jener der Macht verschränken kann. Bei in Herde lebenden Säugetieren scheint es geradezu ein Gesetz zu sein, dass männliche Macht als unmittelbar erotisch empfunden wird. Auch so ein Thema, mit dem ich mich gerne mal etwas näher befassen würde und dabei eben nicht nur im Hinblick aufs Reich der Hirsche oder das der Schimpansen. Derweilen uns nun hier mit Tony Buddenbrook ein Modellfall für das Heiratsgebaren einstiger Patrizier vorliegt, demgegenüber wir Heutigen auch kaum anders dastehen als der berühmte Marsmensch, dem nichts bleibt, als sich die Angelegenheit anhand von Einzelbeobachtungen zusammenzureimen.

Erstens: Tony ist achtzehn Jahre alt, als das hinter ihrem Rücken arrangierte Ereignis eintritt, dass jener Herr Grünlich aus Hamburg sich im Buddenbrookschen Haus anmelden lässt. Er habe, so heißt es, Geschäfte mit Konsul Buddenbrook.

Zweitens: Herr Grünlich, wiewohl Kaufmann, so doch knallchargenmäßig einen auf die Figur des affektierten Höflings machend, redet blumiges, pietistisch angehauchtes Zeug, von dem sich keiner beeindrucken lässt außer die beiden Eltern.

Drittens: Nachdem Tony und Herr Grünlich in der Folge der nächsten Tage sich viermal im Hause Buddenbrook begegnet sind, wobei so gut wie kein Wort zwischen den beiden gewechselt wurde, sieht man von einer ebenso knappen wie allerdings überdeutlichen Abfuhr von Seiten Tony's ab - nachdem Grünlich also mit nichts als diesem Bescheid nach Hamburg zurückgekehrt ist, schreibt er jenen Brief an Vater Buddenbrook, in dem er in aller Form um die Hand von dessen Tochter anhält.

Tony: *Was will dieser Mensch von mir! Was habe ich ihm getan?* Worauf sie in Tränen ausbricht.

Viertens: Indem Grünlich in seinem Antrag von seiner tiefen Neigung spricht, die er zu Tony gefasst habe, indem er ferner, bei der folgenden und im Grunde ersten wirklichen Begegnung mit Tony, seine Liebe als von einem Grade bezeichnet, die ihn bei Zurückweisung vor Kummer werde sterben lassen, folgt er einer ganz offenbar in höchster Geltung befindlichen Norm, der zufolge große Gefühle zwar auf Seiten des Mannes zur Bedingung der Eheschließung gehören, von ihrer Seite jedoch nichts als Verantwortung erwartet wird: Verantwortung für sich selbst und ihre künftige Versorgung, Verantwortung für ihre zu erwartenden Kinder, Verantwortung gegenüber ihrem Vater, dem sie diese Kinder als standesgemäß erbberechtigte Enkel zu liefern haben wird, Verantwortung gegenüber ihrer ganzen Familie und dies nicht nur in Richtung Zukunft, als gerade auch aus der Achtung vor den Ahnen heraus. Verantwortung nicht zuletzt auch gegenüber jenem Mann, der sich im Solo-Trip in sie verknallt hat, um nun bei Abweisung sich vom Tode bedroht zu sehen.

Was den Rest betrifft, können auf die Gefühle einer Achtzehnjährigen keine weiteren Rücksichten genommen werden, was denn auch das einzige darstellt, das dieser Achtzehnjährigen in hinreichendem Maß klarzumachen ist. Fehlt im Grunde nur noch jener archaische Schritt, sie auch noch leibhaftig zu beschneiden, dabei ihr bedeutend, dass das ebenfalls etwas sei, worauf man stolz zu sein habe, wenn man denn schon die Ehre habe, einer solchen Familie anzugehören.

Fünftens: Wenn am Ende alles schief gegangen und Tony's Vater mit erheblichen Schuldgefühlen aus Grünlichs ökonomischem Bankrott hervorgegangen sein wird, so nicht, weil er für seine Tochter gewählt hat, sondern weil er falsch gewählt hat: Grünlichs tiefe Gefühle waren ebenso vorgetäuscht wie sein reges Geschäft, die Vernunftehe stellte sich als fundamental unvernünftig heraus. Zwar hatte sich Vater Buddenbrook bei all seinen Hamburger Geschäftspartnern nach der finanziellen Solidität seines künftigen Schwiegersohns erkundigt und dabei nur Auskünfte der günstigsten Art erhalten. In Wahrheit aber war Grünlich allseits hoch verschuldet, so dass auch allseits höchstes

Interesse bestand, ihn mit einer Buddenbrook vermählt zu sehen. Dass Vater Buddenbrook sich in seiner Eigenschaft als Geschäftsmann derart übers Ohr hatte hauen lassen, kann in dieser Familiengeschichte als ein erster Schritt in Richtung abwärts verbucht werden. Die in den Sand gesetzte Mitgift von achtzigtausend Courantmark entsprach dem Wert des ganzen Buddenbrookschen Anwesens, die Kontorräume der Firma eingeschlossen.

Sechstens: Wie es sich für einen richtigen Glauben gehört, so hatte auch Tony's Familienglauben einen Begriff der Hölle, und der war allerdings an das Wort vom Bankrott gebunden. Ein Wort, in dem alles verschlossen lag, was sie schon als kleines Kind an Vagem und Fürchterlichem empfunden hatte:

"Bankrott"… das war etwas Grässlicheres als der Tod, das war Tumult, Zusammenbruch, Ruin, Schmach, Schande, Verzweiflung und Elend.

Und nun also war dies Unfassbare eingetreten: ihr Ehemann vor dem Bankrott. Die Mitteilung kam von Seiten ihres Vaters, nachdem er Grünlichs Bücher durchgesehen hatte.

"Er macht Bankrott!" wiederholte sie.

(…) „Ach, Papa", sagte sie leise und beinahe ohne die Lippen zu bewegen „wäre es damals nicht besser gewesen …"

„Besser…?" fragte Konsul Buddenbrook. „Wenn was nicht geschehen wäre, mein Kind?"

Er war von Herzen zu dem Geständnis bereit, dass es besser gewesen wäre, diese Ehe nie zu schließen; aber Tony sagte nur mit einem Seufzer: „Ach nichts!"

Zu absurd ist ihr inzwischen selber die Vorstellung geworden, sie hätte doch den Sohn des Travemünder Lotsenkommandeurs heiraten sollen, der mittlerweile irgendwo als Arzt praktizieren mochte. Dabei müssen wir uns heute hinzudenken, in welch wenig entwickeltem Zustand die Medizin seinerzeit noch war, wie ja auch der Hausarzt der Buddenbrooks, Doktor Grabow, zu den eher komischen Chargen des Romans zählt, indem ihm zu gleichviel welchem Leiden nie anderes einfallen will als die

Verordnung einer Diät unter Weißbrot und Geflügel. Fast sieht es so aus, als könne er in puncto Status nichtmal mit Barbier Wenzel mithalten. Doch immerhin, was im Großen und Ganzen das Ansehen der Medizin betrifft, wird die bereits ergraute Tony eines Tages doch noch einmal ganz entschieden ihrer Meinung Ausdruck verleihen, dass es auf dieser Welt doch wohl auch noch andere Ärzte gebe als diesen guten Grabow, der sich in seiner Jugend ganz bestimmt nicht einmal über die unerhörten Bundesgesetze zur Gängelung der Universitäten und der Presse aufgeregt habe.

Siebtens und überhaupt: Wir verstehen nichts von der patrizischen Familie, nichts von der Stellung der Frau, nichts von ihrem Selbstverständnis, wenn wir nicht von der engen Verkettung von Familie und Firma ausgehen, von der Bindung des Familienglücks ans Firmenwachstum. Dabei kommt der Frau nicht nur die Aufgabe zu, für die Bereitstellung der Erben zu sorgen, als sie auch im Rücken des Mannes als dessen emotionales Kraftzentrum zu fungieren hat. Für wen um Gottes Willen macht er das denn alles, wenn nicht für sie? Sie ist es, die der Sache überhaupt erst den nötigen Sinn verleiht.

Wenn auch nur äußerlich, dafür aber um so eindrucksvoller, zeigt sich das allein schon darin, dass sie zur alltäglichen Hauptmahlzeit, also dem den Arbeitstag abschließenden sogenannten Mittagessen um sechzehn Uhr, in einer Garderobe zu erscheinen hat, die ohne weiteres mit dem Ornat eines katholischen, wenn nicht gar orthodoxen Kirchenfürsten würde konkurrieren können. Eine solche Pracht an rauschenden Seiden, über die jede heutige Verfilmung eines großbürgerlichen Sujets aus dem Neunzehnten Jahrhundert zu dem geraten muss, was man dann wohl einen Kostümfilm nennen mag. Dabei war auch schon der Schlafrock zum Frühstück imposant genug. Für Tony jedenfalls die große Leidenschaft und der Inbegriff des Vornehmen: ihre Kollektion von Schlafröcken, in Samt und Brokat, mit Schleppe und unbedingt mit Atlasschleifen versehen. Die Welt des Mannes besteht einerseits aus dem

Papierkram im Kontor und andererseits aus der himmlischen Erscheinung einer solchen Frau.

Sie als die Sinnspenderin seiner banalen kaufmännischen Existenz - wie weit sich das wirklich verallgemeinern lässt, wäre zu fragen, doch trifft es in jedem Fall das Selbstverständnis der Tony Buddenbrook. Weiter wäre zu fragen, ob sich von hier aus nicht auch besser verstehen ließe, wie sehr ihr Bruder Thomas sich um ein Wesentliches seiner geschäftlichen Motivation gebracht hatte, als er sich antiphiliströser Weise gestattet hatte, eine Künstlerin zu heiraten, eine Musikerin, deren Sinn weniger auf die Geschäfte ihres Mannes ausgerichtet war als auf die eigene Violine, eine Stradivari noch dazu. Aber das wäre bereits die nächste Geschichte, während es es hier zunächst nochmals um Tony gehen soll, mit einem zweiten Blick zurück.

75

Jene Szene, wo sie nach ihrer Eheschließung mit Grünlich, nach ihrem, wie es heißt, vor dem Pastor ebenso naiv wie gutmütig herausgebrachtem Ja, nun im Moment der Abreise nochmals aus der Kutsche klettert, über des Bräutigams Beine hinweg, um ihren Vater zu umarmen: *„Adieu, Papa ... Mein guter Papa!" Und dann flüsterte sie ganz leise: „Bist du zufrieden mit mir?"*

Ja, Tony liebt tatsächlich, wenn auch nicht den Herrn Grünlich, so doch ihren Vater. Sie liebt ihn mit jenem so ehrfurchtsvollen wie unerschütterlichen Vertrauen, das sie schon ihrem Großvater entgegen gebracht hatte und das sie später auf ihren Bruder Thomas übertragen wird, den nunmehrigen Familienvorstand. Familienglaube und die Liebe zum Chef sind offenbar zwei Worte für dieselbe Sache. Dabei sollte es in ihrem Verhältnis zum Vater insofern zu einer Veränderung kommen, als nach dem Fiasko mit Grünlich etwas von *inniger Zärtlichkeit* hinzukommen wird, indessen zuvor - so die Worte des Erzählers - eher *ängstliche Ehrfurcht* vorgeherrscht habe.

Die Szene, da die beiden Alten der davonfahrenden Kutsche mit dem frisch getrautem Paar gedankenvoll nachschauen:

»Da fährt sie hin, Bethsy.«

»Ja, Jean, das Erste, das davon geht. – Glaubst du, daß sie glücklich ist mit ihm?«

»Ach, Bethsy, sie ist zufrieden mit sich selbst; das ist das solideste Glück, das wir auf Erden erlangen können.«

Man beachte das Changieren im Begriffspaar von Zufriedenheit und Glück, dabei zu einer ganz spezifischen Sorte von Glück gelangend, die als solideste nicht nur der unsoliden entgegensetzt, sondern auch noch mit dem Anspruch versehen wird, in exzeptioneller Weise des Superlativs fähig zu sein: die Zufriedenheit mit sich selbst.

Dabei steht diese Formel hier in Konkurrenz zu der in solchen Situationen üblicher Weise beschworenen Zuversicht, solch eine verheiratete Tochter werde schon nach kurzer Frist ihren neuen Herren in Liebe annehmen, ähnlich einem aus der Hand gegebenem Hündchen. Eine insofern keineswegs ganz unbegründete Zuversicht, als doch just die Mütter es waren, die seit Generationen ihren Töchtern das als Lebensweisheit mitzugeben wussten, dabei höchst wahrscheinlich ihnen nicht einmal etwas vormachend, als mit einer Idee von Liebe operierend, wie sie ihnen nun einmal zugänglich war.

Und gerade auch Tony hätte ein durchaus erfülltes Leben als eine solche patrizische Mater familias führen können, wie auch immer unterlegt von leichter Wehmut in Richtung Travemünde. Eine Wehmut, die ihrer vornehmen Selbstzufriedenheit vielleicht sogar noch einen Schub mehr an Energie hätte zuführen können, liegt im Stolz doch vor allem auch die Belohnung für erbrachte Opfer. Nur dass Tony halt immer wieder an die falsche - Firma, hätte ich jetzt schon beinahe gesagt - an den falschen Mann geraten ist, erst mit Grünlich, dann mit Permaneder, schließlich auch noch als Schwiegermutter mit ihrem betrügerischen Schwiegersohn von der Feuerversicherung.

Das Wesentliche aber, dass sie von keinem Schlag sich

je hat unterkriegen lassen. Nicht mit ihr als einer geborenen Buddenbrook und mütterlicherseits gar einer Kröger. Mit Adorno ließe sich sagen, dass solange das bürgerliche Selbstbewusstsein noch substantiell war, es auch das Unheil absorbierte. Noch die krasseste Niederlage wird zur Basis für erneuten Stolz, will sagen, dem einer vom Schicksal geschlagenen Frau, von tragischer Größe und nun wahrlich wissend, wie es im Leben so geht. Ganz in diesem Sinne hatte sie sich auch nach dem Ende mit Grünlich von ihrem Vater den Schlüssel zum Sekretär erboten, um nun im Familienbuch abermals eigenhändig und in der aufrechtesten Haltung der Welt den entsprechenden Eintrag vorzunehmen: *Diese Ehe ward anno 1850 im Februar rechtskräftig wieder aufgelöst.*

War es doch auch schon als so erhebend zu erfahren, sich im Mittelpunkt eines tatsächlichen Scheidungsprozesses zu wissen. Ein Gefühl, das sich beim nächsten Mal, in der etwas komplizierteren Sache Permaneder, sogar noch verstärken wird, indem es nun um solch importante Angelegenheiten gehen wird wie *Früchte, Erträgnisse, Accessionen, Dotalsachen, Tangibilien* und was es an dergleichen Worten mehr sein wird, die sie mit würdevoller Geläufigkeit jedem, ob er will oder nicht, darlegen wird, den Kopf zurückgelegt und die Schultern ein wenig emporgezogen.

Ihr ewig Kindliches. Auch ließe sich an irgendein Tierchen denken, einen Vogel etwa, einen bunten Papagei, in Liebe alles nachquatschend, im Kränkungsfall aber auch schimpfen könnend, in kleinen Trompetenstößen des Abscheus, bei zurückgelegtem Kopf, nicht ohne den Versuch, das Kinn dennoch auf die Brust zu drücken: *Ha - Grünlich! Was für ein Filou.* Worauf in aller Regel die Frage an den fremden Gast erfolgt, ob er denn wisse, was es mit dieser Angelegenheit auf sich habe, um auf dessen Nein hin ihn beiseite zu ziehen, in ein Nebenzimmer womöglich, wo ihm der Kasus in aller Ausführlichkeit dargelegt wird. Auch das traurigste Märchen von der Königstochter bleibt doch immer noch das Märchen von der Königstochter.

Nur dass du mit deinem Glauben an die eigene Majestät nicht alleine dastehen darfst, alle müssen ihn teilen in fragloser Verbindlichkeit. Wenn der Erzähler von Tony's *Ehrfurcht vor sich selbst* spricht, so steckt hier doch ganz unerlässlich die zum Selbstbild erhobene Ehrfurcht der anderen dahinter. Das ist auch der Punkt, an dem es während Tony's zweiter Ehe haperte, in München, wo nämlich kein Mensch wusste, was eine Buddenbrook ist, so dass Tony, die sich in Lübeck doch so gerne leutselig gab, nun auf einmal - sie selbst hatte es feststellen müssen - hochnäsig wirkte, in geradezu lächerlicher Weise. Eine Situation, die ihr nun allerdings an die Substanz ging. Wiederum adornitisch hegelianisierend gesprochen: Patrizierin war sie jetzt nur noch für sich, nicht mehr an sich. In an-und-für-sich-seiender Lebenskraft war das allein im hanseatischen Kosmos zu haben, als ein Moment von dessen Totalität.

Einfacher gesagt: wenn Tony von sich als einer Pflanze sprach, die in München ins falsche Erdreich versetzt worden sei, trifft das die Sache ganz gut, nur dass man dann über das Erdreich hinaus auch den in München herrschenden Schatten nicht vergessen darf, sowie den Tatbestand, dass ein Schattenblümchen sie nun wirklich nicht war.

Thomas Mann und Tony Buddenbrook. Indem er sie nur allzu gut verstand, liegt die Frage auf der Hand, wieviel von sich selber er in ihr hatte wiederfinden können. Sie beide, die beiden Buddenbrooks, gleichermaßen hochwohlgeboren, doch auch gleichermaßen in die Schande geraten.

Nein, gleichermaßen nun doch nicht, war es bei ihr doch *das Leben*, von dem sie geprüft worden war, indessen ihm als dem ewigen Hockenbleiber doch sehr der Makel der Selbstverschuldung anhaftete, auf das hin er sich ja auch sehr viel unproblematischer nach München hat verpflanzen lassen, um während einiger Jahre des Schwabinger Boheme-Lebens sich in einem dicken Roman den Lübecker Kosmos von der Seele zu schreiben und anschließend in eine der reichsten und dabei auch noch - nix da Getreidehandel - kultiviertesten Familien der Stadt München einzuheiraten.

Und wenn er gut dreißig Jahre später, vor den Nazis auf der Flucht, bei seiner Ankunft in New York einem Journalisten sein berühmtes *where I am there is Germany* zur Antwort geben wird, so steht das noch immer in einem intimen Bezug zur Nichtverpflanzbarkeit der armen Tony Buddenbrook. Wenn auch bei der Person des Dichters natürlich in der unmittelbaren Stoßrichtung, dass nicht jener Adolf Hitler es sei, der Deutschland repräsentiere, wie auch immer er soeben Oberwasser haben möge, sondern in Wahrheit er, Thomas Mann, es sei, wie auch immer soeben ins Exil vertrieben. Dabei muss man sich klar machen, wie erbärmlich gerade auch die deutschen Universitäten der Hitlerei erlegen waren, darunter sogar ganz vorne dran die Germanistik.

Sich den Lübecker Kosmos von der Seele schreiben: die sogenannte Vaterstadt kraft der sogenannten Muttersprache, die Perspektive aber kommt aus München-Schwabing, und, damit nicht genug, aus der Redaktion des *Simplicissimus*. Das satirische Wochenblatt, im April 1896 gegründet, tritt Thomas Mann im Herbst 1898 der Redaktion bei. Er ist dreiundzwanzig Jahre alt.

Die ironische Distance: zwischen Liebe und Hass gelegen, zwischen Anziehung und Abstoßung mal schwebend, mal schwankend. Bei Thomas Mann noch ganz spezifisch unter jener Eigentümlichkeit stehend, dass er tendenziell, wenn nicht gar grundsätzlich, was er liebt, nicht achten kann, und was er achtet, nicht lieben, wobei die jeweils negative Seite auch schon mal ein solches Übergewicht annehmen kann, dass die Ironie zum Sarkasmus wird, wie das im Laufe des Romans gegenüber dem zunehmend in Dekadenz versinkenden zweiten Bruder Tony's, dem Salon-Komödianten Christian, der Fall ist, indessen in die andere Richtung, also in die des realitätstüchtigen Bürgertums, spätestens in jenem berühmten Schulkapitel vollends blankgezogen wird. Darüber aber ein andermal mehr, wie überhaupt über jenen so kunstvoll konstruierten und in all seiner Lebensweisheit doch schon nahezu weißhäuptig wirkenden Erzähler, wie er im Grunde doch die Hauptfigur dieses Romans abgibt.

76

Derweilen will der junge Mann vom Literaturmagazin keine Ruhe geben. Stefan heißt er übrigens und wir sind jetzt per Du: Wir könnten das Interview doch auch Schritt für Schritt per Mail machen, dann hätte ich alle Zeit der Welt, mir eine Antwort zurechtzulegen und zudem könnte ich auch noch die eine oder andere Frage selber vorschlagen. Erzähle ihm, wie sehr ich mich mittlerweile in Richtung Thomas Mann verwurstelt habe, mit dem ich eventuell auch das Thema meines Altersessays gefunden haben könnte. Scheint auch ihm keine schlechte Idee. Stellt sich so einen Tanz vor - ja, er sagte Tanz -, wie ich ihn rund um die biblische Urgeschichte aufgeführt hätte. Warum nicht ähnlich nun das Ganze einmal rund um Thomas Mann?

„Mein lieber Stefan", sage ich, „es ist dabei nur die Petitesse zu bedenken, dass das erste Kapitel der Genesis circa zwölf Seiten in der Bibel einnimmt, während man bei einem Thema nach der Art von *Thomas Mann als solcher* auf deren circa zwölftausend käme, in der dreizehnbändigen Gesamtausgabe von 1960, den Ergänzungsband aus den siebziger Jahren inbegriffen."

Muss er lachen: „und das auch noch ohne die Briefe und die Tagebücher."

„Damit noch immer nicht genug", ergänze ich, „würde mich jetzt auch insbesondere die Sekundärliteratur interessieren, diese unglaubliche Palaver, das sich in den letzten Jahrzehnten an diesem Werk entzündet hat."

Stefan empfiehlt mir die drei Bände von Eckhard Heftrich. Ja, sage ich, irgendwann hätte ich die mir auch schon mal mit nachhause genommen, von irgendeinem second-hand-mäßigen Büchertisch, aber bisher noch kaum dazu gekommen.

Die Betrachtungen eines Unpolitischen hat selbstredend auch Stefan noch nicht gelesen, dafür aber sein Hinweis, dass die als Idylle bezeichnete Erzählung *Herr und Hund* unmittelbar nach dem Abschluss dieser *Betrachtungen* entstanden sei, im Frühjahr 1918, will sagen noch während des Krieges und unterm Zeichen eines für die deutsche Seite sich zunehmend verdunkelnden Sterns. Und nun also die Wendung des Dichters weg von den Kanonen und hin zu jener schwanzwedelnden Kreatur namens Bauschan, wie man in Lübeck nämlich den Bastian nennt.

Und dann das Kindchen: Elisabeth, genannt Medi, sein fünftes Kind, geboren Ende April 1918, was bei dem zweiundvierzigjährigen Vater zu dem Ereignis geführt habe, dass ihm erstmals ernstlich entsprechende Gefühle eingeschossen seien, auf dass er nun in einem fort das Baby im Haus herumträgt, was dann auch stets sogleich im Tagebuch vermerkt wird. Das sei doch sehr auffällig, findet Stefan, dieses ständige Kindchen-hin-Kindchen-her in diesen ansonsten sehr ichbezogenen Tagebüchern. Ja, und entsprechend dann auch, gleich nach seiner Hundegeschichte, der diesem Baby gewidmete *Gesang vom Kindchen*, im Untertitel ebenfalls als Idylle bezeichnet und gar in Hexametern verfasst.

Soweit käme es, sage ich, dass ich das auch noch lese. Warum denn nicht, entgegnet er. Das wäre doch etwas im Hinblick auf das vielleicht doch noch nicht ganz abgeschriebene Projekt vom ganz grundsätzlichen Buch über die Liebe: der Hund hier, das Baby da. Auf meine ablehnende Geste weist er mich darauf hin, dass zumindest das Thema von Herr und Hund auch bei mir sich bereits das eine oder andere Mal gemeldet habe, wie man es beim Verhältnis zum Haustier doch überhaupt mit einer Seite der Liebe zu tun habe, die hier geradezu labormäßig isoliert erscheine und dergestalt in einem ganz grundsätzlichen Buch auf gar keinen Fall fehlen dürfe.

77

Liebe hin, Liebe her, am Ende war ich es, der ihn interviewte beziehungsweise ausfragte, waren sie doch viel zu frappierend, die Strukturähnlichkeiten zwischen Stefans familialer Kindheits- und Jugendsituation und der des Hanno Buddenbrook. Und dies bei hundert Jahren Differenz und der mittelgroßen Stadt nicht an der Ostsee, sondern irgendwo in Ostwestfalen, wo Stefans Vater das führende Fachgeschäft für elektrische Haushalts- und Unterhaltungsgeräte betrieb, auf drei Stockwerken plus Kellergeschoss, indessen seine Mutter schon als Kind das war, was man eine Leseratte nannte. Stefan ganz der Mutter nachgeschlagen, während seine acht Jahre ältere Schwester dem Vater nah genug, um sich Sonntag für Sonntag mit ihm zusammen dem Aufbau der Modelleisenbahnanlage hinzugeben, dem nie und nimmer sich vollenden wollenden.

Demgegenüber das vom kleinen Stefan geführte Puppentheater. Ist ja das Charakteristikum Nummer Eins im Bildungsroman poetisch temperierter Seelen, wobei in Stefans Fall die Handpuppen schon bald einer sogenannten Geisterbahn weichen sollten, will sagen einem mit schockhaften Beleuchtungseffekten arbeitenden Gruselkabinett, mit dessen Einrichtung in einem soeben frei gewordenem Kellerraum des elterlichen Wohnhauses er sich Wochen lang beschäftigte, zusammen mit seinem engsten Freund, einem heute nicht ganz unnamhaften Kunsthistoriker. Noch beim Abriss des Hauses vor zwei Jahren stand dort unten an einer Wand mit roter Kreide geschrieben: *ha, ha, du armer Mensch!*

Was die berufliche Zukunft von Stefan und seiner Schwester anbelangt, gab es in der Familie nicht die geringsten Zweifel: sie ins Geschäft, er an die Universität, um Sprachen und Literatur zu studieren. Der Vater so glücklich über seine Tochter wie die Mutter über ihren Sohn, bis sich die Tochter während einer Kreuzfahrt durch die Karibik in einen Arzt verliebte, der im Allgäuer Voralpenland auf traumhafter Bergeshöhe eine höchst florierende Klinik für Suchtkrankheiten betrieb. Allein dass ihm soeben die Frau davongelaufen war, und zwar in trauter Einheit mit dem Verwaltungsleiter der Klinik. Stefans Schwester, die designierte Chefin der ostwestfälischen Firma *Elektro-Meier* setzte sich ins Allgäu ab, um dort gleich alle beiden Posten zu übernehmen.

Von nun ab war Stefans Studium dem Vater gegenüber nur noch unter der Bedingung aufrecht zu erhalten, dass der Herr Studiosus während der Sommersemesterferien

Vertretungsfunktionen im Geschäft übernahm, und zwar angefangen beim Hilfsarbeiter in der Warenannahme bis hinauf in die Buchhaltung, wobei der alte Herr insgeheim natürlich davon ausging, sein Sohn werde bei der zu erwartenden Brotlosigkeit seiner Kunst doch noch einmal ganz ins Unternehmen eintreten. Für Stefan schlechtweg die Plage über seinen ersten Studentenjahren an der Uni Bielefeld und insofern beobachtete er mit um so größerer Sympathie den rasanten Aufstieg zweier auf nationaler Ebene operierender Elektro-Handelsketten, deren eine dann auch tatsächlich das väterliche Unternehmen schlucken sollte, gleich nach dem Herztod des Alten mit dreiundsechzig Jahren.

1993 war das, gut hundert Jahre nach der Liquidation der Firma Johann Siegmund Mann in der freien Reichsstadt Lübeck. Den Stefan aus Ostwestfalen wollte es nun aber nicht nach München-Schwabing ziehen, sondern nach Berlin-Dahlem, wo er sein Studium an der *Freien Universität* fortsetzte, um später in Kreuzberg einen kleinen Liebhaberverlag zu gründen, mit dem er ein gutes Jahrzehnt lang weder groß Gewinne noch Verluste machte, bis er ihn sang- und klanglos eingehen ließ, um in die Redaktion jenes Magazins einzutreten, für das er nun auf der Suche nach Interviewpartnern ist, und zwar insbesondere in Richtung alter Achtundsechziger.

Merkwürdiges Interesse für einen von seiner Generation, was freilich abermals mit der Mutter zu tun haben mag. Die war zwar keine Achtundsechzigerin, nicht bei diesem Mann und nicht in dieser Ehe, aber vom Jahrgang 1940 war sie immerhin, las Hermann Hesse, Jean Paul Sartre und derlei nicht gerade artige Sachen. Der Elektro-Meier, zehn Jahre älter, war ihr erster Liebhaber gewesen und dann auch schon die Schwangerschaft. Zunächst die schiere Katastrophe mit gerade mal einundzwanzig Jahren, doch bot ihr der ebenso tüchtige wie wie weit und breit als grundanständig angesehene Herr Meier zwei Möglichkeiten, so jedenfalls gemäß der Version einer von Stefans Tanten, die irgendwann nicht mehr den Mund hatte halten können: Abtreibung in Holland oder Heirat. Die Entscheidung für das Kind, also Stefans Schwester, war gar keine Frage, indem eh kein Wunsch dringlicher, als von zu Hause weg - sie mit einundzwanzig im Jahre 1961. Auch konnte sie sich gewiss sein, dass dieser Mann ihr das Leben bieten werde, das sie führen wollte, zwischen all ihren Büchern, Schallplatten und schönen Dingen, auch wenn sie dabei hin und wieder das Wort *Hamburg* ganz ähnlich sehnsuchtsvoll ausstoßen sollte, wie es bei Tschechow die jüngste der drei Schwestern mit dem Wort *Moskau* zu tun pflegte.

Nun, meint Stefan, immerhin Hannover sei's dann ja noch geworden, in ihrer zweiten Ehe. Auch jetzt lebe sie noch dort und werde, inzwischen abermals verwitwet, dieses Jahr ihren Achtzigsten begehen.

Nicht zu fassen, sage ich, Jahrgang 1940 ist jetzt dran? Ja, sagt Stefan, nach Adam Riese.

Nein, so wurde ich belehrt, ein Schwangerschaftsabbruch sei Anfang der sechziger Jahre sogar in Holland noch nicht legal gewesen, doch kursierte unter der Hand die Adresse eines Arztes, von dem es hieß, er arbeite medizinisch auf höchstem Niveau, wie dies für sein Honorar schon mal in jedem Falle galt. Im Anerbieten seines Vaters, meint Stefan, habe also durchaus etwas Großzügiges gelegen, und zwar um so mehr, als der Elektro-Laden damals gerade mal die Hälfte des Parterres eingenommen habe. Eine einzige Waschmaschine auf dem Markt, Marke *Constructa*, die erste für den Privathaushalt; Hifi und Stereophonie: gerade dabei erfunden zu werden, indessen von so etwas wie einem Geschirrspüler noch längst nicht die Rede gewesen sei, sehe man mal von jener visionären Zeichnung aus einem damaligen Technik-Magazin ab, wo man einen Roboter in Menschengestalt per Hand den Abwasch erledigen sah. Stefan, Jahrgang 1970, weiß die sechziger Jahre gar nicht schlecht ins Bild zu setzen.

So richtig plastisch wurde es freilich erst bei der Schilderung des väterlichen Büros zu jenen Zeiten, als es richtig brummte: der Schreibtisch übersät von Briefen, Prospekten, Rechnungen, dazwischen ein von filterlosen

Zigarettenkippen überquellender Aschenbecher nebst einer unter einem Aktendeckel hervor lugenden Dose Heringsfilets in Tomatencreme, halb leer gegessen. Auf einem Pappteller sein Lieblingsgericht: original bayrischer Leberkäse mit süßem Senf, eine angebissene Semmel lag auch noch irgendwo zwischen den Papieren. Aus weißem Plastik sein Becher für den Aldi-Champagner, denn original französisch musste er schon sein, zum Discountpreis aber ebenfalls, bildeten günstige Konditionen doch die Sache seines Lebens. Pappe und Plastik hingegen waren einfach praktisch, muss man nicht abspülen, kann man wegwerfen.

Wenn Herr Meier nachts, Punkt Viertel nach zehn aus dem Büro kam, war er regelmäßig gut angetrunken. Arbeitszeit: zwölf Stunden täglich, von zehn bis zehn, auch samstags, die 72-Stunden-Woche. Eheleben: null. Er hauste im ersten Stock, die Mutter residierte öffentlichkeitsfähig im Parterre, mit Terrasse, Garten und Hund, die beiden Kinder oben unterm Dach, zwei kleine Zimmer, nebst einer Kammer für das ständig wechselnde Dienstmädchen von irgendwo aus Osteuropa.

Stefan: „Es war das alles einfach krank." Und weil er es so nicht stehen lassen will, schiebt er das Wort *dysfunktional* noch hinterher: eine dysfunktionale Familie.

Ich: „Und nun aber du auf deiner literarischen Wolke das genaue Gegenteil einer Verfallserscheinung?"

Stefan (lacht): „Da hättest du mal meinen Vater hören sollen."

Ich: „Die Elektro-Meiers, Aufstieg und Verfall einer Familie."

Er: „In einem Akt."

Ich: „Und unter Auslassung des in der Mitte fällig gewesenen Aufstiegs ins Patriziat, so dass es zu so etwas wie einer Prinzessin Tony gar nicht erst hat kommen können."

Er: „Und auch niemals zu einem derart prachtvollen Festessen wie das, mit dem es bei den Buddenbrooks gleich im ersten Kapitel losgeht."

78

Überhaupt läuft das zwischen Stefan und mir doch recht fruchtbar hin und her, und zwar in einem für mich durchaus provozierenden Sinn. So ist zum Beispiel die Tatsache, dass dieser junge Mann vom Jahrgang 1970 tatsächlich schon eine vierundzwanzigjährige Tochter hat, etwas, das mir im Kopf alles durcheinanderbringen will. Nun hatte Stefan bereits mit dreiundzwanzig Jahren, also nach dem Tod seines Vaters und der Übernahme des Familienbetriebs durch die Elektro-Kette, ein Vermögen im Rücken, das gar nicht mal so unbeträchtlich gewesen sein dürfte. Die Vaterschaft dann in Berlin mit sechsundzwanzig, noch als Student, die Mutter dazu sieben Jahre älter und in irgendeiner handwerklich lehrenden Funktion in einer der Werkstätten an der *Universität der Künste* beschäftigt.

Das hat ja nun weiß Gott etwas Extravagantes, wie von Stefan überhaupt so etwas wie ein gewisses Flair von Adel ausgeht. Mal davon abgesehen, dass er journalistisch unter dem geschmackvoll erweiterten Namen Stefan Marcel Meier firmiert, hat selbst noch sein zu den Jeans getragenes T-Shirt etwas von mysteriöser Noblesse. Bart und Haare weiß Gott nicht von einem beliebigen Barbier in Form gehalten. Wenn Stefan auf der Reise nach Capri Zwischenstation in Neapel macht, pflegt er im *Grandhotel Santa Lucia* abzusteigen.

Wenn das mal keinen Generationenunterschied markiert. Ins Grandhotel hätte uns ja nun wirklich keiner gebracht, keine zehn Pferde nicht, selbst wenn wir es uns hundertmal hätten leisten können. Und überhaupt: Neapels vornehme Unterstadt direkt am Meer, die haben wir doch so gut wie gar nicht wahrgenommen. Unser Ding war die volkstümliche Altstadt auf mittlerer Höhe, deren wie auch immer trügerische Oberfläche, so bunt wie chaotisch, nebst verrucht noch obendrein zwischen all ihren Schmugglern, Hehlern und Huren.

Neapelfaszination: so gut verständlich, wie doch ein Riesenirrtum. Ein Thema, das anzugehen mich schon jucken würde, hätte ich nur annähernd die Kompetenz dazu. In der Toskana konnte ich noch mithalten, in Neapel musste ich passen. Ein neapolitanischer Universitätsprofessor, Physiker, dabei liebhabermäßig als Autor eines Buchs über Mozarts *Zauberflöte* hervorgetreten, tröstete mich: seine Frau, die gebürtige Römerin, sei nicht in der Lage, auch nur über einen einzigen neapolitanischen Witz zu lachen beziehungsweise die Pointe überhaupt nur ansatzweise zu verstehen.

Ja, und dann seine Aktion, als ich neben ihm im Auto saß, während er, der sich zur politischen Linken zählende Staatsbürger, seinen Mitbürgern eine Lektion erteilte, indem er vor der roten Ampel demonstrativ auf die Bremse ging. Seelenruhig auf das grüne Licht wartend, während das Hupkonzert hinter uns sich vor Wut zu überschlagen drohte. Ob er nicht Angst habe, wegen Behinderung angezeigt zu werden. Oh weh, rief er aus, das fehlte noch.

Ja, so ist das oder so war das - Eva-Maria hat ja völlig Recht - so war das noch zu meiner Zeit, in den Achtzigern und frühen Neunzigern: zwar wurde vor jedem Passanten gebremst, der mittendrin die Straße überqueren wollte, aber doch nicht vor einem bloßen blöden roten Licht.

Zurück zu Stefan beziehungsweise dem von ihm als Kind geführten Puppentheater: *Charakteristikum Nummer Eins im Bildungsroman poetisch temperierter Seelen* - so meine Formulierung, die sich mir aber nicht ohne einiges Hin-und-Her ergeben hatte, war doch ursprünglich und spontan das Wort vom Klischee aufs Papier geraten, also das Puppentheater nicht als das Charakteristikum, sondern das Klischee Nummer Eins in entsprechenden Bildungsromanen.

Denn so ist das nun einmal: was sozialpsychologisch als etwas Charakteristisches noch so gut getroffen sein mag, wird literarisch-ästhetisch leicht als Klischee empfunden, als etwas nur allzu wohl Bekanntes und somit Abgedroschenes. Nun dürften Kinderzimmer stets etwas Prototypisches gehabt haben, je nach ihrer Zeit. Zinnsoldaten hatten ihre Zeit, Miniatur-Guillotinen hatten ihre Zeit, Cowboy-Colts hatten ihre Zeit, die Alternative von Puppentheater und Modelleisenbahn war für meine Zeit so prototypisch, wie sie sich zwanzig Jahre später für den kleinen Stefan also noch immer ergeben hatte. Mittlerweile dürften die Spielsachen von einst ja längst auf den Monitor gewandert sein.

Zum Abschluss unsers Treffens wiederum ein höchst vergnüglicher Erinnerungsaustausch, diesmal über die vom kindlichen Missverständnis produzierte Komik, Anekdoten, wie sie zum Bestandteil der immer wieder kolportierten Familiensaga werden. So wie der kleine Stefan, als er seinen Eltern sein erstes, alles andere als glänzend ausgefallene Schulzeugnis überreichte und dabei eben jene tröstende Formel anzuwenden suchte, die seine Großmutter ständig im Mund führte: *Hauptsache, man ist gesund.*

Oder ich im Tierpark Hellabrunn: *Oma schau mal, das eine Reh will das andere nach Hause schieben.* Das eigentlich Bemerkenswerte daran, dass Oma keineswegs mit all den anderen Leuten mitlachen konnte, vielmehr hochroten Kopfes sich mit ihrem Enkel aus dem Staub machte.

Oder die beiden amerikanischen GIs im Zug nach Frankfurt. Zwei Schwarze von hünenhafter Gestalt in ihrer Ausgehuniform, im Moment, da sie den Speisewagen betreten, und nun ich in hell aufjubelnder Begeisterung: *Mama schau mal, zwei Heidenkinder.* Die beiden konnten keine Ahnung haben, was es mit dem im ganzen Waggon explodierenden Gelächter auf sich hatte.

Wenn die katholische Kirche Geld sammelte, ging es immer um die Mission. Wenn vierzig Mark - ich meine, es waren vierzig - beisammen waren, bekam man ein eingerahmtes Foto von angeblich just jenem Heidenkind, das, weit, weit weg, auf dem anderen Teil der Welt von diesem Geld hatte getauft werden können. Dank elterlicher Spendenfreudigkeit hingen bei uns im Kindergarten schon drei davon an der Wand.

Wenn Stefan mich partout in Richtung Kindheitsbiographie zu locken sucht, liegt er mit seinem Instinkt doch immerhin insofern nicht daneben, als ich bei all meiner Unentschiedenheit so etwas wie ein Coaching gut gebrauchen könnte. Der alte Mann und sein junger Trainer, das könnte durchaus fruchtbar werden.

Es gibt ja zweifellos so etwas wie Generationsmentalitäten und doch sind wir alle, die Jungen wie die Alten, mit dem soeben angesagten Zeitgeist konfrontiert, haben auf unsere Weise auf ihn zu reagieren, wobei die ganz Jungen, will sagen die, die soeben achtzehn wurden, ihm direkt und ungebrochen ausgesetzt, ja ausgeliefert sind: ihre Ausgangsprägung, das womit sie an den Start gehen. Das Thema war ja schon mal angeklungen im Zusammenhang mit dem Radio-Helmut beziehungsweise denen, die 1945 achtzehn wurden. Ich hoffe doch sehr, dass ich noch einmal dazu kommen werde, mich etwas grundsätzlicher damit zu befassen, also mit diesem Zusammenspiel von Zeitgeist und Generationsmentalität, dabei vor allem damit, dass hier in ziemlich eindeutiger Weise glücklichere von unglücklicheren Konstellationen zu unterscheiden sind, um das jetzt mal ganz bewusst in der Sprache der Astrologie zu sagen.

Im übrigen frage ich mich, ob ich nicht doch nochmal nach Neapel reisen sollte, diesmal aber in die Unterstadt am Meer, und dann aber in so einen uralten Samt-und-Seide-Kasten von einem Grandhotel im Borgo Santa Lucia.

79

Auch ist es keineswegs so, dass es mir völlig unnachvollziehbar wäre, wenn Stefan als ausgemachter Proust-und-Thomas-Mann-Leser sich eher kritisch gegenüber Brecht verhält. Als er mir allerdings den Literaturwissenschaftler Michael Maar mit seinem Satz zitierte, Brecht sei im Vergleich zu Proust ein *kümmerlicher Plakatmaler*, hielt ich denn doch dagegen, dass in der Plakatmalerei auch eine Kunst liege, nämlich, und von wegen kümmerlich, die große Kunst des kurzen Slogans. Zitierte ihm aus Brechts Stück über *Galilei* jene Sequenz, wo nach Galileis Widerruf vor der Inquisition der bitter enttäuschte Gehilfe seinem Meister den Satz entgegen schleudert: *Unglücklich das Land, das keine Helden hat*, worauf Galilei ihm erwidert: *Nein, unglücklich das Land, das Helden nötig hat.*

Nachdenkliches Nicken auf Seiten Stefans auf meine Versicherung hin, dass dies noch das Beste von dem toppe, was sich einst auf unseren kneipenmäßigen Klowänden habe finden lassen.

Auf Proust waren wir gekommen, indem Stefan sich soeben mit dessen Kunst der metaphorischen Vergleiche zwischen den Sphären von Kunst, Leben und Natur beschäftigt. Ja, meinte ich, man könnte geradezu eine Hitliste aufstellen, angefangen bei den definitiven Treffern ins Schwarze bis hinab zu denen, die doch eher an die berühmten Haare denken lassen, an denen sie herbeigezogen wurden. Dann aber auch Analogien, die unabhängig von ihrem wie auch immer schräg scheinenden Sachgehalt so authentisch empfunden sind, dass dir nichts bleibt als zu sagen: Na, wenn Marcel meint. Nannte ihm als Beispiel die Sache mit dem Mond und der Schauspielerin, wobei ich eine weitere, ehrlich gesagt, jetzt und auf die Schnelle gar nicht in petto gehabt hätte. Weiß der Teufel, warum nun ausgerechnet diese:

Manchmal zog durch den Nachmittagshimmel schon der noch nebelweiße, heimliche, glanzlose Mond wie eine Schauspielerin, die erst später auftritt und vom Zuschauerraum aus im Straßenkleid einen Augenblick ihren Kollegen zuschaut in dem Bestreben, selbst im Hintergrund zu bleiben und nicht beachtet zu werden.

Stefans Hinweis, dass im Französischen, wie ja in den romanischen Sprachen überhaupt, der Mond weiblich sei - la lune - und sich insofern für den Vergleich selbstverständlicher Weise eine Schauspielerin anbietet.
Ich liebe ja Probleme dieser Art, und so habe ich gleich heute morgen meine Konzertfreundin angerufen, jene Philharmonie-Begleiterin schon seit Jahrzehnten, die sich nämlich beruflich mit nicht unerheblichen Erfolg als literarische Übersetzerin aus dem Englischen betätigt. Habe sie

gefragt, ob sie es wagen würde, Prousts Schauspielerin im Deutschen durch einen Schauspieler zu ersetzen.

„Ohne weiteres", meinte sie ad hoc, kam dann aber doch kurz ins Überlegen: „Oder du nimmst statt dem Mond die Mondsichel".

„Genial!" rief ich aus, mag mich nun aber bei näherem Nachdenken doch nicht mit einer bloßen Sichel abfinden. Außerdem ist auf deutschen Sonne-Mond-und-Sterne-Lampions selbstredend auch der Halbmond männlicher Natur. Sollte man es nicht doch am besten so belassen wie in der Übersetzung von Eva Rechel-Mertens und Luzius Keller vorgeschlagen: der Mond wie eine Schauspielerin?

Bekanntlich lässt sich die Menschheit ganz grundsätzlich in Proust-Leser und Proust-Nichtleser unterteilen, wobei die überwältigende Mehrheit natürlich der letzteren Spezies angehört. Was nun mich persönlich betrifft, so gehöre ich zum Typus des Proust-Lesers vom ersten Band: *Unterwegs zu Swann*. Mehrmals. Vom zweiten hingegen und insbesondere dem dritten Band, *Guermantes*, jeweils die Anfänge, ebenfalls mehrmals, aber dann doch wieder hängen geblieben, irgendwo. Dabei habe ich neulich bei Adorno entnehmen können, dass es mit Band Vier, *Sodom und Gomorrha*, überhaupt erst richtig losgehen soll. Wir werden sehen.

Was die meisten unter den sogenannten Proust-Lesern nicht zugeben, wahrscheinlich auch vor sich selber nicht, dass immer wenn es mit dem eigentlichen Proust so richtig losgeht, sie ins Weiterblättern kommen. Marcels ach so sensible esoterische Seite, im höchsten Gegensatz zu seiner exoterischen, wie sie in seinem Spott zum Tragen kommt, seinem in so zärtlicher Bissigkeit all jenen Gestalten des banalen Lebens gewidmeten, von denen er nun mal umgeben war. Beim esoterisch ergriffenen hingegen, wie er dem spirituellen Gehalt von schon wieder irgendwas nachspürt - er und der Duft des Weißdorns, er und die Dorfkirche von Combray, er und sein Kopfkissen im Dunkeln - hat man es mit meditativen Exkursionen zu tun, die es gegenüber ihrem exoterischen Umfeld zu einem derartigen Bruch kommen lassen, dass sich schon nicht mehr von Unmusikalität reden lässt, als von dezidierter Antimusikalität. Das Bild von einem Auffahrunfall will sich aufdrängen.

Nicht dass ihr mich missversteht: es gibt hier nichts zu kritisieren, es ist Prousts Markenzeichen. Es ist authentisch so, und einer wie er hat das Recht qua Authentizität alle Regeln über den Haufen zu werfen.

Nur dass man als Leser doch auch nur ein Mensch ist. Ich halte es für schlechterdings unmöglich, ausgerechnet nach dem launigen, ja geradezu comedy-mäßigen Bericht über die so hypochondrische wie notorisch neugierige Tante Leonie auf ihrem selbstverordneten Krankenlager sich jenen dreizehn eng bedruckten Seiten hinzugeben, auf denen es um nichts als die Dorfkirche von Combray und deren Glockenturm geht. Für die fünfzehn Seiten Tante Leonie brauche selbst ich, der jeden Satz wiederkäuende und dann auch noch ständig das Buch sinken lassende Langsam-Leser, bestimmt nicht mehr als eine Stunde; für Marcels intimes Verhältnis zur Kirche von Combray müsste ich mir womöglich ein paar Tage nehmen.

So jedenfalls meine Äußerung Stefan gegenüber, die von ihm mit der Bemerkung quittiert wurde, dass man dann aber gleich nach der Kirche und sozusagen zur Belohnung auf den Onkel Adolphe stoße, auf ihn und seine Kokotte, die des Onkels Zigaretten dankend ablehnt, wo sie doch nur die raucht, die ihr der Großfürst schickt.

80

März 2020: Frühling in Berlin, und nun hat man doch tatsächlich die Pest ausgerufen und den Lockdown verhängt, gerade noch rechtzeitig, um den Leuten die Ostertage zu verderben: *Corona-Covid-19*. Alle Gaststätten geschlossen, die Schwimmbäder, Kinos, Theater, Konzertsäle, ja sogar die Geschäfte. Einzig die Supermärkte geöffnet, doch gibt es keine Nudeln mehr, keinen Reis und vor allem auch kein Klopapier. Also in den Läden nicht, und zwar deshalb, weil in den Wohnungen sich das Zeug mittlerweile bis an die Decke stapelt. In ganz Europa sei das jetzt so, allein das Klopapier eine deutsche Spezialität, indessen es sich in Paris um Kondome handeln soll. Ein Gerücht und als solches vielleicht doch etwas gar zu witzig geraten. Aber das wäre natürlich schon mal ein Thema für sich: die deutsche Analität. Mittlerweile freilich im Begriff, historisch zu werden, seit man davon abgekommen ist, einer Mutter sträfliche Nachlässigkeit vorzuwerfen, im Falle sie es nicht geschafft haben sollte, ihr Kind binnen des ersten Jahres trocken zu kriegen. Vielleicht komme ich ja bei Gelegenheit mal drauf zurück.

Im übrigen ist mir persönlich der nunmehr verhängte Hausarrest gar nicht so unlieb, zur Zeit jedenfalls noch. Eva-Maria nennt mich einen Grottenolm, so nämlich die nähere Bezeichnung für eine Amphibienart, die Höhlen bewohnender Weise das Tageslicht scheut. Wolfgang hingegen nimmt sich heraus, an eine Pandemie nicht wirklich zu glauben, spricht von angedrehter Panikmache, wobei er auch schon erstens, zweitens, drittens, soviel an Belegen anzuführen weiß, dass mir auf der Stelle klar wird, dass das alles viel zu komplex ist, als dass ich mich damit jetzt auch noch befassen könnte. Außerdem steht es mir persönlich gar nicht zu, mich über Alarmismus zu mokieren. Nicht mir, bei meiner Begabung in Sachen gedankenloser Unbesorgtheit.

Schrecklich, wenn ich daran denke, was ich mir nicht schon alles geleistet habe im Umgang mit dem, was man in der Sprache des Managements eine Risikoquelle nennen würde. Dabei denke ich jetzt gar nicht mal an jene neapolitanischen Exkursionen inmitten des übelsten Camorra-Viertels als an gewisse im Meer zu überwindende Wellenkämme oder in den Alpen zu erkletternde Bergesfelsen. Ganz zu schweigen von der Überquerung jenes zugefrorenen Sees, der allerdings bereits im Antauen begriffen war, wobei mein Grauen darüber erst jetzt im Rückblick, dafür aber um so intensiver.

Schopenhauer soll mal irgendwo gesagt haben, dass Mut nichts anderes sei als ein Zeichen von Phantasielosigkeit. Doch an was auch immer es hier mangeln mag, was teufelsmäßige Wetten betrifft, werde jedenfalls ich mich schwerlich zu den vernünftiger Weise Ungefährdeten zählen dürfen. Ein Thema, das schon das eine oder andere Mal angeklungen ist, und vielleicht werde ich mich irgendwann ja auch tatsächlich mal näher damit befassen. Am Beispiel von Reinhold Messner etwa, stellt er doch unter den Extrem-Bergsteigern insofern eine Ausnahme dar, als durchaus reflexionsmächtig und überhaupt keineswegs auf den Mund gefallen. Letztes Jahr - er hat es schlechterdings nicht verhindern können - ist er fünfundsiebzig geworden.

81

Indem es nun schon Monate sind, dass die Waldbrände in Australien nicht zu stoppen sind, ist Freundin Eva-Maria endgültig außer sich, verschickt Rundmails mit dem Foto eines verkohlten Koalabären, verbunden mit dem dringlichen Aufruf für die Tierschutzorganisation WWF zu spenden, also den *World Wildlife Fund*.

Tut mir Leid, sage ich, ich sei schon bei *Amnesty* engagiert. Aber diesmal lässt sie nicht locker, gibt sich kämpferisch, wird richtig böse, nennt mich herzlos und eiskalt. Hierauf nun aber ich, und zwar mit erhobenem Zeigefinger: Grundsätzlich werde ich mich in zwei Sparten nicht als Spender engagieren, nämlich erstens für Tiere nicht und zweitens für Kinder nicht, da nämlich Tieren und Kindern die Gnade gegeben sei, die Herzen spendenbereiter Omis zu erreichen, indessen solch ein zerlumpter und womöglich auch noch total verbiesterter politischer Häftling es auf dem Feld der Herzensangelegenheiten ungleich viel schwerer habe, wie es ja auch in meinem Fall so sei, dass meine Solidarität von erheblich überhalb des Herzens gelegenen Regionen ausgehe. Der Kopf nämlich sei es, der den Respekt und die Achtung beheimate, die *aestimatio*, die Hochschätzung also - ein Gefühl zweifelsfrei auch dies, zwar kühler, aber doch keineswegs eiskalt.

Habe es dabei bewenden lassen, ihr dergestalt die Oma angehängt zu haben, und von aller weiteren Erörterung abgesehen, wie ich ihr auch nicht auf die Nase gebunden habe, dass ich mich neuerdings manchmal frage, ob es nicht auch für mich langsam an der Zeit sei, mir einen Hund anzuschaffen, ein Wesen also, das in Sachen Weltanschauung und Engagement sich darauf konzentrieren würde, täglich zwei- oder dreimal mit mir Gassi zu gehen.

Eva-Marias Frage, ob ich denn noch immer dieser dummen Kuh hinterherlaufen würde. Gemeint war Tony Buddenbrook, und das hat ja nun nachgerade etwas Erfrischendes, solch eine durch und durch moderne Frage in ihrem durch und durch modernen Unverständnis. Dabei wäre Eva-Maria doch zumindest in Richtung bewahrter Kindlichkeit gar nicht so weit von Tony entfernt.

Kindlich, wohlgemerkt, nicht kindisch - ein Unterschied, der auch mal eigens zu verhandeln wäre. In unserer ehemaligen Stammkneipe hat der Radio-Helmut mal erklärt, dass, wenn er für viel Geld ein Drehbuch für eine TV-Soap zu schreiben hätte, er sich Eva-Maria zum Modell nähme für das Rollenfach der ganz, ganz guten Frau, mit deren Existenzvernichtung die ganz, ganz böse ihr höchstes Lebensziel verfolgen würde. Ja, aber dann, so Dimitrij Grigorowitsch, der ja immer etwas zu ergänzen hatte, sollte er diese gute Maid unbedingt Agnes nennen und sie außerdem dergestalt konzipieren, dass man schon bei ihrem bloßen Anblick unwillkürlich an eine Pflanze denken müsse. An eine weiße Lilie womöglich, aber unter keinen Umständen an irgendetwas aus dem Tierreich, wie das bei unserer Freundin doch ganz ausgesprochen der Fall sei. „Ja, gewiss", meinte Helmut, „nur an welches eigentlich?"
Ein mit der Nase witterndes Fluchtwesen? Aber kein Reh, weil zu zart. Hirschkuh nun aber auch wieder nicht. Irgendwas aus Afrika? Antilope? Gazelle? Nur dass keiner wusste, wie eine Gazelle überhaupt aussah, was jetzt auch gar nicht auf die Schnelle geklärt werden konnte, wo doch das erste Smartphone, heute kaum mehr vorstellbar, erst im Januar 2007 von Steve Jobs dem staunenden Publikum vorgestellt werden sollte.

Wenn ich mir es genauer überlege, stimmt das ja auch gar nicht mit Eva-Maria und von wegen der ganz, ganz guten Frau und das war es im Grunde wohl auch, was Dimitrij mit seiner weißen Lilie ausdrücken wollte, dem Symbol schlechthin für eine Maria, ohne jede Spur von einer Eva.

Übrigens gäbe es in diesem Tier-oder-Pflanzenreich-Spiel auch noch drittens das Reich der Mineralien. Ein Edelstein zum Beispiel oder eine Perle oder ein Brillant, sei's ein geschliffener, sei's einer noch im Rohzustand. In diesem Sinn auch Eva-Maria, als sie mir neulich erklärte, wenn der Kultur-Wolfgang ein Fels sei, so ihr Horror-Chaot - sie sieht ihn jetzt gelegentlich wieder - ein Schimmelhengst mit zwei großen weißen Flügeln. Na, wenn das mal nicht was von Poesie hat: mal Pegasus, mal Schmeißfliege - ihr erinnert euch? -, nämlich eine, die überall drauf muss.

82

Die literarische Décadence um 1900 - erstaunlich, wieviele Bücher es doch gibt, die in etwa diesen Titel tragen. Literaturwissenschaftliche Gesamtdarstellungen, hoch akademisch, versteht sich, und damit insbesondere auf die Eigentumsrechte achtend, die in diesem Bereich, also dem akademischen, auf so ziemlich jedem Gedanken zu liegen scheinen, worüber man sich natürlich auch erst mal den hinreichenden Überblick zu verschaffen hat.

Bisweilen hat man den Eindruck, dass die über manisches Zitieren erfolgende Demonstration dieses Überblicks allzu sehr ins Zentrum gerückt ist. Um einen prominenten Fall aus der sogenannten Thomas-Mann-Forschung anzuführen: Tony Buddenbrook sei zwar nicht als Hauptfigur anzusehen, jedoch als eine der perfektesten Chargenfiguren der deutschen Literatur (*siehe: Lämmert, Eberhardt: Thomas Mann: Buddenbrooks. In: Benno von Wiese, Hrsg.: Der deutsche Roman vom Barock bis zu Gegenwart, Bd II, S. 194. Düsseldorf 1963*).

Häufig haben solche Verweisungen auch etwas vom Umgang mit der Autorität von Gesetzestexten, doch will ich mich jetzt gar nicht von vornherein darüber lustig machen. Insofern Wissenschaft mit Diskussion zu tun hat, wäre die Ahnenreihe eines Gedankens natürlich insbesondere dann zu berücksichtigen, wenn man nicht d'accord gehen sollte. Was nun aber Tony betrifft und ihr exzeptionell unerschütterliches Selbstbewusstsein im Rahmen dieser generationenübergreifenden Abstiegs- und Nervenverfallserzählung, weiß ich mich mit Eberhardt Lämmert ganz ebenso einig wie all jene, die nun schon seit fast sechzig Jahren ihn zitieren. Sollte ich tatsächlich einmal auf jemanden stoßen, der eine gegenteilige Meinung zu vertreten wüsste, werde ich es mitteilen.

Hat sich mir doch inzwischen ein hübscher Stapel einschlägiger Literatur angehäuft. Jedes Buch durchaus einmal angelesen, dann aber erst mal wieder weggelegt und ein weiteres bestellt. Mit dem Bestellen geht's nun mal viel flotter als dem Lesen und unser Herr Haupt von der Buchhandlung am Ludwigkirchplatz wird sich kaum über mich beklagen können, wie übrigens generell die Buchhandlungen vom Lockdown ausgenommen und also den Supermärkten gleichgestellt sind. Dies allerdings unter den deutschen Landen eine berlin-brandenburgische Spezialität, basierend auf einer großzügigen Auslegung der die Ausnahme begründenden Formel von der *Grundversorgung*. Es gäbe noch eine weitere, nämlich die von der *Systemrelevanz*, die sich jedoch schwerlich auf Poesie und Dichtkunst beziehen ließe, und schon gar nicht auf die der Décadence.

Entweder Grundversorgung oder Systemrelevanz - zwei Wörter an der Macht, wobei verwaltungstechnisch statt von Grundversorgung auch von *Daseinsvorsorge* gesprochen wird, so dass sich für den Buchhandel nun die Frage auftut, ob eher Grund, ob eher Dasein. Erfrischend unbesorgt demgegenüber der Berliner Kultursenator, als er seine Sondergenehmigung begründete und dabei von den Buchhandlungen als von „geistigen Tankstellen" sprach.

Eine fraglos bemerkenswerte Blüte auf dem Feld des Metaphorischen. Nun darf man natürlich nicht vergessen, dass solch ein Politiker auch schon mal so reden muss, dass er auch verstanden wird, wobei übrigens (und apropos

„Blüte") die Blumenläden geschlossen bleiben, was einen damit ganz und gar nicht einverstandenen Journalisten dazu gebracht hat, die Rede von den geistigen Tankstellen durch die von den seelischen zu ergänzen. Nun ja, was meine Person betrifft: die Blumen bitte eh nur in gereimter Form.

Was nun aber Tony Buddenbrook angeht, wäre noch ein Hinweis meines Schöneberger Telefonfreunds nachzutragen, nämlich dass sie und ihr Travemünder Student doch in etwa gleichaltrig gewesen seien, was aber damals überhaupt gar nicht in Frage gekommen wäre. Eros pur, Romeo und Julia, ja um Gottes Willen! Bei einer achtzehnjährigen Braut hatte das angemessene Alter des Bräutigams rund um die dreiunddreißig zu liegen, fünfzehn Jahre älter, nur so sei es richtig gewesen, auch bei meines Freundes Großeltern noch, sowohl mütterlicher- wie väterlicherseits.

Das ist ja nun tatsächlich ein Punkt, der mir beinahe durch die Lappen gegangen wäre. War es doch auch im juridischen Sinne die blanke Faktizität, dass ein Mädchen durch die Eheschließung aus der Hand des einen Vormunds in die des anderen überging. Von daher auch dieser wohl aus dem Angelsächsischen stammende Brauch im Hochzeitsritus, demgemäß die Braut dem Bräutigam am Arm des Vaters zugeführt wird: zwei Männer sind sich handelseinig, die Angelegenheit kann übergeben werden.

Dabei nicht zu vergessen, dass Herr Grünlich nebst der Tony auch noch ein nicht unerhebliches Vermögen eingesackt hatte. Kulturanthropologisch hoch interessant, aber hier zunächst nur merkwürdig zu machen, nämlich dass es im Orient genau andersrum lief und teils auch heute noch läuft, sei's auf die jüdische, sei's die islamische Weise: anstelle einer zu kassierenden Mitgift hatte der Bräutigam dem Vater die Braut teuer abzukaufen.

Nun könnte man sagen, dass es eigentlich gehüpft wie gesprungen ist. Nehmen wir mal so einen orientalischen Vater, der drei Töchter und drei Söhne hat. Indem er seine Töchter zwar zu schwerem Geld machen kann, muss er auf der andern Seite nicht minder kostspielig für seine Söhne die Bräute einkaufen. Kursierte hier nicht eine leerlaufende Summe, deren eigentlicher Sinn nur darin lag, dass alles über die Väter lief? Ich frage, wie gesagt, sozusagen vom Berliner Stammtisch aus. Den blutigen Ernst, der hinter solchen Fragen steckt, kannst du heutzutage nur noch ermessen, wenn du entweder aus dem hintersten Anatolien kommst oder ein Mitglied der britischen Royals bist.

83

Indem nun Pandemie bedingter Weise die für das kommende Jahr vorgesehenen Olympischen Spiele in Tokio abgesagt beziehungsweise auf unbestimmt verschoben sind, wird es dieses Jahr mit dem Beethoven-Jubiläum zum zweihundertfünfzigsten Geburtstag erst recht nichts mehr weiter werden. Und was man sich nicht alles vorgenommen hatte. Allein in Berlin: Igor Levit mit einem vollständigen Zyklus der Klaviersonaten in der Philharmonie, während im Pierre-Boulez-Saal die gesamte Kammermusik zur Aufführung gekommen wäre, einmal rund um Barenboim herum: er solo am Klavier: alle Klaviersonaten; er am Klavier plus Violine: die Violinsonaten; er am Klavier plus Cello: die Cellosonaten, er am Klavier plus Violine und Cello, die Klaviertrios, und einzig bei den Streichquartetten hätte er denn doch einmal pausieren müssen.

Ein Tip am Rande: die Einspielungen des jungen Barenboims mit Jaqueline du Pré am Cello und Pinchas Zukerman an der Violine. Auch hier das volle Programm von den Sonaten bis zu den Piano Trios, welch letztere mir persönlich besonders lieb sind: Barenboim am Klavier so weise führend, wie mit seinem singenden Anschlag den Streichern sich anschmiegend. Man hat da schon etwas vom Ensemble-Geist des späteren Dirigenten. Es war in den Jahren 1967 bis 70, da die drei noch nicht mal dreißigjährigen Protagonisten über dem Boden geschwebt haben müssen.

Was nun hingegen den Barenboim von heute betrifft, habe ich kurz vor Ladenschluss wenigstens einen Klavierabend noch mitgekriegt, mit der *Appassionata* - ewig nicht mehr gehört - zum Schlussapplaus. Er hat sich ja nun einen ganz persönlichen Flügel bauen lassen, den er ohne Deckel spielt und der die Vorzüge von modernen mit traditionellen Flügeln vereinen soll. Ich kann dazu noch nichts sagen, bin ich doch eh schon immer ganz platt, wenn ich einen Flügel im Original höre und nicht aus meinen wie auch immer high-end-mäßigen Boxen.

Unterdessen führt die Nürnberger Generalmusikdirektorin Joana Mallwitz auf YouTube durch die Siebte Sinfonie: sie am Klavier unter Hinzuziehung einzelner Instrumentengruppen. Zu Beginn liest sie eine zeitgenössische Schilderung vor, wie es in der Behausung Beethovens ausgesehen habe, und das klang allerdings entschieden schlimmer noch als in Stefans Bericht vom Büro seines Vaters. Ist das nicht merkwürdig? Beethoven und der Elektro-Meier: beide ganz auf Ordnung konzentriert, der eine in Bezug auf seinen Laden, der andere in Bezug auf seine Sinfonie, und dann versinkt ihnen hinterrücks die eigene Bude im Chaos.

In ähnlichem Sinne müsste auch ich keine Scheu haben, mich mit Beethoven zu vergleichen. Einmal nämlich, so die Nürnberger Generalmusikdirektorin weiter, sei er in Wien auf offener Straße festgenommen worden. Er habe so heruntergekommen ausgesehen, dass die Polizei ihn für einen sogenannten Lump hielt und wegen Landstreicherei verhaftete. Dies der Punkt, da auch mir kürzlich bedeutet wurde, wie auffällig es doch sei, dass seitdem ich meine Energien darauf konzentrieren würde, mir mein Spiegelbild in Schriftform auszupinseln, mein tatsächliches Erscheinungsbild zunehmend Spuren der Vernachlässigung aufweise.

Mein Spiegelbild in Schriftform? Ich weiß ja nicht. Stefan dürfte da schon näher dran sein, wenn er meinte, meine eigentliche Frage sei doch, wo in aller Welt ein Thema aufzutreiben sei, das einen so alten Hasen, wie ich einer sei, geistig noch einen hoch kriegen lasse. Dabei schloss seine triebmetaphorische Formulierung ganz offenbar den Verdacht ein, ich würde soweit an mich selber glauben, um dieser Frage den Rang eines gegenwärtig zentralen Problems der okzidentalen Geisteskultur beizumessen.

Bevor ich jetzt dem Reiz nachgebe, mich *intentio recta* auf diese schöne Unterstellung einzulassen, möchte ich doch lieber einen Umweg einschlagen und an diese Sache mit Galilei beziehungsweise Bertolt Brecht erinnern, an die Idee also vom glücklichen Land, das keine Helden nötig hätte. Der Satz wäre zusammenzubringen mit jenem anderen von Hegel über die glücklichen Zeiten, die sich im Buch der Geschichte in leeren Seiten niederschlagen. Ihr erinnert euch? Ich hatte das Zitat im Zusammenhang mit der sommerlichen Saure-Gurken-Zeit der Journalisten angeführt (siehe die Partita Nummer 9) und gleich anschließend an jene Märchen erinnert, die mit ihrem Happy End in die Phase eines langen und glücklichen Lebens jenseits aller Erzählung übergehen: *Und wenn sie nicht gestorben sind, leben sie noch heute.*

Jede Wette, dass keiner von euch gewusst hätte, dass unter den zweihundert Märchen der Grimms diese Abschlussformel nur ein einziges Mal vorkommt, nämlich am Ende des *Fundevogels*. Ich weiß nicht, wie es bei den jüngeren von euch aussieht, aber unseren Großmüttern, den noch leibhaft erzählenden und eben nicht vorlesenden, war sie als Schlusspointe so unerlässlich, dass sie zum umgangssprachlichen Synonym für die Sphäre der Märchen überhaupt wurde. Wenn du später am Kneipentresen irgendwas erzählt haben solltest, von dessen Wahrheitsgehalt der andere so gar nicht überzeugt war, musste der nur sagen *jaja, und wenn sie nicht gestorben sind,* und schon hattest du dein Fett weg.

Wir Kinder fanden den Spruch in seiner tautologischen Unsinnigkeit natürlich ärgerlich, wie ja Kinder mit Ironie grundsätzlich ihre Schwierigkeiten haben, und so trieben unsere Großmütter hier durchaus auch ein Stückchen böses Spiel mit uns. Mittlerweile scheint die Formel im Absterben begriffen, wie ich zu meinem Erstaunen auch darauf gestoßen bin, dass sie im Italienischen, bei aller Prominenz der Grimms, niemals auch nur eine Spur von Karriere hat machen können. Wie es in anderen Kulturräumen aussieht, weiß ich nicht - noch nicht -, doch hat und hatte im Italienischen ein Märchen anständiger Weise nie anders zu enden als mit der Formel: *e vissero tutti felici e contenti* - und so lebten sie alle glücklich und zufrieden.

84

Letzte Sätze, erste Sätze - in unserer ehemaligen Stammkneipe hatten wir einen Literaturfreund, der ein ausgesprochener Spezialist für erste Sätze war, dabei mitunter auch ellenlange, die er mit Bravour freihändig darzubieten wusste, wie sogar auch den des *Felix Krull*. Ein wenig hatte er uns alle damit angesteckt, wobei ich aus naheliegenden Gründen mich auf besonders kurze spezialisiert hatte, also nun nicht gerade *München leuchtete*, als eher sowas wie Tolstois Eröffnungssatz der *Anna Karenina*:

Alle glücklichen Familien gleichen einander, jede unglückliche Familie ist unglücklich auf ihre Art.

So steht es da wie in Stein gehauen, weshalb sehr zu Recht auch schon gleich ein erster Absatz folgt, auf dass der nächste Satz uns bereits einer Familie zuführt, bei der es soeben zum Umkippen des glücklich Allgemeinen in eine unglückliche Besonderheit gekommen war:

Bei den Oblonskis war alles aus dem Geleise geraten.

Tolstoi nimmt den letzten Satz der Märchen auf, um ihn in den Anfang einer neu ansetzenden Erzählung zu verkehren.

Neues Unglück, neue Lieder, mit dem wandernden Müller bei Franz Schubert zu sprechen.

Oder wie bei der Sache vom kleinen Fritzchen, das einfach nicht sprechen lernen wollte. Im ersten Jahr nicht, im zweiten nicht, im dritten nicht, im vierten nicht, und dann im fünften kommt's mit einem Mal:

„Die Suppe ist versalzen."

„Ja, mein Gott, Fritzchen, warum hast du denn das nicht schon früher mal gesagt?"

„War ja noch nie versalzen."

Zurück zu Hegel und damit nochmals unterstrichen:
Glückliche Zeiten, leere Seiten. Journalisten verzagen,
Intellektuelle verfallen der Trunksucht, indessen die Helden
vor lauter Verzweiflung den Mount Everest erstürmen.
Fragezeichen.
Da hätten wir es also wieder, dieses Fragezeichen, das zu
setzen ich ganz offenbar nicht lassen kann, um mir dabei
auch noch jedesmal wie von grad soeben vorzukommen.
Aber ist es nicht wirklich so, dass glückliche oder zumindest
sorglose Zeiten nicht auch als Zeiten der Freiheit zu begreifen wären? Einer geistigen Freiheit, die auch entsprechend
fruchtbar zu machen wäre? Und überhaupt: hat man sich
denn das Buch der Geschichte wirklich nicht anders vorzustellen, als eine Sammlung von Heldengeschichten?

Im übrigen gilt der Satz von der Ähnlichkeit der glücklichen
Familien mittlerweile keineswegs mehr im gleichen Maße,
wie das noch zu Tolstois Zeiten der Fall gewesen sein mag.
Das geht schon damit an, dass es längst nicht mehr das gibt,
was einst in höchst berechtigtem Singular als *die* bürgerliche Wohnung zu bezeichnen war. Sei's in Moskau, sei's in
Lübeck: während Thomas Buddenbrook mit seiner hollän-
dischen Gerda auf siebenmonatiger Hochzeitsreise durch
Italien tourt - das konnte eine Firma damals also noch ver-
kraften, eine derartige Abwesenheit des Chefs -, richtet Tony
zusammen mit Tapezierer Jacobs das neue Haus für das Paar
ein. Offenbar hat man dabei kaum mit Zweifelsfällen zu tun,
sieht man mal von jenen minimalen ab, in denen Tony sich
selbstredend für die vornehmere Variante entscheiden wird.
Gerda nach der Rückkehr: *Hier ist es hübsch, hier will ich
bleiben.*
Und Thomas zu Tony: *Wie hübsch du das alles gemacht hast!
Es fehlt nichts, als dass meine Frau ein paar Palmen für ihre
Erker bekommt, und dass ich mich nach ein paar brauchbaren
Ölgemälden umsehe.*
Das also wäre er, der individuelle Akzent im allgemein
geglückten Wohnen: Zimmerpflanzen und Ölgemälde, und
zwar brauchbare.

Bazon Brock, der Ästhetikprofessor von der Universität Wuppertal, hat hier im Berliner Gropius-Bau einmal einen Vortrag gehalten, bei dem es, erinnere ich recht, vor allem um die erstaunlich hartnäckige Karriere der Barbie-Puppe ging. Kann sein, dass das sogar im Titel stand, beschwören würde ich es nicht, fraglos aber erinnere ich mich an die nebenbei erwähnte Episode von Adornos Klavier. Bazon Brock war seinerzeit noch ein Student, es wird wohl in den frühen sechziger Jahre gewesen sein, als er in Frankfurt zusammen mit ein paar anderen auserwählten Kommilitonen in der Wohnung Adornos zu Gast war, um nun aber zu seinem Entsetzen feststellen zu müssen, dass dort auf dem Flügel ein weißes Spitzendeckchen lag. Nicht zu fassen: Adorno, der Exponent der Moderne schlechthin und ein Spitzendeckchen auf dem Flügel. Bazon Brock war noch immer fassungslos, als er uns das erzählte.

Was mich betrifft, habe ich mich damals noch ein paar Tage lang darüber geärgert, mich im Anschluss seines Vortrags nicht gemeldet zu haben, um auf jenes Stück in den *Minima Moralia* hinzuweisen, wo es unter der Nummer 18 zu dem berühmten Satz von der Unmöglichkeit eines richtigen Lebens im falschen kommt, wobei in diesem Zusammenhang der Gedanke von nichts anderem ausgegangen war, als dass sich heute nicht mehr richtig wohnen lasse.

Nur dass dieses „heute" auf das Jahr 1944 datiert war und der Ort dazu in den USA lag, genauer an der kalifornischen Küste, gleich unterhalb von Hollywood. Adornos *Reflexionen aus dem beschädigten Leben* gründen auf seiner Frankfurter Kindheit im Kaiserreich, seinen jugendlichen Erfahrungen in den europäischen zwanziger Jahren, seinen spezifisch wissenschaftlichen beziehungsweise szientistischen im Oxford der dreißiger, schließlich seinen vielfältig amerikanischen ab 1938: *the modern way of life*.

Und so heißt es nun im Hinblick auf das gegenwärtige Wohnen, dass mit gutem Gefühl sich das gar nicht mehr machen lasse, weder traditionell (nach Art der Gründerjahre), noch modern (nach Art des Bauhauses), noch antik (nach

Art der echten Stilmöbel), dass aber auch dies ganz Andere keine Lösung sein könne, wie es manche Künstler und Intellektuelle vormachen, nämlich sich ins Hotel zu flüchten mit dem Kaffeehaus nebenan als Wohnzimmer. Am besten wäre, so Adornos Lösungsvorschlag, sich in der Frage möglichst unprätentiös zu verhalten: *das Privatleben führen, solange die Gesellschaftsordnung und die eigenen Bedürfnisse es nicht anders dulden, aber es nicht so belasten, als wäre es noch gesellschaftlich substantiell und individuell angemessen.*

Man beachte die Floskel vom *als wäre es noch*, also diese für die *Minima Moralia* charakteristische Konstatierung eines *Nicht-mehr*. Einst habe es, so wird damit also behauptet, eben dies noch gegeben: ein sowohl individuell angemessenes wie auch gesellschaftlich substantielles und damit eben nicht aufs Private reduzierte Leben. Mit dem jedoch sei es vorbei und mit nichts anderem habe man derweilen zu tun als den Konfrontationen mit dem Verfall.

Es ist die Situation des jungen Thomas Mann, mit der Adorno fünfzig Jahre später noch immer zu tun hat beziehungsweise sogar erst recht: der Verfall des Bürgertums. In denkbar größter Allgemeinheit hat man es im Vorwort der *Minima Moralia*, also der Zueignung an Horkheimer:

Trotzdem bleibt so viel Falsches bei Betrachtungen, die vom Subjekt ausgehen, wie das Leben Schein ward. Denn weil in der gegenwärtigen Phase der geschichtlichen Bewegung deren überwältigende Objektivität einzig erst in der Auflösung des Subjekts besteht, ohne daß ein neues schon aus ihr entsprungen wäre, stützt die individuelle Erfahrung notwendig sich auf das alte Subjekt, das historisch verurteilte, das für sich noch ist, aber nicht mehr an sich.

Halten wir fest: Die Auflösung des alten Subjekts? Die Entspringung eines neuen?

Zwei Fragen, die um so dicker anzustreichen wären, als sie sich uns schon längst nicht mehr so unwillkürlich aufdrängen, wie das einst der Fall war. Dabei wäre natürlich vor allem zu fragen, ob wir Nachgeborenen es nicht mittlerweile doch ein gut Stück weiter gebracht haben in Sachen erneuter Subjektentspringung. Immerhin kann dies eine doch schon mal konstatiert werden, dass unter unseren Requisiten so etwas wie ein Spitzendeckchen wohl kaum mehr mit dabei sein dürfte.

85

Los Angeles Westside, Santa Monica, Pacific Palisades, 1943/44: Die Zeit, in der die Zusammenarbeit Horkheimers und Adornos an ihrem Buch über die *Dialektik der Aufklärung* zum Abschluss kommt, woraufhin Adorno nun zwar im Solopart, doch ganz im Sinne einer konkretisierenden Fortführung die Arbeit an den *Minima Moralia* aufnimmt. Derweilen hat es sich gefügt, dass nur ein paar Straßen weiter Thomas Mann mit der Niederschrift des *Doktor Faustus* begonnen hat, seines Romans über den intellektuell so hellen wie künstlerisch notorisch von Schaffenskrisen bedrohten Komponisten Adrian Leverkühn. Die Situation schreit geradezu danach, dass nun auch diese beiden zueinander finden, der auf die Siebzig zugehende Dichter und der musiktheoretisch beschlagene Philosoph, mit seinen vierzig Jahren fast gleichaltrig mit dem ersten Kind der Manns, also ihrer Tochter Erika.

Adorno am 29. März 1943 im Brief an seine Eltern: „Heute Abend bei Max" - gemeint ist Horkheimer - „mit ein paar Großkopfeten, darunter Thomas Mann nebst Gemahlin."

Thomas Mann im Tagebuch am 6. Juli 43: „Buch *Eingebung im musikalischen Schaffen* von Bahle,/wichtig./ Überbracht von Dr. Adorno."

Viel wichtiger aber werden ihm schon bald Adornos eigene Schriften werden, darunter insbesondere der Aufsatz über den *Spätstil Beethovens* wie natürlich die Vorarbeiten zur *Philosophie der neuen Musik*. Doch sollten noch zweieinhalb Jahre vergehen, bis Thomas Mann am 5. Dezember 45 im Tagebuch vermerken wird, dass er das Manuskript des *Doktor Faustus* bis zum dreiunddreißigsten Kapitel, also gut zwei Drittel von dem, was den vollendeten Roman ausmachen wird, an Adorno übergeben habe. Drei Wochen später Adornos Rückmeldung, sie hätten es gelesen, er und seine Frau Gretel, worauf Thomas Manns groß angelegter Brief folgt, in dem er sich entschuldigender Weise über sein Prinzip der „Montage" und des „höheren Abschreibens" erklärt, um schließlich Adorno direkt zur Mitarbeit einzuladen: „Wollen Sie mit mir darüber nachdenken, wie das Werk - ich meine Leverkühns Werk - ungefähr ins Werk zu setzen wäre; wie Sie es machen würden, wenn Sie im Pakt mit dem Teufel wären ..."

Es folgt, wenn auch durch Krankheit unterbrochen, ein Jahr der engen Zusammenarbeit, hinreichend dokumentiert und öffentlich kundgetan in Thomas Manns Bericht über die Entstehung des *Doktor Faustus.* Gleich nach dem Abschluss des Romans hat er ihn verfasst, und zwar gegen den massiven Unwillen seiner beiden Frauen, der Gemahlin Katja wie der Tochter Erika, die offenbar befürchteten, es könnte hiermit der Zauberer sich vor den Augen der Welt nur allzu sehr entzaubern. Zudem waren sich die beiden Frauen darin einig, dass ihnen dieser so übergescheite wie seinerzeit noch von keiner Spur des Ruhms berührte Adorno als Person im höchsten Grad zuwider war.

Insofern gar nicht so unpassend die Überlegung meines Schöneberger Telefonfreundes - also ich meine nicht unpassend in dem Sinn, dass des Zauberers zwei beide Behüterinnen gewiss ihre helle Freude daran gehabt hätten, an jener Überlegung nämlich, ob in Sachen Einflüsterung und Beeinflussung nicht auch mal anders rum zu fragen wäre, wie weit Adornos naher Umgang mit Thomas Mann nicht auch umgekehrt seine Spuren in den *Minima Moralia* hinterlassen haben könnte.

Eine Anregung, auf die ich freilich erst mal skeptisch reagierte, indem ich darauf hinwies, dass Adornos Hochachtung für Thomas Mann ganz dem Dichter galt, sofern er auch tatsächlich dichtete und eben nicht philosophierte. Ja schon, erwiderte mein Freund, nur dürfe man Adornos steile Thesen nie allzu wörtlich nehmen, schon gar nicht isolierter Maßen, und ich solle mir doch nur mal den ersten Satz im ersten Stück der *Minima Moralia* ansehen, wo es um die motivationale Basis für das Ergreifen eines intellektuellen Berufs geht, wobei diese denkbar beiläufig in den Gegensatz von Talent und Schwäche überführt werde. Der Gag dabei liege natürlich im Begriff der Schwäche und wie wäre dabei nicht an Hanno Buddenbrook alias Tonio Kröger zu denken, und zwar im Gegensatz zur Figur des so hoch talentierten wie motivatonal doch ausgesprochen unterkühlten Adrian Leverkühn.

Nur dass man dabei, warf ich ein, nicht vergessen dürfe, dass Adorno eben dieses erste Stück mit geradezu überdeutlicher Geste einem ganz anderen Schriftsteller zugeeignet habe, nämlich Marcel Proust.

Ja, erwiderte er, das sei allerdings merkwürdig, warum ausgerechnet dieses Stück, wo es doch um nichts weiter gehe als den Ärger mit den sogenannten Kollegen.

„Wahrscheinlich einzig," sagte ich, „weil es das erste ist. Nachdem er das große methodische Vorwort dem Freunde Horkheimer dediziert hat, lässt er den materialen Anfang an Proust gehen. Das hat doch was von einer gewissen Spannung, einer irgendwie musikalischen."

Soweit unser Gespräch von gestern, woraufhin ich mir gleich anschließend diesen ominösen ersten Satz aus dem ersten Stück nochmal vorgenommen habe:

Der Sohn wohlhabender Eltern, der, gleichgültig ob aus Talent oder Schwäche, einen sogenannten intellektuellen Beruf, als Künstler oder Gelehrter, ergreift, hat es unter denen, die den degoutanten Namen des Kollegen tragen, besonders schwer.

Zunächst mal, und bevor ich auf die Sache von Talent und Schwäche eingehe, die Frage, was denn so degoutant ist am Namen des Kollegen. Und da das ja wohl kaum im generellen Sinn gemeint sein wird, warum spezifisch dann, wenn er auf Künstler oder Gelehrte übertragen wird? Was hat das miteinander zu tun, dass just die, von denen dieser Name so ganz ohne jede Verlegenheit getragen wird, auch die sind, die es dem abtrünnigen Bürgersohn so schwer machen?

Da wäre erstens die starke Konnotation von Solidarität

im Begriff der Kollegenschaft, wie umgekehrt solch ein Wort wie das vom *Kollegenschwein* den Verstoß dagegen brandmarken würde, den Verstoß gegen jene spezifische Solidarität, wie sie unterm Druck fremdbestimmter Lohnarbeit zum moralischen Gebot wird. Für Kunst und Gelehrsamkeit gilt das keineswegs im gleichen Maß. Im Gegenteil gewinnt der Geist sein Leben bisweilen gerade in der Auseinandersetzung bei durchaus auch erhobener Klinge. Der Vorwurf des Kollegenverrats verfiele hier der Lächerlichkeit.

Demgegenüber nun das, was Horkheimer und Adorno als *Kulturindustrie* bezeichnen, die kulturelle Warenproduktion à la Hollywood und die Kollegenschaft unterm Primat des Geldverdienens im Hinblick auf ein möglichst massenhaftes Publikum. Im Falle der Gelehrsamkeit hingegen, so wird uns im Fortgang dieser ersten Miniatur erklärt, hat man es mit dem für die Moderne so charakteristische Spezialistentum zu tun, das also, was Adorno als *Departmentalisierung des Geistes* bezeichnet, die dazu führe, eben diesen abzuschaffen. Der spezifische Charakter berufsständiger Kollegenschaft liege an der, in heutiger Begrifflichkeit gesagt, durch wissenschaftliche Ausdifferenzierung herbeigeführten Entgeistigung.

Die Geistlosigkeit in der Expertenkultur - ein Thema, das inzwischen allerdings die Spatzen von den Dächern pfeifen. Dabei geht unser post- oder spätmodernes Bewusstsein natürlich zum Gutteil auf just die Frankfurter Schule zurück, die insofern bereits selber als Ausdruck einer erneuten Subjektentspringung anzusehen wäre. Im Ansatz schon in ihrer ersten Generation, ganz gewiss aber in ihrer zweiten, wie etwa von Autoren repräsentiert wie Kluge, Negt, Enzensberger, wobei auch Habermas mit seinen Bemühungen um ein nachmetaphysisches Denken in diese Richtung zielt: von der Klage über die Departmentalisierung des Geistes zur - ja, wie soll man sagen? - zur Revitalisierung des fragmentierten Wissens.

Eine Formel, die wohl auch dieses mein Unternehmen, hier, für sich in Anspruch nehmen dürfte. Wobei mir, nebenbei bemerkt und um es euch nicht zu verschweigen, eine solche Formel wie ein Geschenk des Himmels vorkommen will, nämlich in Anbetracht meiner grotesken Schwierigkeiten, so etwas wie ein Exposé zu verfassen, wie es von den Verlagen nun mal in der Regel verlangt wird.

Nun aber zu der Angelegenheit mit der Schwäche und dem Talent. Ich weiß nicht, wie es euch geht, aber ich muss bei der Rede von der Schwäche unwillkürlich zunächst an so etwas denken, wie ich es einst über eine Frau vom Typus der reizenden alten Dame habe sagen hören, indem es um deren tendenzielle Schwäche für distinguierte Chefärzte mit grau melierten Schläfen bei eher weichen Zügen ging. Die Schwäche im sympathetisch-erotischen Sinn und damit tatsächlich gar nicht mal so ganz und gar entfernt von einem Fall wie dem des Hanno Buddenbrook und seiner Situation zwischen Enttüchtigung und Überfeinerung: Hannos musische Schlagseite, seine Schwäche für so verträumte wie gleichwohl zum Rauschhaften sich erhebende Musik.

Meine Konzertfreundin, ihr kennt sie schon ein wenig, sprach in diesem Sinne neulich in Bezug auf ihr eigenes Verhalten auch von Affinität, und zwar interessanter Weise unter negativem Vorzeichen: sie persönlich sei nun einmal so gar nicht Mozart affin, was sich zu ihrer ausgesprochenen Schwäche für Brahms aber vielleicht gar nicht mal so unpassend verhalte.

Schwäche und Talent - begrifflich insofern leicht zu trennen, als sie ja tatsächlich in ein und derselben Person krass auseinandertreten können, wie das erst recht, nun im Hinblick aufs Kreative, für das Verhältnis von Talent und Motivation gilt. Dass es im künstlerischen Bereich höchste Motivation ohne jegliches Talent gibt, weiß jeder, dass es aber auch umgekehrt großes Talent ohne jegliche Motivation gibt, und höchst wahrscheinlich sogar viel häufiger, ist aus gutem Grund weniger augenfällig, liegt es doch in der Natur der Sache, dass das antriebslose Talent nicht gerade die Tendenz hat, sich ins Rampenlicht zu stellen.

Ähnlich auch schon in jenem neutestamentarischen

Gleichnis, durch das der Rede vom Talent überhaupt erst der metaphorische Sinn von Begabung zuwuchs. Im Gleichnis selbst steht das Wort noch in seiner ursprünglichen Bedeutung von nichts weiter als der Bezeichnung für eine antike Währungseinheit.

Das Gleichnis von den anvertrauten Talenten: Drei Untergebene werden von ihrem Herrn mit einer jeweils unterschiedlichen Geldsumme ausgestattet. Einer erhält fünf Talente, der andere zwei, der dritte eines. Die ersten beiden wirtschaften damit, verdoppeln das jeweils ihnen Zugeteilte und werden darob von ihrem Herrn gleichermaßen ehrenvoll erhöht. Der dritte aber, der seinen Teil vergraben hat, und zwar aus Angst, wie es ausdrücklich heißt, wird vom Herrn verstoßen.

Eine ziemlich calvinistische Angelegenheit, dieses Gleichnis, und bevor ich jetzt auch noch auf den Hopfenhändler Alois Permaneder aus München zu sprechen komme, Tony Buddenbrooks zweiten Gemahl, der sich kraft der eingestrichenen Mitgift aufs Altenteil beziehungsweise an den Stammtisch im Hofbräuhaus gesetzt hat, wie man ja überhaupt um 1900 noch soziologisch die These vertreten konnte, dass eine derart katholisch geprägte Mentalität, wie man sie in der königlichen Residenzstadt München habe, niemals für den modernen Kapitalismus taugen werde - bevor also dies alles jetzt auch noch auf den Tisch käme, lieber gleich wieder zurück zur Sphäre der Künstler und Gelehrten.

Dies aber, meine lieben Freundinnen und Freunde, bedürfte nun doch eines etwas tieferen und vor allem längeren Atems. Es scheint mal wieder an der Zeit, dass ich für eine Weile den Mund halte, um mich ganz der Lektüre zu widmen, einer sehr wohl zuhörenden, so einer mit dem Bleistift am Rand.

Sobald ich mehr weiß, werde ich euch gern davon erzählen.

Im übrigen frage ich mich, ob nicht die Suche nach Spuren von Thomas Mann in den *Minima Moralia* eher auf dezidierte Gegenrede zu achten hätte. Gegenrede nämlich nicht nur zu dessen Künstlermetaphysik, sondern auch zu der damit verbundenen Verklärung des sogenannten Lebens in Gestalt jener von Tonio Kröger angehimmelten Blonden und Blauäugigen mit ihren famosen Pferdebüchern. Und überhaupt: die Konstitution des ästhetischen Subjekts als Dekadenz zu begreifen - kaum etwas, das Adorno ferner gelegen hätte.

Fraglos auch ein generationsbedingter Unterschied, wobei zudem nicht zu vergessen wäre, dass Adorno nicht aus Lübeck, sondern aus Frankfurt stammte, ferner keinen urprotestantischen, sondern einen jüdischen Vater hatte, der auch nicht mit Getreide, sondern mit edlen Weinen handelte, während, viertens, Adornos katholische Mutter mit vollem Mädchennamen *Maria Barbara Calvelli-Adorno della Piana* hieß, indem nämlich ihr Vater ein durch halb Europa vagabundierender Fechtmeister korsischen und angeblich halb genuesisch adligen Ursprungs war, indessen sie selbst vor ihrer außerordentlich späten Heirat mit zweiunddreißig Jahren als höchst professionelle Koloratursopranistin auf-getreten war, und zwar nicht nur auf den Bühnen von Köln und Riga, sondern gar jener der Wiener Hofoper.

Und auch dies letzte noch: mein Scherzwort von der erneuten Subjektivität kraft abgeschaffter Spitzendeckchen war doch etwas allzu flott, um es dabei bewenden zu lassen. Die Sache mit dem falschen Wohnen ist nämlich die, dass wir uns heute schon viel zu sehr an dessen priva-ten Charakter gewöhnt haben, um noch nachvollziehen zu können, wie sehr das einst auch, ja sogar eher noch etwas mit Öffentlichkeit zu tun hatte. Dabei muss man jetzt gar nicht mal an feudale Schlösser denken oder an veneziani-sche Prachtpalazzi, wo die repräsentativen Räume mit ihrer absurden Deckenhöhe derart fluchtenmäßig ineinander übergingen, dass fürs Private tatsächlich nur noch jenes Himmelbett blieb, hinter dessen Gardinen sich die Hoheit verkriechen konnte. Nein, soweit muss man gar nicht gehen, es reicht schon die Berliner Bürgerwohnung von 1900 mit ihren an die zweihundert Quadratmetern bei noch immer respektabler Deckenhöhe, dabei die drei größten Zimmer mittels Flügeltüren dergestalt verbunden, dass sie, geöffnet, einen einzigen Festsaal bildeten. Funktion Nummer Eins einer solchen Wohnung: den Schauplatz einer Soiree abzugeben.

Adorno und Soiree - das passt doch schon mal ganz gut zusammen. Inwiefern genauer und wie im Einzelfall auch weniger - eine Frage, die man durchaus auch mal angehen könnte. Doch wäre weder bei derlei großbürgerlicher Sonntagsveranstaltung halt zu machen, noch bei der Frage des Wohnens. Weit darüber hinaus hatte die Idee des richtigen Lebens bei Adorno (nicht anders als bei Hegel, nicht anders als bei Marx) zentral mit dem Problem einer gelungenen Vermittlung des gesellschaftlich Allgemeinen mit dem individuell Besonderen zu tun. Blieb dann halt immer nur die Frage, mit welchen Ansprüchen der Begriff einer gelungenen Vermittlung aufzuladen wäre, angefangen bei den einfachsten Modellen bürgerlicher Konfliktbalance bis hin zu den radikalsten Utopien einer vollends versöhnten Harmonie. Ein wahrhaft weites Feld.

Für den Adorno der *Minima Moralia* jedenfalls ist die einstige wie auch immer noch prekäre bürgerliche Balance nunmehr von ihrer ökonomischen Basis her im Ganzen so zerrüttet, dass auch im noch so Kleinen und auch im noch so Ausnahmemäßigen man sich dem nicht wird widersetzen können. Dies die grundlegende These, kraft derer sich der assoziative Schritt vom falschen Wohnen zum falschen Leben hatte machen lassen. Demgegenüber, und das ist der Punkt, auf den es mir jetzt ankommt, dürfte die Sache mit dem Spitzendeckchen unter weiß Gott welcher, aber wohl doch einer ganz anderen Abteilung zu verhandeln sein. Oder etwa nicht? Womöglich wäre die Angelegenheit gar nicht mal so lächerlich. Was war das einst für ein Symbol, dieses Spitzendeckchen? Und was für eines zu den Zeiten des Studenten Bazon Brock? Vielleicht komme ich ja nochmal drauf zurück, gelegentlich eines Anstoßes, der zum Anlass würde.

Alexander Bichler

1949 in München geboren, lebt seit 1967 in Berlin. Studium der Philosophie und Ökonomie an der FU Berlin, sowie der Italianistik an den Universitäten von Perugia, Siena und Urbino. Sein erster Miniaturenzyklus, 1988 unter dem Titel *Aus Italien* erschienen, stieß seinerzeit auf starke Beachtung.

Der vorliegende Text stünde nicht so, wie er steht, ohne
die zur rechten Zeit vorgebrachten kritischen Hinweise
von Gesine Schumacher, Anne Duden, Peter Lux und Boris
Pfeiffer. Ihnen allen sei höchster Dank.

Alexander Bichler